BU DONG YINGXIAO JIU ZUOBUHAO LAOBAN

不懂营销就做不好老板

陶雅慧 

吉林出版集团有限责任公司

图书在版编目（CIP）数据

不懂营销就做不好老板 / 陶雅慧著. -- 长春 : 吉林出版集团有限责任公司, 2014.6
ISBN 978-7-5534-4434-5

Ⅰ. ①不… Ⅱ. ①陶… Ⅲ. ①市场营销学 Ⅳ. ①F713.50

中国版本图书馆CIP数据核字（2014）第097188号

不懂营销就做不好老板

作　　者 陶雅慧
选题策划 北京瀚文锦绣国际文化有限公司
策划编辑 孙朦 陶雅慧
责任编辑 王平 齐琳
封面设计 邓文强
开　　本 710*1000 1/16
印　　张 20
版　　次 2014年8月第1版
印　　次 2014年8月第1次印刷

出　　版 吉林出版集团有限责任公司
电　　话 总编办：010-63109269
　　　　 发行部：010-52473226
印　　刷 北京合众协力印刷有限公司

ISBN 978-7-5534-4434-5　　定价：34.00元

如有印刷、装订质量问题，请致电 010-52473227

前言

当下，老板谈得最多的、学得最多的几乎都是如何赚钱，但是，有几个人真正懂得营销的策略呢？怎样才能做到利润最大化呢？这不仅仅是赚钱那么简单的事情。

根据市场需要组织生产产品，并通过销售手段把产品提供给需要的客户被称作营销。在具有不同的政治、经济、文化的国家，营销不应该一成不变。即使在同一个国家，在消费品行业、B2B 行业 (business to business industries) 和服务业，营销方式也是不同的。而在同样的行业里，不同的企业也有着各自不同的营销方式。营销学是关于企业如何发现、创造和交付价值以满足一定目标市场的需求，同时获取利润的学科。营销学用来辨识未被满足的需要，定义、量度目标市场的规模和利润潜力，找到最适合企业进入的市场细分和适合该细分的市场供给品。

早在人类出现时，营销就出现了。在《圣经・旧约》的第一章，我们看到夏娃说服亚当偷食禁果，不过夏娃不是第一个营销人员，这个称号应该属于说服了夏娃把禁果推销给亚当的蛇。

而在近代社会，营销真正出现的时期是自第三次工业革命之后，卖方市场逐渐转化为买方市场，供给大于需求时，营销应运而生。

如今，“丰富”已经不再是人们最渴望的东西。超市货架上的同类商品往往有几十种之多，而且每个商家都宣称他们自己的商品是“更新、更好”的。疯狂的竞争促使商家面面俱到地改善产品弱点，企业之间互相追逐，最终导致商品平均水平提高，但严重趋同化。而面对眼花缭乱的产品，消费者很难区分其细微的差别，同时不计其数的营销方式反而会使消费者对商家的宣传表现出冷淡、困惑和怀疑。

几乎所有中小型企业都有一些共同点，比如规模不大，资金不足……在白热化的市场竞争中，怎样才能脱颖而出、一枝独秀？那么你一定要用心阅读这本书，因为这本书为你介绍的是成功人士赢得财富的秘密——中小企业零风险、零成本倍增利润的营销策略。

本书从产品营销、客户营销、宣传营销、互联网营销、策略营销等五大方面，介绍了多种零成本营销的方式以及以小博大、从无到有、简单实用的营销思想和方法，并且配有丰富的案例，具有较强的实际操作性。学习本书，将有助于中小型企业改变其营销方向与格局，显著地降低营销成本、倍增企业利润。

目 录

第 1 章 企业老板必知的营销理论知识

市场营销离不开策划，而想要做好营销策划，首先也要对市场营销的产生、发展、演变，以及市场营销的各种职能、方法、管理手段等等有一个全方位的综合了解。因为营销策划不是凭空想象，它要以充分的市场经验和营销知识为基础。

第 2 章 营销策划概念及岗位认知

在很多人看来，策划就是建议，就是点子，就是智慧一刹那的闪光。的确，企业早期的营销策划主要就是依靠个人的经验，侧重的就是出点子。但随着企业规模的扩大和经营内容的增加，随着市场环境的多变和市场竞争的加剧，这种小打小闹的建议和点子已满足不了企业的需求，此时企业必须要掌握足够的营销策划理论知识。

第 3 章 营销工作执行过程

根据市场需要组织生产产品，并通过销售手段把产品提供给需要的客户被称作营销。在具有不同的政治、经济、文化的国家，营销不应该一成不变。

第 4 章 业内竞争战略及方法

竞争者一般是指那些与本企业提供的产品或服务相类似，并且所服务的目标顾客也相类似的其他企业。企业在市场营销中，至少需要了解竞争者五个方面的问题，即：谁是竞争者？它们的战略是什么？它们的目标是什么？它们的优势和劣势是什么？它们的反应模式是什么？ 本章则一一对此进行解答。

第 5 章 产品营销决策部署

产品是市场营销组合首要和基本的要素，企业与市场联系的重要载体，是企业经营的核心。当代社会高科技发展迅速，产品更新换代速度加快，企业的成败越来越与企业能否生产出能够切合消费者需要的产品相联系，产品营销已经成为企业营销的基础。

第 6 章 营销策划之价格大作战

市场营销价格是最具科学性与策略性的问题。营销专家指出，市场营销价格的制定既是科学又是艺术，这是对价格策略最生动的描述。企业的市场营销价格的制定要以经济学的价格理论为基础，在了解商品价格形成及其变化规律的基础上才能制定出适当的价格，但它又不能拘泥于此，而应顺应市场的变化，灵活多变地进行。因此价格的经济分析是基础，价格策略应既源于它，但同时还要高于它。

第 7 章 分销渠道的建立规范化

销售渠道，指产品从制造商向最终消费者转移时所经由的通道，由商品所有权从制造商转移到最终消费者所经的组织机构构成。广义的销售渠道包括介入某个生产商的产品的生产、分销和消费的所有企业及个人，包括供应商、制造商、中间代理商、辅助商和最终使用者。

第 8 章 营销主管的职责描述与职能范围

作为一个主管，你必须掌握一定的专业知识和专业能力，随着你的管理职位的不断提升，专 业能力的重要性将逐渐减少。作为基层的主管，个人的专业能力将非常的重要，你要达到的程度是，能直接指导你的下属的实务工作，能够代理你下属的实务工作。

第 9 章 紧跟时代潮流的微博营销

微博是对企业进行宣传的一个重要砝码，如今企业没有自己的微博可能就会失去一定的核心竞争力，因为微博将是未来宣传自身品牌和产品的一个重要媒介。尤其是对于中小企业，可以利用微博成本底、传播广、渗透能力强等特点来增加自身的品牌价值和影响力。

第 1 章 企业老板必知的营销理论知识

市场营销离不开策划，而想要做好营销策划，首先也要对市场营销的产生、发展、演变，以及市场营销的各种职能、方法、管理手段等等有一个全方位的综合了解。因为营销策划不是凭空想象，它要以充分的市场经验和营销知识为基础。

何谓市场营销

所谓市场营销，是指企业在不断变化的营销环境中，通过变潜在交换为现实交换，围绕企业任务与企业目标所进行的与市场有关的一系列管理活动和业务活动。

企业的整个市场营销活动过程，包括三个相互连结的阶段，即在产品生产过程开始之前进行的产前活动、在流通领域内进行的活动，以及在流通过程结束后进行的售后活动。

一般来说，市场营销具有以下几方面的作用：

(一) 对企业发展的作用

市场营销虽然不是企业成功的唯一因素,但却是其中最关键的因素。市场营销是企业的基础,不能把它看作是单独的职能。从营销的最终成果,也即从顾客的观点来看，市场营销就是整个企业经营的外在表现。企业经营的成功不是取决于生产者，而是取决于顾客。

从微观角度看，市场营销是联结社会需求与企业反应的中间环节，是企业把消费者需求和市场机会结合起来的最有效方法，也是企业战胜竞争者、谋求发展的重要方法。

(二) 对社会经济发展的作用

生产是根本，生产决定交换、分配、消费几个环节。没有生产就没有可供交换的产品，市场营销人员只能销售那些由其他生产厂商生产出来的东西。在市场经济社会中，生产出来的东西如果不通过交换，没有市场营销，产品就不可能自动传递到广大消费者手中。

从宏观角度看，市场营销对于适时、适地、以适当价格把产品从生产者传递到消费者手中，求得生产与消费在时间、地区的平衡，从而促进社会总供需的平衡，起着重大作用。

何谓市场营销管理

在市场经济条件下，企业必须重视市场营销管理，根据市场需求的现状与趋势,制定计划,配置资源,也即通过满足市场需求,赢得竞争优势,求得生存与发展。

(一) 市场营销管理的实质

所谓市场营销管理，实质上是指为达到个人和机构的交换目标，规划和实施理念、产品或服务构思、定价、分销和促销的过程。市场营销管理是一个包括分析、规划、执行和控制的过程，其管理对象包含理念、产品或服务。市场营销管理的基础是交换，其目的是满足各方的需要。

(二) 市场营销管理的任务

任何市场都有自己的需求状况。根据需求水平、时间和性质不同，我们归纳出八种不同的需求状况。在不同的需求状况下，市场营销管理的任务有所不同，要求通过不同的市场营销策略来解决。

1．充分需求

是指某种产品或服务的需求水平、需求时间等于期望的需求，这是最理想的一种需求状况。在现实情况下，市场是动态的，消费者的需求会不断变化。在充分需求情况下，企业营销的任务是改进产品质量，不断估计消费者的满足程度，通过降低成本来保持合理价格，并激励推销人员和经销商大力推销，千方百计维持现时需求。

2．过度需求

是指顾客对某些产品的需求超过了企业供应能力，也即产品供不应求的一种需求状况。此时，企业营销管理的任务是减缓营销，通过提高价格、减少促销和服务等方式暂时或永久地降低市场需求水平，或者设法降低来自盈利较少或服务需要量不大的市场的需求水平。

3．负需求

是指市场上众多顾客不喜欢某种产品或服务，即绝大多数人对某个产品感到厌恶，甚至愿意出钱回避它的一种需求状况。市场营销管理的任务是分析人们为什么不喜欢这些产品，并针对目标顾客的需求重新设计产品，重新定价，更加积极地促销，或者设法改变顾客对某些产品或服务的信念。

4．无需求

是指目标市场顾客对某种产品从来不感兴趣或漠不关心的一种需求状况。一般来说，市场对下列产品无需求：

(1) 人们一般认为无价值的废旧物资；

(2) 人们认为有价值但在特定市场却无价值的东西；

(3) 新产品或消费者平常不熟悉的物品等。

在无需求情况下，市场营销管理的任务是刺激市场营销，即通过大力促销及其他市场营销措施，努力将产品所能提供的利益与人的自然需求和兴趣联系起来。

5．下降需求

是指目标市场顾客对某些产品或服务的需求出现下降趋势的一种需求状况。在此情况下，市场营销者要了解顾客需求下降的原因，或通过改变产品的特色，采用更有效的沟通方法再行刺激需求，即创造性的再营销，或通过寻求新的目标市场，以扭转需求下降的格局。

6．潜在需求

是指现有的产品或服务不能满足许多消费者的强烈需求，而现有产品或服务又无法使之满足的一种需求状况。此时，市场营销管理的任务是准确地衡量潜在市场需求，开发有效的产品和服务，即开发市场营销，将潜伏需求变为现实需求。

7. 有害需求

是指市场对某些有害物品或服务的需求。对于有害需求，市场营销管理的任务是反市场营销，即劝说喜欢有害产品或服务的消费者放弃这种爱好和需求，大力宣传有害产品或服务的严重危害性，大幅提高价格，甚至停止生产供应等。

降低市场营销与反市场营销的区别在于：前者是采取措施减少需求，后者是采取措施消灭需求。

8. 不规则需求

企业经常面临因季节、月份、周、日、时对产品或服务需求的变化而造成生产能力和商品的闲置或过度使用。此时，市场营销的任务是通过灵活的定价、促销及其他激励因素来改变需求时间模式，使物品或服务的市场供给与需求在时间上协调一致。

何谓市场营销控制

所谓市场营销控制，是指市场营销主管经常检查市场营销计划的执行情况，看计划与实绩是否一致。如果不一致或没有完成计划，就要找出原因所在，并采取适当措施和正确行动，以保证市场营销计划的完成。

营销控制是企业有效经营的基本保证。营销控制包括年度计划控制、营利控制和战略控制三种不同的控制过程。

年度计划控制的内容

年度计划控制主要检查营销活动的结果是否达到年度计划的要求，并在必要时采取调整和纠正措施。

年度计划控制的目的，是确保年度计划中所确定的销售、利润和其他目标的实现。年度计划控制主要是对销售额、市场占有率、费用率等进行控制。

1. 销售额分析

销售额分析就是衡量并评估实际销售额与计划销售额之间的差距。

(1) 销售差距分析方法，一般用来衡量不同因素对造成销售差距的影响程度。比如，某公司年度计划中规定：某种产品第一季度出售 8000 件，单价1元，总销售额 8000 元。季度末实际售出 6000 件，且售价降为 0. 8元，总销售额为 4800 元，比计划销售额少 40%，差距 3200 元。原因是售价下降和销售量减少，但两者对总销售额的影响程度是不同的，由此可见，将近三分之二的差距是由于没有完成销售计划造成的。因此，应进一步深入分析销售量减少的原因。

(2) 地区销售量分析方法，一般用来衡量导致销售差距的具体地区。比如，某公司在甲、乙、丙三个地区的计划销售量分别为 3000 件、1000 件和 4000 件，共 8000 件，但实际销售量分别为 2800 件、1050 件和 2150 件，与计划的差距分别为- 6. 67%、+5%和- 46.25%。

可见，引起销售差距的原因主要在于丙地区销售量的大幅度减少。因此，应进一步查明减少的原因，加强对该地区营销工作的管理。

2. 市场占有率分析

销售分析不能反映出企业在市场竞争中的地位，只有市场占有率分析才能揭示出企业同其竞争者在市场竞争中的相互关系。

比如，某公司销售额的增长，可能是由于公司营销绩效较其竞争者有所提高，也可能是由于整个宏观经济环境的改善使市场上所有的公司都受益，而某公司和竞争对手之间的相对关系并无变化。这种分析还应考虑下列情况：

(1) 外界环境因素对于所有参与竞争企业的影响方式和程度是否保持不变；

(2) 是否有新的企业加入本行业的竞争；

(3) 是否系企业为提高利润而采取的某种措施不当，导致市场占有率下降等。

3. 营销费用率分析

年度计划控制要确保企业在达到销售计划指标时营销费用无超支。比如，某公司营销费用占销售额的比率为 30%，其中所包含的五项费用占销售额的比率分别为：人员推销费 15%，广告费 5%，营业推广费 6%，营销调研费 1%，营销行政管理费 3%。

管理者应对各项费用加以分析，并将其控制在一定限度内。如果费用比率变化不大，处于安全范围内，则没必要采取任何措施。如果变化幅度过大，或是上升速度过快，以至接近或超出控制上限，则应采取有效措施。有时候，即使费用比率在安全控制范围之内，也应加以注意。

营利控制

营利控制是为了确定企业在产品、地区、最终顾客群和分销渠道等方面的实际获利能力。

除年度计划控制外，企业还需要衡量产品、地区、顾客群、分销渠道和订单规模等方面的获利能力。获利能力的大小，与营销组合决策有直接关系。

1. 营利能力分析

营利能力分析，就是通过对财务报表和数据的一系列分析，把所获利润分解至诸如产品、地区、渠道、顾客等方面，从而衡量出每一因素对于企业最终获利的贡献。

营销管理者必须依据产品、地区、顾客、渠道等方面的特点和类别，利用财务部门提供的报表和数据，重新编制出各种营销损益表，并对各表进行具体分析。

2. 选择最佳调整措施

营利能力分析的目的，在于找出妨碍获利的因素，以便采取相应措施排除或削弱这些不利因素的影响。可供采用的调整措施很多，企业必须在全面考虑之后作出最佳选择。营销主管应当深入研究，依据具体情况做出适当的决定。为了有助于评估和控制营销活动，企业不妨专门设置一个“营销控制员”职位。

市场营销战略控制

市场营销战略，是指企业根据自己的市场营销目标，在特定的环境中，按照总体策划过程拟定可能采用的一连串行动方案。市场营销战略控制，是指营销主管采取一系列行动，使实际市场营销工作与原规划尽可能一致，在控制中通过评审和信息反馈，不断修正战略。

市场营销战略控制的目的，是确保企业目标、政策、战略和措施与市场营销环境相适应。在复杂多变的市场环境中，原来制定的目标和战略往往会过时，因此企业应当利用“营销审计”，定期重新评估企业的营销战略及其实施情况。

营销审计，是对企业或战略业务单位的营销环境、目标、战略和营销活动诸方面进行的独立、系统、综合的定期审查，以发现营销机会，找出问题所在，提出改善营销工作的行动计划和建议，供企业领导者决策时参考。营销审计一般由以下六大部分组成：

(1) 营销环境审计；

(2) 营销战略审计；

(3) 营销组织审计；

(4) 营销制度审计；

(5) 营销生产率审计；

(6) 营销功能审计。

营销审计不应只审查出问题的地方，而要覆盖整个营销环境、内部营销系统以及具体营销活动的所有方面。营销审计通常交由企业外部一个相对独立的、富有经验的营销审计机构，最好还应定期进行，千万不要等到出现问题时才采取行动。

用战略眼光来看营销

在市场营销环境迅速变化的经济社会，企业经营多样化和竞争的加剧，使经营者不能仅仅着眼于短期利益，应把主要精力放在运用战略方向，从长远角度并结合对社会的宏观走向的预测，对企业整体的生存和发展进行不断的筹划，也即企业应着重于进行战略营销，不拘于某一点、某一面。被晚清商人称为“商魂”的“红顶商人”胡雪岩，商海行舟的判断力、决断力、远见卓识、驾驭宏观大势的技巧是无与伦比的，他很善于未雨绸缪。譬如：他建立大经丝行时，仔细审察了丝业买卖的一整套流程：从湖州买进蚕茧和生丝，卖给中间商，再由中间商加工成熟丝卖与洋行买办，然后由买办组织出口。胡雪岩审时度势，做出集收购、加工、转卖出口的一条龙决策，以避免遭受层层盘剥和同业竞争所失利润，胡雪岩借用洋行买办古应春的外销渠道和他联合经营蚕丝出口，同时安排学徒陈世龙向古应春学习英文，以图今后独立从事出口。这实在是正确的长期的“企业定位”。

无独有偶，索尼公司在产品营销过程中也采取了类似的策略。索尼一方面继续利用传统流通体系中可以利用的部分，一方面新开辟自己独立的销售渠道，尽量与销售店直接接触。推销员的任务之一，就是直接跑经销店，使他们能更好地了解索尼产品的价值和使用方法，更加有效地开拓索尼产品的市场。

开拓新市场时，索尼坚持用自己的商标销售，目的是从长远利益着想，在世界创牌子，扬名声。在刚进入美国市场时，美国布罗瓦公司决定进10万台索尼晶体管收音机，相当于索尼当时生产能力的几倍。但有一个条件，这些收音机必须换上布罗瓦公司的商标。虽然这个大宗订货对于急需打入美国市场而且资金短缺的索尼来说十分诱人，但有悖于索尼的市场开拓方针，最终为索尼所回绝。还有一次为了保持索尼产品高档货的印象，索尼同一家擅自降低索尼产品价格的销售代理店达尔莫尼科国际公司脱离了关系。它不仅支付了一笔解约金，还将达尔莫尼科公司库存中所剩下的三万台收音机全部买了回来。为了保持企业形象，短期利益总是服务于长远利益。索尼还积极利用商品陈列馆宣传公司的产品，对提高索尼知名度，扩大影响，起了很重要的作用。

在市场营销中，企业还应注重“关系营销”，即企业与顾客之间建立长期、相互依赖的关系网，发展顾客与企业及其产品间连续性交往，以提高顾客对品牌忠诚度，巩固市场地位，促进产品销售。这就要求企业以情经商，重承诺讲信誉，依靠企业在商场、社会活动中的关系优势，形成自己在商品服务、服务项目、环境设置上的特色。

某跨国公司在上海有两种市场营销战略。

1．领导消费潮流战略

领导消费潮流战略又称为自上而下战略，其通常做法是在经过市场调查以后，以一个较高的市场价格为自己的优质产品定位，然后大做营销计划，大量派送，大量铺市，以便产品能够在市场上一炮打响。

这种战略总是超前于市场，服务对象是具有较高收入和社会地位的消费者，试图通过他们的示范和表率作用，提高市场消费需求。这种战略通常是被实力雄厚、产品品种较少、着眼长期经营的在沪跨国公司采用，它们有能力用充足的资金集中推出某个品牌，尽管该商品价格较高，他们也千方百计促使产品在较短的时间里被消费者所接受，即使一时不能被接受，待消费者消费水平提高到一定程度时，这个品牌也已在市场上占了先机。

这种战略的成本投入较大。就有形成本来说，开始时市场对产品的接受能力较差，公司就必须持续不断地将资本和耐心投入市场。例如可口可乐在上海一连亏损 5 年，但仍然继续投入资金以维持运行。当然，到成功的时候，巨额利润也就滚滚而来了。就无形成本而言，如果市场对这个产品的接受能力较差，乃至厌倦，那么，就会对这个公司的品牌产生怀疑，从而影响该品牌和该公司日后在上海的全面发展，这种无形资产的损失将来以几倍的力量都难以挽回。不过，直到现在，上海尚未发现这样的情况，原因在于跨国公司毕竟在资金、技术、设备、管理和品牌上具有较大优势，生产的又是在世界其他地区试验过的名牌产品，质优誉满，所以完全不为上海消费者接受是不可能的。只是接受的进程快慢、范围大小不同而已。

2．迎合消费潮流战略

迎合消费潮流战略又称自下而上战略。其通常作法是先做市场调查，然后根据市场消费情况，为自己所生产的优质产品制定一个易为人们接受的较低价格，但考虑到优质优价，因此采取减少单位产品物质含量等隐蔽办法来予以补偿。

这种战略基本不超前于市场，而是贴近市场消费，服务对象是占大多数的普通消费者。这种战略主要适宜于品牌品种较多、初期投入不是很大的跨国公司，往往很容易在市场上一炮打响，然后再增加投资，不断把母公司的其他成熟产品引入上海。

这种战略初期成本投入较低，失败可能性较小，特别是在买方市场条件下，有助于迅速而充分地占领市场。不过，由于其迎合消费潮流，就面临着优质不优价的问题，对那些崇尚时尚而又爱慕虚荣的上海消费者来说，对其品牌乃至企业的尊重度明显不够，进而要想在上海消费者心中扎下根就有相当的难度。因此，从长期看，公司的将来成本投入会很高，否则很难维持公司在市场上的领导地位。

怎样打开营销局面

在社会和市场成熟化、消费需求多样化的时代，好卖的产品不是以制造商和卖主的立场开发和采购的产品，而是应该从消费者和用户的立场开发、制造或采购产品。因此，企业需要建立起一种全面营销体制，如同斯坦福大学教授理查德·P·巴戈茨所指出，现代市场营销具备一种统括职能。即由原来与生产、财务、人事、研究、开发等职能平行转变为将其统括起来及时有效应付激变环境的最重要的职能。

(1) 市场营销的概念和策略广泛渗透到各部门，即从董事会到工厂的生产线；广泛深入人心，即从经营者到一般从业人员。换言之，全面营销也就是全公司营销，全体员工营销。

(2) 企业所有部门都必须树立起市场营销观念，服从市场营销，服务于市场营销。

(3) 公司以市场 (顾客) 为导向，根据市场营销的需要来确定企业的职能部门及其人员配置，分配经营资源，决定企业总体发展方向。

(4) 实行职能重点转移，制造商要由“销售已经开发、生产的产品，转向开发、生产好卖的产品”；流通业者要由原来“销售已采购的产品转变为采购畅销的产品”。

(5) 企业要克服自以为是的观点，不要认为自己的产品是好东西，就一定会人见人爱；要知道人家凭什么非得爱你，非得买你的产品不可，你的产品究竟能给消费者和用户带来什么好处，具备什么样的特色，是否能比其他产品更好地满足其需求等等。

(6) 全面运用营销手段。

①即要运用各种营销手段，又不能是简单相加，而应有机结合，相互协调，如不同的产品，制定不同的价格，选择不同的渠道，采取不同的促销方式；

②营销手段的组合并非静态不变，应该动态把握，适时调整，如产品生命周期所处阶段变化时，其他营销手段也随之改变。

积极掌握推拉结合的策略

各种促销措施归结起来不外乎推进策略和拉引策略。推进策略，是指制造商派推销人员作用于批发商，促进产品交易，批发商再向零售商推销产品，零售商再向消费者推销产品，这样，从上游到下游，一个阶段一个阶段地进行信息传递和沟通，并转移其产品。拉引策略，是指制造商直接作用于消费者，唤起消费者的兴趣和购买欲望，引导消费者到商店寻购其产品，零售商再向批发商，批发商再向制造商寻问或订购产品。

(1) 推进策略必须说服流通业者，调动流通业者的积极性，所以人员推销的沟通形式最受重视；其次是营业推广，这包括对流通业者的推销活动和销售店支援活动等。相反，拉引策略面对消费者，向消费者传递信息，唤起消费者的兴趣和欲望，为此，需要订营销计划，搞公共关系，进行消费者教育，或者直接邮寄营销计划等。

(2) 最现实且最有效的做法，并不是其中哪一个，而应该是前拉后推，推拉结合。这对消费者和中间商都非常重要。不过也有几个因素必须予以考虑。第一，根据产品特性，其侧重点要有所不同。第二，在顾客心理过程中的不同阶段，要区别运用推拉策略。第三，推拉必须有机配合，协调启动。一是要把握好时机；二是要使拉引可涉及的范围与流通业者的覆盖面基本吻合。

(3) 在推进流程中，信息的传递和沟通不能是单纯的接力式，制造商应该在整个过程中发挥主导作用，首先向批发商，接着更配合和协助批发商向零售商，再配合零售商向消费者推进。例如，向终端提供宣传手册、展示牌、招贴、灯箱、POP 等，进行硬包装，营造引导购买的氛围，同时进行软包装；搞好与店铺的关系，培训、激励营业员，甚至派推销员到终端直接向消费者推销产品。

要勇于承担对社会的责任

当今时代，企业规模不断扩大，对社会的影响也越来越大。因此，企业的市场营销活动要被社会所接受，承担起对社会的责任。

(1) 保护消费者。企业要按法律要求保护消费者及其利益，并使其享受应该享有的权利。

(2) 顾客满意。要改革职工意识，以顾客为中心推进经营活动。如果顾客不满意就不会再购买，或者不再光顾。市场营销活动的最终目的就是要使顾客满意。

(3) 保护地球环境。近年来，绿色营销、绿色产品、绿色消费、绿色消费者等词语像雨后春笋一样涌现出来。企业必须面对并适应这种“绿色”趋势。

(4) 消费需求与社会的协调。

①既要满足消费者的需要和欲望，又要符合道德规范，符合消费者和整个社会的长远利益。如吸烟，虽然有很大的需求，但它无论对吸烟者本人还是对其他人都会造成危害。

②要正确处理消费者欲望、企业利润和社会整体利益之间的矛盾，统筹兼顾。

③要考虑企业发展和社会的协调。

④要考虑目的性结果与伴随性结果的一致性或者预防伴随性结果的负面影响。如特殊钢厂，其目的是为顾客制造高性能的金属，但它却在实现其目的的同时，产生出噪音，放射出热量，排放烟雾和有害气体等。

在市场营销中应坚持不断创新

(1) 开拓新市场，创造新需求，发现新的市场营销机会。

(2) 开发新产品。随着科学技术的进步，产品生命周期不断缩短，更新换代加快，要求企业不断地开发新产品。

(3) 新价格的确定。包含三个意思：

①要求企业不断改进工艺，提高效率，降低成本，以适应市场上的价格变化；

②根据产品所处生命周期的不同阶段和竞争者价格策略及时做出反映，调整产品价格策略；

③价格的决定要贯穿一个观念，即：产品要在自由竞争市场上接受消费者冷酷的挑选。产品的成本与消费者没有多大关系，主要看其产品对消费者是否有价值，有多大的价值。

⑷改革流通渠道，导入新的渠道模式。最近我国流通业态发生了很大变化，导入了不少新的业态，如邮购、电视购物、直销、超级市场、折扣商店、平价商店、专门商店、便利商店、仓储商店等。尤其成为热门话题的电子商务、网络营销，这是在今后必定大力发展的新的渠道模式。

营销中最常见的误区

营销是创造产品和价值并与人交换产品和价值，以满足消费者需求的过程。有很多企业对营销的理解还不够全面、深刻，常常把它视为销售或促销，不知不觉地走进误区之中。

1. 重战术竞争轻战略竞争

营销已进入战略竞争阶段，任何营销战术的运用必须以营销战略为基础。营销战略包括市场研究、细分市场、选择目标市场、市场定位和竞争战略的选择等项内容。营销战术是指产品、价格、分销、促销等项内容。

近年来市场基本上呈现出的是营销战术层面的竞争，你出钙粉，我出钙片；你打折，我降价；你争广告黄金时段，我抢五秒标版，最后演译为花钱大战。战略竞争是不易模仿的，是努力塑造差异化营销。

2. 重单一战术轻整体组合

营销战术组合至少包括产品、价格、分销、促销等项内容，营销效果如何取决于其中效果最差的那一部分内容。近年企业营销普遍存在着重单一战术运用、轻整体营销组合的现象，最典型的理论和做法就是“整合营销传播崇拜”。整合营销传播不是整合营销，而仅仅是营销中的“促销”因素的整合。再成功，没有优良的产品和便利的通路也不可能成功。

3. 重感觉轻科学决策

营销是科学，也是艺术。营销首先是一个科学决策的过程，是战略与战术的系统决策过程。

企业老总拍脑门进行营销决策的现象并不少见，诸如厂家上马一种产品完全凭感觉而非可行性分析研究确定，商家在为店铺选址仅是看看市口，百万、千万元投资无效益的广告、公关创意比比皆是。领导感觉成为营销策略，后果就是意味着失败。

4. 重知名度轻美誉度

市场定位是使企业和产品在消费者心目中树立有利销售的形象。因此，广告宣传不仅要追求知名度，更要追求信誉度和美誉度，片面追求知名度而带来反向舆论，会造成臭名远扬的窘境，引起营销的整体失败。

在企业中重知名度提高、轻美誉度塑造的事件屡有发生。诸如冒用希望工程名义宣传钙产品，假借名人吹捧减肥产品功效，用浴女推销洗浴设备，借“裸女”在大街上奔跑宣传内衣，都是弄巧成拙。营销也需要老老实实做人，实实在在做事。

5. 重概念炒作轻产品功效

营销界有一句名言：顾客买的不是一个五英寸的钻头，而是五英寸的“孔”。因此，在任何时候顾客都是购买产品的核心利益，即用途。产品无用，再炒作也只会蒙骗顾客一时，不能蒙骗顾客长久。

近年来流行着“工厂生产产品，顾客购买品牌”说法，因此概念炒作远远超过了企业对产品功效的关注。人们开始“不卖牛排，而卖烧牛排的嗞嗞声”。诸如减肥广告铺天盖地，马路上的胖子也没见少；补钙的产品占满电视台黄金时段，缺钙的人还很多。产品虽然多了，无用的产品也多了，无用产品有再好的广告，又有多大用处呢！

6. 重名人广告轻百姓感受

营销过程应该是招人爱而非招人烦，没有人愿意花钱打广告说自己是一个令人讨厌的家伙。名人广告常常奏效，没有名人广告也是可行的。用不用名人广告，如何用名人广告，取决于顾客对名人广告的感受。

诸多名人广告忽视了百姓的感受。明星广告也会招人烦，特别是那些以明星代替创意的广告，硬性推销明星自己可能不用的产品，近年的明星广告大多如此，明星广告让产品逊色。

7. 重降低价格轻提升价值

现代营销追求的目标是使顾客满意。顾客对产品价值的评价缘于付出购买成本与所得收益的一种比较。因此让顾客满意既可以通过降低产品价格，又可以通过提升产品价值实现。

“价格战”仍是中国营销界出现频率最高的词汇，也是竞争中采用最多的战术。有人说，彩电价格1998年是一年降两次，1999年是两个月降一次，2000年是一个月降两次。电脑、商务通、汽车、手机在2000年频繁降价，就是长期以来只升不降的药品、保暖内衣、电影票也都纷纷降了价。尽管有些降价是从暴利走向微利的合理过程，但也不能否认，不少企业忽视了产品价值的提升，陷进了降价的误区中。

8. 重市场占有率轻利润率

美国纽约美智管理咨询公司副总裁指出，市场份额已经过时。过去获得很高市场份额，利润就会接通而来，从而自动走上企业成功之路。今天，由于竞争的激烈化，我们发现一些在市场份额上处于领先地位的公司，利润开始下降。相反，一些著名公司将重心转向利润而非市场份额，实现了价值的明显增长。

市场份额仍是中国营销竞争的主旋律。诸多企业为了捍卫自己市场份额第一的地位，不惜掀起价格大战，但利润方面损失惨重，这需要我们进行逆向思维：首先了解客户最看重什么？其次研究在何处可以获利？再次决定在何处获得市场份额？

如何运用专家营销

零售商对制造商的信任与依赖基于一系列条件，其中制造商能否为零售商提供专业性指导是关键条件之一。目前愈来愈多的制造商深入零售终端，不仅是为了缩短与消费者的距离，掌握市场第一手资料，对市场需求变化做出快速反应，而且也是为了向零售商提供更多的专业性指导，帮助他们提高销售业绩。举办厂商讨论会，对零售商进行专业培训，制造商的业务人员向零售商提供行业发展趋势、消费者需求变化。购买习惯、竞争品牌动向等信息，指导零售商提高销售技巧等已成为许多大品牌公司的常规做法。制造商在这一系列活动中凸显了专业形象，让零售商强烈感觉到这些供应商具有良好的管理水平、敏锐的市场洞察力、正确把握行业发展趋势的能力，具有先进的营销理念和高超的营销技巧等。在这些认知背景下，零售商会对制造商产生信任，感到有一种长期利益的承诺，因而销售上对制造商的产品的信心会更加充足。

因此，制造商应充分运用自己丰富的专业知识和专业技能来增强零售商对自己的依赖程度，这种依赖关系要比制造商运用财务利益让零售商建立对自己的依赖更加牢固与长久。

要运用专家策略，制造商必须具备高素质并且敬业的员工队伍，无论是经理级人员还是一般的业务人员，都应该具备足够的产品知识、市场知识、物流配送知识、商品陈列知识、推销知识、营销计划与促销知识等。除了人力资源以外，制造商还必须制定一套严谨周全的零售商培训计划、零售商工作制度等。另外，要使企业内部行业信息、市场信息、竞争者信息的收集与分析工作系统化，并及时向零售商传递这些资料。

如何进行情感营销

“情感营销”讲究的是以情动人，重视一对一的沟通。厂商之间保持良好的沟通是双方合作的基础，大家在感情上融洽了，彼此就能得到更多的理解与帮助。一些在市场上相当活跃的制造商都有一套拜访零售商制度，并且业务员经常向商店的柜长、营业员赠送一些小礼品，遇到某人生日，送上贺卡或蛋糕等，尽力拉近双方的距离。这样一来，这些营业商会极力把这些制造商的产品推荐给顾客。

情感是销售过程中的润滑剂，强化客情关系是销售工作的一部分，制造商应将情感策略作为整个营销策略的一部分，有计划地加以执行。制造商可以制定零售商拜访计划、零售商庆功会计划、小礼品赠送计划等，要求营业员记住其管辖的零售商的经理、柜长甚至一些营业员的生日，以适当的方式致意。需要提醒的是，情感策略不能误人庸俗的人际交往的泥潭，更要避免诱发刑事犯罪的可能性。另外，需要清醒认识的是，情感策略不是万能钥匙，如果没有品牌影响力、适合的产品、合理的定位作支撑，它的作用是相当小的。

市场营销调研分析

市场营销调研，是指系统地设计、收集、分析并报告与企业有关的数据和研究结果。孙武曾经说过一句话：“不知山林、险阻、沼泽之形者，不能行军。”专家认为，市场营销职能的管理就像行军打仗一样，开始于对企业情况的全面分析。企业必须分析市场和市场营销环境，以找到有吸引力的机会和避开环境中的威胁因素。除分析现有和可能的营销活动之外，企业还必须分析自己的强项和弱项，以便能选择最适合于企业的机会。市场营销分析向每一个营销管理职能部门反馈信息和其他情报，调研可以说是营销的起点。

日本企业在进入市场前，总会采取两项重要行动：市场的可行性研究和营销战略与策略研究。索尼公司和松下公司在进入美国市场时采取行动前的做法，就非常值得研究。在进入美国市场之前，索尼公司派遣了由设计人员和工程师等组成的专案小组到美国进行调查，研究如何设计迎合美国消费者偏好的产品。松下公司则从 l951 年起就在美国设有专人，在进入美国市场前从事市场信息搜集工作，然后，这些公司就会聘请一些美国专家、顾问或经理人员，帮助自己设计进入市场的策略。

从这里，我们应该明白，日本企业能在美国市场上占有那么大的市场份额，先期的营销调研起到了很大的作用。

按照专家的说法，有效的营销调研应按以下 5 个步骤进行。

1. 确定调研目标

营销调研的动因大多来自于某种问题或契机。譬如产品的销售量下降了。这样的问题或契机常常是引起营销调研的初始原因，但问题本身并不一定构成营销调研的主题，调研主题的确定还需要对问题进行分析和初步研究。企业必须明白，通过市场调查要解决什么问题，并把要解决的问题准确地传达给市场调查人员，这些目标一定要切实可行而且可以在短时间内完成，否则调查结果就会失去意义。

2. 制订调研方案

调研方案设计主要涉及以下内容：调研类型的确定，即决定需要什么类型的信息;资料收集手段的选择,即电话访问、邮寄问卷、个人访谈等;问卷的制定；样本的选择以及调研预算和时间的确定。

3. 实施调研计划

调研的执行基本上包括收集资料，资料的整理、分析、解释，最后书写调研报告并提交等几个步骤。这个过程可以由企业的调研人员进行，也可以由更专业的外部公司做，但不管由谁进行，企业都应密切关注现场工作以保证计划的有效执行。

4. 解释和汇报调研结果

专家认为，调查人员需要解释自己的发现，得出结论，然后编写成调查报告提供给有关部门，以便做市场营销计划时参考。一般调研的汇报主要包括以下几方面的内容：调查报告摘要，调查的目的与范围，调查结果分析与结论，建议以及必要的附件，如附属表格、公式等。同时，专家警告调查人员不应该用数值和复杂的统计方法难倒管理人员，而是应该将有用的调查结果摆出来。最后，专家提醒，由于调研人员和管理人员都可能会对调研结果作出错误的解释，因此，他们必须一起讨论调查结果，双方要对调查过程和相应的决策共同负责。

5. 企业的宏观环境分析

了解了调研的步骤后,营销人员应该先对企业面临的环境作出调查。

专家认为，成功的公司之所以成功是因为它能认识到环境中的未被满足的需要，然后作出反应并且从中获利，要达到这个效果，企业首先要做的就是从整体上分析企业的宏观环境。

专家指出，不论是投资人还是企业，都必须注意宏观环境的五大要素的各自发展现状。因为市场机会的来源就是不断改变的宏观环境。

企业的微观环境分析

除了分析宏观环境外，企业还应该认真分析微观环境，因为企业所采取的各种策略和措施的最终目的都是在赢利的前提下为顾客服务，满足市场的需求。要实现这个任务，企业必须把自己与供应商和市场营销中介联系起来，以接近顾客。供应商—企业—市场营销中介——顾客，形成企业的基本市场营销系统。此外，企业市场营销的成败还受另外两个因素的影响：一是竞争者，二是公众。因此，专家指出，企业需要市场中与其形成互动关系的关键角色的持续信息。

1．企业

良好的内部环境是企业营销工作得以顺利开展的前提条件。内部环境由企业最高管理层和企业内部各种组织构成。营销部门工作的成败与企业领导及其他部门支持与否有很大关系。

首先，营销管理人员在营销计划的制订和实施过程中必须遵从董事会和总经理的意见。董事会和总经理是公司的最高领导，负责制定整个公司的任务、目标经营战略和经营方针。营销部门经理只能在董事会和总经理限定的范围内进行决策，根据公司要求所制许可证的营销工作计划，只有经公司主要领导批准后方能实施。其次，营销管理人员需同其他职能部门的管理人员协同工作。如，在落实营销计划的过程中，必然会涉及资金的需求和运用，涉及资金在不同产品和不同营销活动中的分配和投资报酬率，涉及销售预测和营销计划的风险性等，这些问题都与财务部门及其业务有关。

2．供应商

供应商是指为企业提供生产经营所需资源的公司或个人。供应商的情况对企业的市场营销活动产生实质性的影响。供应商提供的原材料价格的变动，会影响企业的生产成本、利润和产品价格，影响企业的市场竞争能力；供应商提供的原材料数量和交货时间影响到企业的生产能否正常进行，提供的原材料质量影响到企业产品的质量，而这些又会影响企业产品的销售并进而影响企业在客户中的声誉。

因此，企业一方面要注意和供应商搞好关系，不但在资源短缺时要这样，在资源宽余时也应如此；另一方面，要对供应商的履约情况进行评价，并据此对供应渠道进行必要的调整。

3. 营销中介

营销中介是指协助企业促销、分销其产品给最终购买者的公司，包括中间商（拥有商品所有权的商人中间商和不拥有商品所有权的代理中间商）、实体分配公司（运输企业、仓储企业）、营销服务机构（广告公司、营销调研企业、营销咨询企业等）和财务中间机构（银行、信托公司、保险公司等）。企业要达到实现潜在交换、满足顾客需要的目标，离不开这些营销中介的共同配合。在现代化大生产的条件下，生产和消费之间存在的空间分离、时间分离和信息分离等矛盾，只有在各类营销中介的协助下才能得到有效的解决。企业的市场营销活动如果得不到有关营销中介的配合，就有陷入困境的可能。

对于企业应当保持和发展与供应商及中间商的互利关系问题。专家说："如果一个公司不适当地从它的供应商处挤取利润，如果它过多地把产品塞给分销商，如果它使合作者输在供应环节上而获得胜利，那么，这个公司就会失败。精明的公司将通过与供应商和分销商合作，以更好地为最终顾客服务。"

4. 顾客

微观环境中的第四个因素就是顾客。企业与顾客的关系实际上是一种生产与消费的关系。企业的一切市场营销活动都是为了满足顾客的需要。因此，顾客的需要是企业生产经营活动的出发点。

5. 竞争者

竞争者是指与企业生产相同或类似产品的企业和个人。企业的竞争者主要包括 4 种：愿望竞争者、平行竞争者、产品形式竞争者和品牌竞争者。愿望竞争者的竞争对手提供不同的产品以满足不同的消费者需要，平行竞争者生产的是同一种商品，他们针对相同的消费者需要。产品形式竞争者是指生产同种产品，但提供不同规格、型号、款式的竞争者。品牌竞争者则是其他因素都相同，唯独品牌不同的竞争者。

6. 公众

由于企业的活动会影响其他群体的兴趣，这些其他群体就构成了该企业的主要公众。公众的定义如下：公众就是对一个组织实现目标的能力有着实际、潜在兴趣或影响的群体。

公众可能有助于增强一个企业实现自己目标的能力，也可能妨碍这种能力。鉴于公众会对企业的命运产生巨大的影响，精明的企业就会采取具体的措施，去成功地处理与主要公众的关系，而不是等待和不采取行动。

通过对企业的微观环境的分析，营销人员应该明白，若想取得市场营销的成功，就必须保持与处理好各方面关系，并保证各方的利益不受损害。

第 2 章 营销策划概念及岗位认知

在很多人看来，策划就是建议，就是点子，就是智慧一刹那的闪光。的确，企业早期的营销策划主要就是依靠个人的经验，侧重的就是出点子。但随着企业规模的扩大和经营内容的增加，随着市场环境的多变和市场竞争的加剧，这种小打小闹的建议和点子已满足不了企业的需求，此时企业必须要掌握足够的营销策划理论知识。

营销策划的概念

策划，顾名思义，就是为达到以最低的投入、最小的代价，让策划对象赢得更高的经济效益、社会效益的前提下，策划人为实现上述目标在科学调查研究的基础上，运用掌握的策划技能、新颖超前的创意和跨越式思维，对现有资源进行优化整合，并进行全面、细致的构思谋划，从而制定详细、可操作性强的，并在执行中可以进行完善的方案过程。

策划有许多鲜明的特征，对这些特征的认识和了解，有利于我们更好地把握作为策划的一个种类——营销策划的本职。

1. 目标性。任何策划都必须围绕一定的目标，把握原则与方向。开展策划的出发点是为了更好地实现自己的目标，因此，策划过程中的一切活动始终不能脱离目标，而是要根据环境条件的变化，不断进行创新，以使将要采取的行动能产生最佳效果。目标在策划中具有重要地位：目标是策划所希望达到的预期效果，目标是策划的起点，目标的高低与复杂性决定着策划工作的难度，目标是否顺利实现是策划实施效果的衡量检验标准。

2. 可行性。策划不是空想，是在现实所能提供的条件基础上对要进行的活动所做的谋划。脱离现有条件的策划只能是“海市蜃楼”，因此，这就要求作为活动的策划者要尽可能多地掌握各种现实的情况和信息，全面了解各种可能影响到目标实现的主客观因素，然后结合现实条件进行策划，使策划的实施具有可行性。

3. 创新性。策划是一种创造思维。策划不是沿着惯性思路考虑问题，区别于别人已经或正要实施的各种方案，打破常规、出奇制胜是策划活动的魅力所在。实践证明，只有构想独特、与众不同、有所创新的策划活动才能产生巨大的冲击力和影响力。

4. 前瞻性。策划是“创造未来”，是根据目前或可预见的条件谋划未来一定时间内的活动。因此，策划者必须有超前意识，有长远眼光，在设计方案时要“高瞻远瞩”。策划是一种超前思维，对策划方案实施过程中可能遇到的障碍与难点以及各种环境变化的状况，策划者都要事先作出评估并制订出应变对策与措施。只有具有前瞻性的策划活动，才能做到整体利益最大化，这是实现预期目标的重要保证。

5. 系统性。策划是编导，是一种全方位、多谋略、多手段的整合。它包括信息资源的分析与判断、方案的构思与制订、最后的实施、评估与调整的全部过程。具体来说，策划不仅要提供创意、思路，制定战略，而且要有具体的实施细则，落实人、财、物的合理配置，通过谋划以较少的投入获得较大的效益产出。

6. 动态性。策划是针对未来的活动作出的当前抉择。未来的环境变化存在一定程度的不确定性，依据现实条件很难准确判断未来实施过程中可能出现的情况变化，这就客观要求策划具有动态性特征。策划的动态性特征表现在策划方案的形成过程中要充分考虑到未来形势难以把握的变化，使方案的实施具有一定的灵活性，以便可以因时、因地、因情况变化而机动执行；也表现在策划方案的执行过程中，可以根据情况的变化和实施效果的反馈而对原有策划方案进行必要的调整和补充，使策划方案的实施效果更加显著。

策划的种类很多，营销策划是其中主要的一种。它是将策划运用于企业经营活动的重要分支。作为市场营销学领域中新崛起的细分学科，营销策划需要多门学科的综合运用，它是市场营销中的高层次艺术，越来越受到人们的重视。

简单来说，营销策划是指企业对将来发生的营销行为进行超前的计划、安排。具体而言，就是为达到预定的市场目标，运用市场营销学、管理学、财务学原理和教程将创意或点子等进行论证并且变为操作实践的全过程。

营销运用于企业中，就是一种以交换为目的的经营活动，其他组织和个人营销同样也是为了某个既定目的的活动。为了实现目的，达到预期目标，就必须与市场建立密切的关系，科学的分析市场、顾客以及与之相关的各种因素，然后创造性地运用自己的能量，力求在适当的时间、适当的地点，以适当的价格和适当的促销方式让顾客的需求得到满足。如推销一种观念，就必须采取一定的策略和战术使大众自觉地接受它。而在这个过程中，营销人员所做的分析、判断、推理、预测、构思、设计、安排、部署等工作，便是营销策划。

1. 营销策划的过程

营销策划的过程主要包括创意、论证、操作和检验四个方面。创意是策划的灵魂；论证是策划的路标，是对创意进行的可行性论证；操作是策划的核心，它在创意和论证的基础上去实施既定的目标，也就是实施过程；检验则是对策划的评估和总结。

2. 营销策划的内容

营销策划的内容，是相当丰富和广泛的，按照不同的标准，也有不同的分类。以策划的对象为标准，营销策划可以分为企业策划、商品策划和服务策划。它们分别从企业的整体、商品的开发与销售、满足顾客需求的角度进行策划，目的是为了树立良好的企业形象、扩大商品的市场占有率和提高企业的信誉度。以市场发展的程序为标准，营销策划可以分为市场选择策划、市场进入策划、市场渗透策划、市场扩展策划、市场对抗策划、市场防守策划、市场撤退策划。它们主要是根据产品进入市场的不同阶段和竞争对手的不同情况而采取不同的营销策划策略。

3. 营销策划的目的

营销策划的目的，是最大限度地实现企业的产品或服务的市场价值和企业的社会价值，其中，最大限度指的是资源运用的最大化，使企业有限的资源得到优化配置。市场价值包括企业盈利、市场份额和增长趋势等，社会价值包括对社会贡献程度和在社会认同中的美誉度、忠诚度、满意度等；虽然二者的实现同时统一于各营销策划构成内容之中，但市场价值主要通过产品策划、价格策划、渠道策划、促销策划和广告策划来实现；社会价值则主要通过公关策划、形象策划和顾客满意策划等来实现。与公关策划、形象策划和顾客满意策划相关联的关系营销、文化营销、服务营销也已分化为现代营销的新理念，而网络营销策划则是通过营销渠道的变革引发的对传统营销的整体突破，市场调研策划和营销战略策划则构成了企业营销策划的基础和前提。

营销策划的基本要素

营销策划，首先要确定营销概念，其次是在营销理念基础上的策划，营销策划是根据企业的营销目标，以满足消费者需求和欲望为核心，设计和规划企业产品、服务和创意、价格、渠道、促销，从而实现个人和组织的交换过程。

具体来说，营销策划过程中主要有以下几个要素：

（1）市场环境分析

进行市场环境分析的主要目的是了解产品的潜在市场和销售量，以及竞争对手的产品信息。只有掌握了市场需求，才能做到有的放矢，减少失误，从而将风险降到最低。以凉茶为例，凉茶一直以来为南方人所热衷，这其中有气候、饮食上的差异，因此应该将主要的营销力量集中在南方城市，如果进行错误的定位，将力量转移到北方，无论投入多大的人力财力，都不会取得好的营销效果。

（2）消费心理分析

只有在掌握了消费者会因为什么原因、什么目的去购买产品，才能制定出针对性的营销创意。天创认为，目前的营销大多是以消费者为导向的，根据消费者的需求来制定产品，但仅仅如此是不够的，对消费能力、消费环境的分析才能使整个营销活动获得成功。脑白金能够畅销数十年，从它不间断的广告和广告语中就能看出端倪：过节不收礼正是利用了国人在过节时爱送礼的特性，而作为保健品，两个活泼老人的形象在无形中驱使晚辈在过节时选择脑白金，相信如果换成两个年轻人在说广告语，影响力就下降很多。

（3）产品优势分析

这里的产品优势分析包括该品分析和竞品分析。只有做到知己知彼，才能战无不胜。在营销活动中，该品难免会被拿来与其他产品进行对比，如果无法了解该品和竞品各自的优势和劣势，就无法打动消费者。在某次营销类课程中就发生过这样的情况，课程中的实作模拟中，两位学员进行销售情境模拟，其中一位扮演销售人员的学员在整个过程中对该品和竞品都缺乏足够的了解，导致另一位学员只能通过直观的感觉来交接产品特性，最终导致整个销售过程以失败告终。营销的目的也是如此，通过营销手段，让消费者了解到该品的优势，进而产生购买欲望是营销活动中重要的环节。

（4）营销方式和平台的选择

营销方式和平台的选择既要企业自身情况和战略，同时还要兼顾目标群体的喜好来进行。例如针对全国儿童的产品，就可以根据儿童的特点，在央视的儿童频道以动画短片的形式展现出来，这样不仅符合企业战略，将产品传达给全国儿童，同时能够吸引儿童的目光。对于一些快消品，则可以选择和产品切合度较高的方式，例如目前 SNS 平台中十分流行的争车位、开心农场等游戏，就吸引了很多汽车企业和饮料企业的加入，并且取得了非常好的效果。

营销策划的类型和特征

由于营销策划覆盖领域广阔、内容丰富，为了更好地理解和掌握，我们可以从不同角度对他们进行分类。

1. 根据策划活动的承担者划分

（1）内部自行策划

内部自行策划是指由企业内部的营销策划专家或有经验的专业人员、管理人员自行承担的策划活动。其优点是：内部人员比较熟悉主体内部的情况，针对性强、保密性好，灵活方便、节省费用；其缺点是：策划会受企业内部可控人财物状况、掌握信息的充分程度、可利用技术水平的高低等因素的影响与制约，策划思维会有一定的局限性。

（2）外部委托策划

外部委托策划是指由外部专业的咨询策划人员或机构进行策划。这种策划的优点是：策划者经验丰富、见多识广，专业化水平高，策划方案科学性强，还能为方案实施提供指导与帮助；缺点是：费用较高，保密性差，需要很长的时间进行摸底调查。

（3）内外协作策划

内外协作策划是指以企业内部策划为主，但因技术上或其他方面的原因，又从外部高等院校、科研院所、专业策划机构聘请一些专家学者进行指导或联合策划。这种策划兼顾了以上两种策划途径的一些优点，弥补了两种策划途径的一些缺点，但存在着保密性差、内外协作困难等方面的缺点。

2. 根据所策划的营销活动是否以直接营利为目的

（1）营利性策划

在现代市场经济条件下，商场如战场、竞争如战争，企业要想在竞争中取胜，必须进行精心的策划。营销活动是企业的经营活动，营利是其最主要的目的，这种企业经营活动的营利性，决定了无论是自行策划还是委托他人策划都带有经济的色彩和营利的性质。当然，这种营利应是通过策划出具有良好社会效益的营销活动来营利，应是取之有道的营利。

（2）非营利性策划

在企业的营销活动中，也有许多活动并非以直接的营利为目标。如，赞助活动策划、社会公益活动策划、庆典活动策划、竞赛活动策划等就属于非营利性的策划活动。

3. 按策划活动涉及营销活动的范围

（1）综合策划，也称总策划

综合策划是对所策划营销项目的总体规划，是对所策划营销项目的全过程、各环节进行的整体性策划。

（2）项目策划

项目策划也称单环节策划。是对所策划项目的某一部分、某一具体环节所做的策划。

4. 按照企业市场营销策划的内容划分

（1）市场营销战略策划

市场营销战略策划是在经过科学决策，确定了企业目标的情况下，从企业的目标市场定位、竞争战略、形象设计等方面，围绕现实目标而进行的方案构思和设计。

（2）市场营销战术策划

市场营销战术策划是位实现企业的营销战略所进行的战术、措施、项目与程序的策划。

不论是哪一种类型的营销策划，作为市场营销学领域中新崛起的细分学科和新的实践活动，营销策划都具有如下主要特征：

1. 营销策划是创新思维的学科

营销策划实质上是一种经营哲学，是市场营销的方法论，因而是一门创新思维的学科。营销策划是从新的视角，用辩证的、动态的、系统的、发散的思维来整合营销策划对象所占有和可利用的各类显性资源和隐性资源，在新的排列组合方法指导下，使各种生产要素在生产经营的投入产出过程中形成最大的经济效益。

营销策划作为创新思维的学科，特别强调将单线性思维转变为复合性思维，将封闭性思维转变为发散性思维，将孤立的、静止的思维转变为辩证的、动态的思维，将具有浓厚小农经济色彩的“量入为出”的思维转变为“量出为入”的市场经济的思维。

营销策划所要达到的最终目的是通过对企业各类资源的整合，使营销策划的对象以崭新的面貌出现在市场上，并在特定时空条件的市场上具有惟一性、排他性和权威性。只有达到这“三性”才是一个优秀的营销策划，才能满足市场竞争的创新需要，也才能使营销策划的对象在市场竞争中产生“先发效应”和“裂变效应”，以抢占市场的先机和拥有市场“核裂变”能量，为企业拓展广阔的市场空间，从而实现企业综合经济效益最大化的目标。

总之，无论什么项目，创新思维都是以营销策划创意为起点，它引导营销策划者用系统工程方法，从经营哲学的高度对投人生产经营过程的各种生产要素、市场资源和社会资源等进行科学的分析、归纳和综合，使其产生更大的总体功能效应。

2. 营销策划是市场营销系统工程

营销策划是关于企业营销的系统工程，表现在时间上的前后照应；营销策划的每一个环节总是环环相扣，一个活动的结束将是下一个活动的开始，形成营销活动链，表现在空间上形成立体组合。企业的营销活动，总是多种营销要素的立体组合，通过这种组合进行全方位推进。

营销策划是一项复杂的智力操作工程，要投人大量智慧和高难度的脑力劳动。营销策划要有大量间接经验的投入，一是作为策划人必须具有广博的知识，构成策划的支持系统；二是广博的知识能够被灵活地运用到策划之中，才能形成一流的营销策划方案。营销策划还要有大量的直接经验投入，它是策划的基础，缺乏直接的经验，往往限于纸上谈兵，难以策划出适应市场的优秀营销方案。

3. 营销策划是具有可操作性的实践学科

营销策划是一门实践性非常强的学科。市场营销不是空洞的理论说教，它要解决企业在现实的市场营销活动中提出的各种疑难杂症。企业最需要的营销策划不只是回答企业应该开拓市场、应该赚钱，而更重要的是如何开拓市场、营造市场以及如何在激烈的市场竞争中获取丰厚的利润。营销策划就是在创新思维的指导下，为企业的市场营销拟定具有现实可操作性的营销策划方案，提出开拓市场和营造市场的时间、地点、步骤及系统性的策略和措施，而且还必须具有特定资源约束条件下的高度可操作性。营销策划不仅要提出开拓市场的思路，更重要的是在创新思维的基础上制定市场营销的行动方案。

营销策划活动不是一成不变的，它要具有一定弹性。营销策划通常包括两个部分，一是超前设计部分，一是未来完善部分。作为一种超前决策，不可能想尽未来的一切，而且，市场是千变万化的，任何方案都有可能是不完善的，都需要在实施过程中，根据实际情况加以调整和补充。

营销策划的主要原理

营销策划原理，是指营销策划活动中通过科学总结而形成的具有理性指导意义和行为规律性的知识。营销策划原理应该具有客观性、稳定性、系统性。营销策划所依据的是整合原理、人本原理、差异原理和效益原理。

营销策划的原理主要包括以下几个方面：

1. 新颖独特的原理

新颖独特是营销策划的第一大原理。在现代商战中，没有新意的营销策划只能使企业销声匿迹，只有独辟蹊径、创新出奇，才能使企业有良好的发展和未来。

日本精工集团为开拓澳大利亚市场曾成功地运用此原理。有一天，澳大利亚某地市民忽然发现无数手表从天而降，精美的包装，优异的质量——从万米高空落下仍运行如常。澳大利亚人疑惑了：真有天上掉下的馅饼吗？于是“上帝的礼物”被一抢而空，成为当地传媒的焦点，人们迅速地改变了日本货“价廉不耐用”的不良印象。

2. 简单易行的原理

营销策划不但要新颖独特，还要简单易行，在可行的范围内。“简单”，一方面是指其方案简单，步骤简单，目标通过合理规划而变得易于实现；另一方面是指为实现同样的企业营销总目标，同时存在的几个方案中最简单的一种，那种冗长繁杂的营销策划方案要舍弃；“易行”是指营销策划方案易于操作执行，否则易使执行者误入迷宫，难辨头绪，使操作者在实施过程中付出巨大的成本。“简单”与“易行”同时具备，乃为至佳方案。

当然，无论“简单”还是“易行”，其前提都必须是“抓纲”，能迅速从千变万化的参变量中找出主导变量，纲举目张，简洁明了，抓住事物的关键和核心，提纲挈领。高露洁公司采取了极其高明但又简单得让普通消费者都不必劳神想的一项营销方案。此方案是：既然消费者一天不能刷七八遍牙，那么就增加消费者每次消耗的牙膏量。于是，他们将牙膏的开口加大一圈，每次的用量就比平时增加了一倍，于是，销量就增加了一倍。

3. 把握全局的原理

把握全局的原理要求营销方案能够高屋建瓴，能为企业从多角度、多方位全面系统完整地提供一整套切实可行的、安全系数高的设计。《孙子兵法》云：“多算胜，少算不胜。”意即周密详尽、全面系统的策划才有胜算的把握，策划不周，只会招致失败。

在营销策划中，也需要营销策划者能时刻站在全局高度，多层次、多角度、长远地为企业发展而精心设计。一个优秀的策划方案是不会计较局部得失的，整体制胜才是它追求的目标。“谁笑到最后才笑得最好”。

4. 变化发展的原理

众所周知，世上唯一不变的是发展、变化。市场就是战场，形势瞬息万变。政府的法规政策在变、社会文化习惯在变、竞争对手在变、消费者在变、企业自身也在变化，产品在更新换代，质量在步步提高，市场营销的主体和客体都在生生不息地变化着。

营销策划既然要求把不断发展变化的企业推向瞬息万变的市场，把不断变化更新的产品投向风云变幻的市场，就必须在策划中遵循营销策划的动态原理。“变则通，通则久”，不变就难以适应当今的市场经济。

1963年，柯达公司研制成了“傻瓜相机”，一时引起了世界性的购买狂潮，可就在其相机走俏的时候，柯达公司立即公布了“傻瓜相机”的专利技术。难道柯达真是“傻瓜”吗？原来柯达有自己的发展打算：即使不公布技术，其他公司也能研制出来；另一方面，相机是耐用品，可重复使用，而胶片是一次性使用的。于是，柯达借机造势，转行生产高质量的胶片。

5. 长远思维的原理

营销策划的长远思维原理，是指策划者在进行营销策划时，能够使思维超越时间、空间的限制，把眼光放长远一点，给人们一种耳目一新的感觉。

长远思维原理的实质是智慧能量的提升，是创意的升华与营销策划的升华。智慧的能量来源于平时的积累、来源于营销队伍的整体素质。素质与别人不同，起点上也会与别人不同，境界上也就能与众人相分伯仲。这样，高水准、高段位的营销方案能在营销活动中一下子震慑住竞争对手，让人觉得就是“高”，就能有效地发挥营销策划的智能、势能，有利于营销策划方案的执行者、操作者事半功倍。相反，那种低级趣味、哗众取宠、不健康的策划内容，则不可能占领市场，甚至会在市场竞争中碰得头破血流。

6. 集约综合的原理

所谓营销策划的集约综合原理，就是要求营销策划工作者把营销活动中所涉及的市场和自身的各种元素、各个层次、各种结构、各个功能按照营销创意、营销策划总目标和阶段分目标的主线集约整合起来，内部调整、聚合、扬长避短、避实击虚，以实现 1+1>2 的系统整体功能。

整合出效益，整合出奇迹。马铃薯、黄瓜、胡萝卜非常普通，却可以变出一盘“会三丁”来，有时看起来根本不可能实现的东西，一经优劣互补、智能匹配式的整合就可以将原来的功能放大成千上万倍。例如，美国的“阿波罗”登月计划，可以说其单项的技术并没有多大的创新，许多单项技术是日本人、法国人、德国人发明的，成百万个零部件也由“多国部队”制造，但经美国人一整合，攒起来就造出了个宇宙飞船，实现了人类跨向月球的千古之梦。

7. 利润循环的原理

市场价值的实现是企业存在和发展的首要目标，被誉为经营之神的日本松下幸之助说过“企业不盈利就是犯罪”。任何企业的营销活动都是以获取利润作为出发点的，因此，营销策划的最终目标是实现利润回报。

利润回报的实现又会推动企业进行新的策划活动，追求新的利润，从而不断地循环，保证企业扩大再生产的完成。现在很多大型的企业会专门成立策划部，把销售利润的一部分拿出来作为策划资金，因为他们知道，营销策划是为了赚取更多的利润。

营销策划的基本原则

从上文可知，营销策划都有其自身的特定规律，营销策划人员在不断的实践中必须把握其客观规律，确切来说依据一定的法则进行，不能太过随意，而致使策划的失败，从而发挥失常，造成严重后果。

通常，有效开展营销策划活动应该遵循的原则主要有以下几个方面：

1. 大局为先的原则

营销活动中企业会遇到更多的新问题与新矛盾，如营销各环节的分工协作关系、近期投资与远期收益的关系、局部利益与整体利益的关系等。同时，营销策划工作的完成有赖于企业其他部门的支持和合作，并非营销一个部门所能解决的，如产品质量、产品款式、货款收回等，就分别需要生产部门、设计部门、财务部门的工作配合。因此，营销策划必须遵循大局为先的原则，统筹规划企业的营销工作，策划时要从整体上考虑和解决问题，既要注重整体效应，又要注意抓住主要矛盾。

2. 易于操作的原则

企业营销策划要用于指导营销活动，其指导性涉及营销活动中的每个人的工作及各环节关系的处理，因此其可操作性非常重要。不能操作的方案创意再好也没有任何价值。不易于操作也必然要耗费大量人力、财力、物力，管理复杂，效果差。这就要求营销方案的策划不能闭门造车，纸上谈兵，要充分考虑外部环境的接受能力和企业内部条件的承受能力，而没有必要片面追求创意的新奇独特或艺术上的高度完美。

3. 随机应变的原则

任何策划方案都不能是一成不变的，而应该是具有一定的弹性、灵活机动、随机制宜和能够不断调适的。这种调适表现在两个方面：一是在策划之初，就要考虑未来环境的变化趋势，让方案能随时适应变化的环境；二是任何方案都不是僵化不变的，在方案执行过程中，要根据项目所追求目标及环境的变化，对方案进行不断调节控制，修正完善。

营销环境的多变性决定了营销策划必须坚持随机应变原则。实践表明，在策划的设计和实施过程中，有可能遇上一些对策划产生巨大影响的突变事件和风险因素，如政府政策的变动、经济因素的变动、社会舆论的影响、法律的制约、竞争对手的反击等等，这就增添了策划的风险性。突发事件与风险一旦发生而无应对措施，很有可能导致策划的流产或破产。因此，在进行营销策划时，应尽量对各种可能的意外情况和风险因素进行预测分析，制定相应的对策，以增添营销策划的灵活性和应变性。对于媒体舆论误导、公众误解、设备故障、气候变化等风险因素，可以事先预估，提前防范并制定应对措施。对于政策变化、法律变化，社会动乱等企业自身不可控因素，应随时注意时势变化苗头，及时采取措施，使风险发生时的损失和危害降到最小限度。

4. 追求效益的原则

营销策划必须以最小的投入使企业获得最大的收益。营销策划的直接目的就是取得经济效益，否则就有违企业开展营销策划的初衷，就是失败的营销策划。市场营销策划不同于军事策划、外交策划，营销策划实施之后必须产生直接的经济效果和传播效果。企业营销策划无论是以无形而间接的品牌形象还是以有形而直接的经济利益为目标，最终都是要增加企业效益。

因此，效益的高低，就成为在风云变幻的市场中检验营销策划方案优劣的最直观的标准。即使是参加公益慈善活动，也是为了提高企业知名度与美誉度，为了树立企业形象增加品牌资产。效益性是营销策划活动中最内在、也是最根本的要求。效益性不仅要求营销策划人员善于利用企业自身的资源，还要善于利用社会上的各种资源。同时，也要合理节约，减少不必要的开支，科学进行营销策划预算。

5. 理念创新的原则

企业营销策划要求策划的“点子”（创意）新、内容新、表现手法新，给人以全新的感受。新颖的创意是策划的核心内容。

乐百氏纯净水上市之初，就认识到以理性诉求打头阵来建立深厚的品牌认同的重要性，于是就有了“27层净化”这一理性诉求经典广告的诞生。当年纯净水刚开始盛行时，所有纯净水品牌的广告都说自己的纯净水纯净，消费者不知道哪个品牌的水是真的纯净或者更纯净的时候，乐百氏纯净水在各种媒介推出卖点统一的广告，突出乐百氏纯净水经过“27层净化”，对其纯净水的纯净提出了一个有力的支持点。这个系列广告在众多同类产品的广告中迅速脱颖而出，乐百氏纯净水的纯净给受众留下了深刻印象，“乐百氏纯净水经过27层净化”很快家喻户晓。“27层净化”给消费者一种“很纯净可以信赖”的印象。“27层净化”是什么？是其他纯净水厂家达不到的工艺吗？非也，只是营销理念创新而已。

营销策划的方法

营销策划是对营销活动的设计与计划，而营销活动是企业的市场开拓活动，它贯穿于企业经营管理过程。因此，凡是涉及市场开拓的企业经营活动都是营销策划的内容。

那么，营销策划的方法有哪些呢？

1. 融合转移法

融合转移法是用一种联系把自己与具有一定价值的事物融为一体，使价值向自己转移。企业与强者为盟，个人与名人为友，产品与品牌配套都可以提高自身的知名度和美誉度，从而达到营销的目的。

例如，美国一出版商有一批滞销的书长期不能脱手，便给总统送去一本，并多次征求总统的意见，忙于政务的总统随口应了一句："这本书不错！"出版商如获至宝般地大肆宣传："一本总统先生喜欢的书出售。"于是，这些滞销的书很快就被一抢而空了。不久，这个出版商又送给总统一本。总统说："这本书糟透了。"出版商听后大喜，他打出广告："一本总统讨厌的书出售。"结果，不少人出于好奇争相购买。出版商第三次将书送给总统的时候，总统接受了前两次的教训，不置可否。出版商却大做广告："一本总统难以下结论的书出售！"居然又一次大赚其利。

2. 改变背景法

背景转换法即选择或创建力量更大、影响更大、价值更大的一个背景，借背景帮你工作，制造或寻找更加适合商务行为展开的外界环境，通过外部环境衬托来提升产品地位。

例如，一家位于高新科技园以外的企业，仅仅与高新科技园有一站之遥，但是享受不到科技园中企业的优惠政策，更重要的是其品牌威信不能通过科技园来提升。于是该企业老板想把自己的企业迁至科技园内，因此，他和园区领导协商，为科技园免费提供一些服务，通过努力，事情办成了，他的企业成了高科技园区的企业，生意也比以前好做了，而且也多了。这是为什么呢？就是因为企业所依托的背景不一样。

3. 思想移植法

思想移植法，即把别人的思维方法、别的地方的经营方法、其他事物的规律转移到自己的头脑，作为创新的方法依据。移植法可分为直接移植法和间接移植法。

直接移植法即将先进地区的新兴项目或商务形式照搬到后进地区去。照搬本身也是一种策划，尽管它相对时代没有新颖性，但对于策划人自己和策划的实施者是新颖的；当然，把别处的项目抄过来，也有一个改造或改良的问题。

有人发现荷兰“小人国”旅游项目很好，它的市场是在国界分割严重的欧洲，时间紧张的游人可以在这里一眼看完欧洲的风土人情。在改革开放时期，深圳是中外游人集中的地方，中国人到这里来学习改革开放，外国人到这里来看一看中国。中国虽然是一个国家，但那时有开放地区和不开放地区，外国人到不了的地方是多数，而中国人当时穷，到不了的地方也是多数，所以，这种情况类似欧洲，这样就可以把荷兰的“小人国”项目原理移植到深圳，结合深圳的实际，开发了“中华民俗文化村”、“锦绣中华”等旅游项目。

间接移植法，即将成熟的产业理念原理方法引用于新的产业设计中，本来看起来毫无关系的两件事情，却把它们联系起来，用一个事物的规律解决另一个事物的问题。

4. 重点突破法

重点突破法，是通过一点突破而带动其他。在面对复杂的策划对象时，首先努力寻求突出某一商务环节、某一资产、某项业务等个别线索，也可以说是主动地缩小策划对象，把策划对象首先简单化，然后加以精雕细刻，使一点首先突破，进而把局部策划产生的功效传递给整个原策划对象。

其实，在我们的生活中不知不觉地采用着重点突破法。例如现在的餐饮服务业，一些酒店在不同的时间会推出一些特价菜、优惠活动等，借此吸引消费者的注意力，可是进去之后，顾客消费的不仅是特价菜，这样酒店可以从其他菜品或者饮料中把损失收回。

5. 逆向思维法

逆向思维法，即把当前的思维角度、方向、内容、途径、目标等反过来，以寻找解决问题的方案。

逆向思维是求新思维的一种典型方法。我们经常说的反向思维就是逆向法。房地产项目大，行业大，风险和利润都可观；所以，房地产的策划咨询比较红火。但是，“远来的和尚好念经”，一家当地背景出身的老板其生意自然失败率就很高。因此，他不得不把生意延长到房屋代理销售。这样一延伸，生意是有了，但问题又出来——需要垫付很多流动资金，而他只是一个小企业主；于是，他反过来想这个问题：有多少销售额，就有多少采购额。从房地产公司的角度来看是销售额，从买房的客户角度看则是采购额，两者的数量是相等的；但是从不同的角度开展经营，其难度是大不相同的。现在如果把自己的经营方向 180 度的大转弯，把对象变了，不再给房地产公司提供咨询、代理，而是给顾客提供咨询，置家服务，这样需要的资金也少。当他在顾客中建立了品牌，房地产商也自然找上门来。

6. 归纳组合法

归纳组合法，即把不同的商务内容组合为一体，或把不同的商务过程组合为一个完整的商务过程，这也是一个常用的创新思维方法。把两件看似不相关的事物、事件等联系起来，加以组合，往往会产生意想不到的效果。

在手机的通话功能基础上，组合上网、照相、摄像等功能，使产品更具有竞争力。这是组合法中常用的功能组合，是产品和服务加值提升的基本途径之一。除了功能组合以外，常用的还有意义组合。企业要做一件事情，最好具有多重意义，达到一箭多雕的目的。

7. 回避问题法

回避问题法，就是不以原策划课题为解决对象，改换问题的内容，重新设立策划课题，再加以策划。也就是遇着问题绕着走，并且是积极地绕着走。

圆珠笔是欧洲人发明的，在刚刚面世之初，一直解决不了漏油的问题，许多科学家在笔尖上做了大量的努力未果。日本的科学家则采用回避方法从笔芯着手解决问题。结果日本人把笔芯剪短，降低了油液的压力，自然就解决了漏油的问题。

8. 分解细化法

分解细化法，就是把一点分解成多点作为策划目标开发决策子环，进而达到更加深刻认识的目的。如将概念分解出外延、将大的步骤分解出小的步骤、将人群分解成多个部分、将事务分解成多个方面等等。

现在在大企业中，一个项目往往需要多个项目组共同完成，于是在最初的时候项目就要被分解，项目分解到各个小组之后，还要进行细化，以便更好、更快地完成。例如，一个企业要达到创建名牌的目标，必须经过一系列的策划方案，一步一步地通过分目标的实现，达到企业的最终目标，而不能一蹴而就。

9. 实证优越法

实证优越法，即用实际的、让消费者看得见的功能效果来证实产品的优越性。如把金币粘在墙上，谁拿下来归谁，当然谁也拿不下来，用以证明胶水的质量。而且，我们经常可以在电视广告上看到，很多手表厂家在做广告时，为了证实自己的手表防震防水，不是直接地说明，而是让女明星戴着手表在水里游泳或者是把手表从高楼上扔到地上……其实，消费者花钱买手表不会舍得把它放在水里面或者从高处扔下，但是厂家已经“证实”了，它使你相信了。这就是实证的力量。

做好营销战略规划工作

营销战略是对一个公司或一个业务单位的营销环境、目标、战略和实施步骤所作的全面的、系统的审视、界定，其目的在于落实企业战略，指导营销工作，统一思想。

企业营销战略规划的内容十分丰富，营销策划经理作为这方面工作的负责人，应全力配合和做好企业的营销战略规划工作。这直接关系到企业未来营销的成败，甚至关系到企业未来的生死存亡。

1. 营销战略规划的作用

制定并实施科学、严密的营销战略规划，可以使企业增加利润，树立起良好的企业形象，使企业在变幻莫测的市场中维持生存和发展。具体来说，营销战略规划在营销活动中起到的积极作用有以下几方面：

（1）增强企业内部各部门工作的协作意识

运用市场营销战略规划，会使各部门增强整体观念，形成一个整体工作系统，彼此相互分工协作，共同满足目标市场的需求，努力实现企业的整体目标。在这个过程中，市场营销战略规划应成为指导和协调各个部门工作的核心。

（2）为改进管理创造条件

营销战略规划会使高层决策者从整体利益、全局利益出发，高瞻远瞩细致周全地考虑问题。对企业可能遇到的各种情况进行预测并制定相应措施，这有助于企业对实际发生的变化做出合理的有效的反映。此外，制定营销战略，还可以加强企业内部各部门之间的信息沟通，减少摩擦和矛盾冲突，促进企业整体利益的实现。

（3）减少管理者的盲目性

营销战略规划促使营销经理必须仔细观察、分析市场动向并对其未来的走向做出评价，从而有利于明确和决定未来的行动方向，大大减少盲目性。

（4）缓解意外交动的影响

制定营销战略规划，可以对意外事件留有一定余地，减轻或消除预料之外的市场波动对企业的影响，避免可能出现的混乱。例如，近年来，我国许多生产资料价格猛涨，供应不稳定，打乱了许多企业的生产经营活动，如果企业事前有一个考虑周全的战略计划，就不会手足无措而十分被动。

总之，制定营销战略，可以明确任务，统一思想和行动；能够增强营销活动的目的性、预见性、有序性和整体性；可以提高企业竞争能力和应变能力。要求得到生存和发展，就必须善于不断发现良机和及时调整战略计划，使企业的经营管理与不断变化的经营环境相适应。

2. 营销战略规划的制订

虽然营销策划经理在制定市场营销战略规划时，只包括选择目标市场和设计市场营销组合两部分。但是，战略的制定还要考虑其他许多因素，要做许多准备工作和配套工作。所以制定战略的程序必然会更复杂一些。下面是制定市场营销战略规划的一般步骤：

（1）确定企业的任务和目标

企业的任务和目标是指在一定时期内，企业营销工作的服务对象和预期所要达到的目的。它是企业营销战略的基础和出发点，要制定企业的市场营销战略，必须首先确定企业只有在任务和目标明确的前提下，一切营销决策和策略才具有明确的方向和现实的意义。

（2）企业经营状况和实力分析

这一步主要是分析企业内部情况。经营状况分析，包括产品销售额、产销率、成本和利润水平、市场占有率、产品特点、价格水平、销售前景等。企业实力分析，包括企业的财务、原材料供应、工厂设施、技术力量、商誉和管理人员素质。这种分析的目的是发现和评定企业的优势和劣势，以及经营业绩不佳的问题所在，以便在寻找机会和制定新战略时能够扬长避短。

（3）环境和形势分析

市场环境和形势分析是制定企业市场战略的客观依据。对企业经济环境进行研究分析，主要从以下几个方面进行：

第一，一般社会环境（包括社会政治形势、经济形势和社会文化等）的研究；

第二，相关科学技术发展情况（主要包括与本公司产品有关或与材料、工艺、设备等有关的学科的科技发展水平、发展方向、发展趋势和速度等）的分析研究；

第三，资源供应方面情况（如有关的人力、财务和物力的供应来源及渠道等）的调查研究；

第四，市场需求方面（包括市场需求的总量、潜在市场容量、市场占有率、消费者购买行为特点、产品生命周期规律等）的研究；

第五，竞争因素的研究；

第六，企业经营媒介环境的分析。通过外部环境的分析，可发现对企业有利的机会或不利的威胁。

（4）选择目标市场

根据以上分析所发现的适合企业条件的新机会，营销策划经理可以进一步确定或选择目标市场。

（5）设计市场营销组合

目标市场确定之后，营销策划经理就可以根据目标市场的特点和需求来设计市场营销组合。

3. 营销战略规划的实施要点

为实现营销战略目标的营销规划，在实施中必须注意以下几个问题。

（1）识别环境的发展趋势。环境发展趋势可能给企业带来新的机会，也可能带来新的问题，如新的法律、新的政策的实施，对企业营销可能产生有利或不利的影响，掌握环境的发展趋势是企业制定战略计划的重要前提。

（2）识别各种机会。有效地利用潜在的机会，对发展新产品、改进现有产品、发现产品的新问题，吸引竞争对手的顾客、开发新的细分市场都极为有利。

（3）用开阔的经营观点召待企业生存的条件。树立市场需求观念，把眼光放在广阔的市场上以适应市场变化。

（4）充分利用现有资源。运用同样数量、同样类型的资源去完成新的战略目标。

（5）避免和声誉较高的名牌商品展开正面竞争。名牌商品都处于高度的商品保护地位，如果新商品只是一味模仿而无什么改进，就很难取得成功。

（6）加强企业商品在市场上的地位，增加商品的竞争能力。

（7）厂牌引伸。将成功商品的厂牌用于新的优质商品，使顾客对新商品有良好的印象。

（8）明确规定企业发展方向。企业不但要有具体目标，制定达到目标的措施规划，而且应确定具体的时间进度。

制订具体的销售目标和计划

古语云："用兵之道，以计为首。"其实，无论是企业还是个人，无论做什么事情，事先都应有个打算和安排。有了计划，工作就有了明确的目标和具体的步骤，就可以协调大家的行动，增强工作的主动性，减少盲目性，使工作有条不紊地进行。同时，计划本身又是对工作进度和质量的考核标准，对大家有较强的约束和督促作用。

计划对于营销策划和销售工作，同样是十分重要的。一项市场调查研究发现，90%以上的企业营销高级主管参与了营销计划的制定过程，平均每年有 45 天左右的时间来从事这项工作。

的确，销售计划是企业各项计划的基础。制定一个富有挑战性而又切实可行的销售计划对于企业经营目标的实现具有至关重要的作用。销售计划应贯彻落实企业营销战略；销售计划应相对稳定；同时，根据市场的变化具的一定的灵活性。销售计划的制定与管理是营销经理的首要职能。

对于营销策划经理来说，制订具体的销售计划和目标，主要包括以下几个方面的工作。

1. 销售预测

销售预测是企业进行各项决策的基础。几乎每个企业的年度报告都包括对下一年度的销售预测。即使一个非常小的企业，没有什么正规的销售预测程序，但它的决策仍然是建立在对未来的某种预测之上的。

了解销售预测的过程有助于营销经理全面分析销售预测因素，从而得出客观合理的预测值。销售预测的一般过程如下：

（1）环境分析

企业面临的环境包括外部环境和内部环境，在确定行业市场潜力时主要考虑的是外部环境。决定行业面临的机会与威胁的主要是宏观环境因素。这此因素包括：自然地理因素；政治法律因素；社会文化因素；科学技术因素。

（2）市场潜力预测

一个合理准确的市场潜力预测是全部预测工作的起点。市场潜力指一定时间和地域内，某类产品的可能最大的销售量。如果企业对市场潜力的预测偏差太大的话，那么随后的销售潜力、销售定额的预测都是不可靠的。

许多公司的战略失误就源于市场潜力预测的失误。比如，在美国1980年代早期，行业预计到1987年个人电脑会达到2700万到2800万台。基于这种预测，1983 ~ 1984年间，有近70种新型电脑进入美国市场。但是，到1986年底，只有1500万台个人电脑的销售量。因此，许多制造商不是放弃市场就是破产。

（3）确定目标市场

在行业市场潜力预测的基础上，企业管理层可以制定出公司的长期目标，也就分析中的优势与劣势分析。通过对企业内部条件的分析得出本企业的优势与劣势，而你要做的就是把这些长期目标细化为具体的短期目标。

目标必须是定时的、量化的和可实现的，它可以衡量并转化为具体的计划加以实施、管理和控制，它是跟踪你业绩和进度的标尺销售部所追求的目标有利润率、销售增长额、市场份额提高、和声誉等。

（4）销售潜力预测

在市场潜力预测和确定目标市场的基础上，要确定具体公司的销售潜力，可以从公司内部拥有的资源入手，在本公司的目标市场范围内，将本公司的优势与劣势转化为量化的销售预测。

（5）销售预测方法

销售预测方法主要包括定性和定量方法。定性方法不需要太多数学和统计的分析工具，主要是根据经验的判断而定。定量方法是借助数学和统计学的分析工具，通过在对以往的销售记录分析的基础上，作出以未来的预测。

2. 销售预算

许多营销经理相信，企业的利润问题可以在销售量中找到答案，如果销售量增加，利润也会随之增加。但在当今激烈的市场竞争环境下，营销经理考虑销售量的增长外，还必须考虑获得这些增长的成本。销售预算是对未来销售量和获得这些销售量的成本的财务计划。这种计划的基础是销售预测。销售额中扣除为达到销售额的所有成本费用就是企业的利润。

（1）预算的作用

财务计划是一个连续的过程，它对于计划中涉及到各方的交流与沟通起着重要的作用。预算是计划的工具，也是实际工作的的控制基准。预算主要作用有：预算使销售机会、销售目标、销售定额清晰化和集中化；预算计划出为达到目标的合理费用投入；预算有助于促使各职能部门协调合作；预算有助于保持销售额、销售成本与计划结果之间的平衡；预算提供了一个评估结果的工具；预算通过集中于有利可图的产品、市场区域、顾客和潜在顾客而使收益最大化。

（2）预算的职责人

利润目标的责任人应该参加预算的制定。如果一个区域经理对一项利润目标负责，那他应该加入预算制定的过程。但这并不意味着区域经理对预算有最终决定权。通常决定权在销售经理、销售委员会或营销副总那里。但是，如果下层销售经理参加财务预算的制定，他们会更倾向于支持预算。

（3）销售预算内容

一般而言，销售部门的预算包括预测的销售额（分解为地域、产品、人员三部分）和这些内容：销售人员的费用，如工资、提成、津贴；差旅费，如住宿、餐饮、交通、杂费（娱乐、干洗等）；销售管理费用，如销售经理的工资、提成、津贴；销售经理的差旅费，如住宿、餐饮、交通、交际费等。

（4）销售预算的过程

第一，确定企业销售和利润目标。通常，企业的销售和利润目标是由最高管理层决定的。最高管理层是企业所有者负责。为了吸引投资和贷款，企业必须保持足够的投资回报。否则，企业的成长机会和生存将受到严重的威胁。企业的营销总监和销售经理的责任就是创造能达到企业最高层的目标的销售额，但这样做必须考虑成本。

第二，进行销售预测。销售预测包括地区销售预测、产品销售预测和销售人员销售预测在部分。一旦公司销售和利润目标已经确定，预测者就必须确定在企业的目标市场上，是否能够实现这个目标。如果总体销售目标与预测不一致，就需要重新调整企业销售和利润目标或企业营销体系需要变革。

第三，确定销售工作范围。为了达到即定的销售目标，就需要确定潜在顾客和他们的需求，设计产品，生产产品和为产品定价，通过各种方式与顾客接沟通，招聘、培训销售人员等等。

第四，确定固定成本与变动成本。在一定销售额的范围内，不随销售额增减而变化的成本称为固定成本。而随着销售产品数量增减而同步变化的成本称为变动成本。主要的固定成本包括销售经理和销售人员的工资，销售办公费用，培训师的工资等。变动成本通常包括提成和奖金，邮寄费，运输费，部份税收（增值税），交通费，广告和销售促进费等。

第五，提交最后预算给公司最高管理层。本量利分析之后，销售经理要确定为达到最高管理层确定的销售额和利润目标所必须的成本费用。他知道各种变量的变化以利润的影响。他还应该了解那种变化是可行的。

3. 销售量定额

销售量定额是营销经理希望业务员在未来一定时期内应完成的销售量。销售量定额便于业务员理解自己的任务。

（1）合理销售定额的特点

公平，即定额要真实地反映销售的潜力；可行，即定额可行并兼顾挑战性；易于理解，即定额数量及其分配理由；完整，即与销售定额相关的各种定额明确；灵活，即依据环境的改变而改变才能保持士气；可控，即检查执行情况，以便采取措施。

（2）销售量定额的市场分析

营销经理设置销售定额时必须预测业务员区域的销售量。营销经理预测销售量是基于对现有市场状况的分析，需要研究这些因素：区域内总的市场状况；竞争者地位；现有市场占有率；市场涵盖的质量（一般取决于该市场业务员的主观评价）；该地区过去的业绩。对过去的数据进行调整以适合人员、区域及公司政策的要求。新产品推出的效果、价格调整及预期的经济条件。对这些因素进行分析后，再来设定区域个人销售目标定额。

（3）销售定额基数的确定

很多企业设置销售定额时往往基于过去的经验，还有一些营销经理简单地套用公司的销售预测为基数。如果企业预测的结果是提高 6% 的销售量，则对每一个员工都分配 6% 的销售增长。这种方法虽然简单、费用低、易管理、易理解，但是它忽略了地域状况及业务员的能力差别。像有的新建区域尽管销售量小，但其销售增长率要比一些已成熟的销售区域的销售增长率大得多，因此新的销售区域提高 6% 的销售量是很容易完成的，而成熟区域要提高 6% 的销售量则是很困难的。

销售定额的制定可采用自上而下、自下而上两种方法。使用时必须考虑这些因素：区域产品的历史；区域购买力指数；各个产品的市场目标；各个产品的促销时间；各个产品的广告；每个区域前50名客户的收支分析；业务员及区域收支分析；产品和产品组合收入分析等等。

4. 销售计划的编制

（1）销售计划的架构

销售计划是各项计划的基础。销售计划中必须包括整个详尽的商品销售量及销售金额才算完整。除了企业的经营方针和经营目标需要详细的商品销售计划外，其他如未来发展计划、利益计划、损益计划、资产负债计划等的计划与实行，无一不需要以销售计划为基础。

（2）销售计划的内容

简明的销售计划的内容应包括：商品计划、渠道计划、成本计划、销售单位组织计划、销售总额计划、促销计划。

（3）年度销售总额计划的编制

年度销售总额计划的编制应注意以下几点：

参考过去年度自己本身和竞争对手的销售实绩，参考此类资料即可列出销售量及平均单价的计划；

事业发展计划的销售总额综合许多政治、经济、社会变迁资料拟出事业发展计划的销售总额。

召开会议做最后的检查改进及最终决定。这个最终决定额是事业发展的基本销售总额计划，而各个营业部门的销售额目标可酌情予以提高，以为该部门的内部目标计划。

选择合适的营销策划公司

营销策划公司并不是一个新鲜的词汇。它作为专业的智慧团队，早已被西方国家认可和接受，现在的西方或其他发达国家的每一家企业后面都有一家或多家咨询公司在为其服务，比如美国的通用、可口可乐、苹果，日本的丰田、日立、东芝、韩国的三星、现代，德国的大众、西门子等世界级企业，其背后有三家以上甚至十几家咨询团队与其合作。

现在中国的很多著名企业，比如海尔、海信、伊利、蒙牛、哇哈哈、农夫山泉、康师傅、华龙面、隆力奇、广州白云山、隆力奇、南极人、北极绒、欧派等知名品牌，都得益于同策划公司的合作，从而使业绩和品牌得到大幅度提升。

那么，作为企业的营销策划经理，如何才能帮助企业选择合适的策划公司，使策划公司能最大程度的促进企业生产经营的发展呢？

1. 广告派营销策划公司。这类公司往往是从广告公司转型过来，原来的广告公司的策略部，摇身一变，成为营销策划部。与这类公司沟通过程中，他们往往告诉企业经营者，必须在媒体上投放大量的广告，给企业展示的案例，多是广告片或是各类广告设计，往往主动给客户提交策划方案，策划方案往往免费，因为他们的醉翁之意不在酒，也就是不是真想给企业做营销策划，而是打着营销策划的旗号，找企业做广告。

2. 学院派营销策划公司。这类公司的介绍中，往往有显赫的名牌大学背书效应，中国一流大学的某某教授，某某博导，到公司后可以看到很多著述，企业经营者往往被浓郁的学院气息所笼罩。事实上，稍加思考就可以理解，大学的教授最好还呆在学校，传道授业解惑是本职，不教课跑着给企业策划，能有真效吗，企业经营者面临的都是颇为棘手的市场问题，你敢把企业的营销问题，交给讲堂里出来的人解决吗？但是学院派策划公司也不是没有价值，如果你真想把营销理论深入透彻的学习一下，请他们来讲课还是对路的。

3. 实战派营销策划公司。这类公司的介绍中，往往有知名的策划人，一般都有丰富的实战案例，在某些行业有突出的优势，公司的首席策划往往拥有丰富的策划经验。这类策划公司相对来说，也是最值得信赖的。

了解策划公司类型后，企业营销策划经理还要知道策划公司擅长哪些行业，如有的策划公司擅长快速消费品，有的策划公司擅长工业品，有的擅长房地产，有的擅长医药保健品。企业属于什么行业，最好找到对这个行业熟悉的营销策划公司。如果企业规模不大，年产值在 1 个亿以内，最好选择实战派策划公司，因为自己的企业规模不大，资金实力不雄厚，不能太慢发展，一定要找到本领高、见效快的营销策划公司。

具体来说，营销策划经理在选择策划公司时要注意以下问题：

1. 策划公司不是万能的。策划公司解决的是其专业内的问题，不是神仙、不能变戏法，只能找到一条最短、最适合的捷径来实现营销。一个从根本上都存在缺陷或没有市场竞争力的产品，即使再有能力的策划公司也不可能卖好。

2. 不能完全依赖策划公司，也就是说营销是一个系统工程，策划公司给出的方案，即使再好，也需要企业的人员配合执行，没有好的团队和执行力，效果也会大打折扣。

3. 不要为了省钱而省钱。策划费的多少来自于策划公司对于自己实力、价值的考量。如果好的策划能为企业带来业绩和竞争力，高一点的策划费也是值得的，如果通过策划不能带来业绩，甚至耽误了机会、损失了人力物力，这样的策划，即使是一分钱的策划费也是浪费。

4. 与策划公司合作，最好是全案策划。所谓全案策划，就是指从产品、渠道、招商、广告、促销一条龙下来，由一家公司全程策划。这样能保证策划的系统性，才能保证效果。如果分段分包，就不会系统，各说各话，不能形成合力，效果会大打折扣。

5. 不要用比稿的方法选择策划公司。好的策划公司都很排斥比稿。没有调研和交流的情况下，就让很多策划公司参与比稿，首先，好的策划公司一般不会参与，其次，这样的稿件质量不会很好，参考意义不大。

6. 看名气，也要看专长。很多企业对策划行业不了解，就奔着名气去了，比如山东的一些企业找策划公司时，很多跑到北京、上海、广州等地方，找一些比较有名的广告公司或策划，但后来感觉效果不好，非常失望。原因就是每家策划公司的专长不一样，比如有的策划公司在地产方面做的比较好，有的在医药方面比较好，有的在食品方面比较好，有的在设计有特长，而有的在家电比较专业。策划最然是相通的，但专业程度决定了其策划效果。不要过于迷信知名度，一定要看实力和专业。

7. 不要过于心急。企业营销业绩的提升、营销的改变不是一朝一夕的事情，很多企业老板总希望策划公司一进入，就会一天一个样、乌鸡变凤凰，立马大变样。策划公司进入，是要在企业原来的基础上改善营销和管理现状，而不是革命、推翻重来，策划公司需要对企业的整体状况有比较深入的了解，才能做出适合的策略。就像医生要通过望闻问切、拍片、验血一样，才能对症下药。

一般情况，从策划公司进入企业，到见到成效，一般最少要三个月以上的时间；达到基本成型，有较大改变至少要一年时间，切不可浅尝辄止、急功近利。

检验策划效果的最好办法是过程控制和目标检验，分时间、分阶段制定计划和目标，然后进行效果和目标的检验，比如产品导入期达到一个什么效果，诉求期什么效果，提升期什么效果，如果每个阶段都能实现目标，年底的结果肯定很好。

8. 企业要有开放的理念和包容的心态。两家企业的合作，就会出现两种企业文化和习惯的碰撞，就会有许多改变和不适应，甚至触及到部分人的利益。有句名言："每个人都希望改变，但不希望被改变"。当策划公司带来新的观念、模式时，会有很多改变，这就需要企业老板和员工去适应和接受，从而才会提高企业的营销、管理和文化，才会有竞争力。

拟定合理的销售价格

营销策划中，一个重要环节就是销售定价。企业经营的主要目的是利润，收入是利润的源泉，而价格是收入的决定因素。价格对企业的重要性由此可见一斑。

合适的销售定价是营销成功的关键。那么，营销经理如何才能制订出最合理的销售价格呢?

1. 按成本定价

这是一系列运用不同成本概念进行产品定价方法的总称，具体包括 4 种方法：

（1）完全成本定价法。在某种产品的完全成本基础上，考虑销售税金，再考虑企业的目标销售利润。以此三者之和作为产品销售价格，即：

单位产品销售价格 = 单位产品完全成本 + 单位产品销售税金 +（目标销售利润 / 预计销售数量）

这种方法便于理解和掌握，使企业在生产过程中发生的耗费都能得到弥补，故而是一种保守、稳妥、有效的长期价格制定方法。

（2）变动成本定价法。在单位变动成本得到补偿的前提下，加上一定的边际利润，以此二者之和作为产品销售价格，即：

单位产品销售价格 = 单位产品变动成本 + 单位产品边际利润

此方法属于特殊情况下的短期定价方法，轻易不能使用，是企业制定价格的最后防线。因其仅考虑弥补直接材料、直接人工、变动性制造费用，而暂时不考虑固定性制造费用的完全补偿，故而在短期内能保证企业维持简单再生产，在竞争极其激烈和残酷的时候，能维持简单再生产，企业就有了回旋和调整的余地。但是，当企业面对利用自己剩余生产能力接受追加订货时，该方法能使企业获得利润绝对额的增加。

（3）边际成本定价法。由于当边际收入等于边际成本时，企业获利最大，此时的销售量最佳，相应此时的产品价格亦最优。此方法要求对企业的销售模型和产品成本模型预先加以确定，然后根据两者间的关系推算价格水平，因其分析的起点是使企业的利润最大，所以是一种适合于企业长期采用的中长期价格制定方法。

（4）临界成本定价法。临界成本也称保本成本，它是使某种产品的生产经营处于盈专用两平即利润为零时的单位产品平均成本，即：

某产品销售价格 = 该产品单位变动成本 +（固定成本总额 / 该产品预计产销量）（暂未考虑销售税金因素）

采用此方法制定的价格不会给企业提供任何利润，也不会使企业发生亏损，真正令企业维持简单再生产。可见，它也是一种企业在特殊情况下才采用的短期价格制定方法。当企业的产品成本水平远远落后于别人而又一时无法改进，希冀有一段时间以供调整产品结构和经营方向时，或是受到大批低质低价的同类产品冲击自己的正常价格无法使消费者理解和接受时，临界成本定价法便能显现其特殊作用。

综合以上 4 种成本定价法，我们得出其基本操作规范是：在考虑目标利润或边际收益的前提下，从企业长远发展来看，价格必须高于完全成本；从企业短期经营策略来看，价格只须高于变动成本即可。

2. 按需求定价

按需求定价，即根据市场及消费者的不同需求情况，区别对待，差别定价的方法。当产品供过于求时，消费者只愿意支付较低的价格取得商品；而当产品供不应求时，消费者又愿意支付较高的价格去获取商品，因此，企业可以根据市场需求的强度高低，适当降低或提高产品销售价格。具体又有两种操作方式。

（1）根据顾客需求的价格弹性定价。凡是价格弹性必较大（即对价格变动反应非常灵敏）的产品，较适宜采用低价，实行“薄利多销”；对价格弹性较小（即对价格变动反应不灵敏）的产品，因即便降价也无法扩大销路以增加利润的绝对数，故宜采用较高的定价，以牟厚利。

（2）根据顾客需求的不同心理定价。若顾客是厂商，当采购量少而价高的重要物资时，往往会花费较多精力去选择价格适当的供应者，故对此类物资的定价要谨慎从事，不宜定价过高；若对于那些单价低而消耗量大的物资，则顾客往往在价格上不会过多计较，不妨定价略高；对于顾客所急需而市场上又缺乏其他来源商品，则可乘机抬价，牟取厚利；而对于一些社会上的“特殊人士”，其为了炫耀地位和身份，非贵不买时，就可将高价厚利策略应用于产品定价上。

3. 竞争导向定价

竞争导向定价，即根据竞争对手的不同情况，区别对待，适当定价，具体为：

（1）根据竞争对手的实力定价。如果竞争对手的实力较弱，可先采用低价倾销的方式，在将对手逐出市场后，再行回复原价；若竞争对手实力较强，则宜采取亦步亦趋方式，随之提价或降价，同时积极准备转向其他经营方向，或另辟契机，从售后服务、技能培训、零配件供应等对方的弱项上展开竞争；若双方势均力敌、旗鼓相当时，不妨与对手在价格上签订相关协议，划分各自的势力范围，共同遵守，以免两败俱伤。

（2）根据产品质量定价。如果自己的产品质量在同行业中居先进地位，别人无法比拟，则可利用对手无法与已在质量上竞争的绝对优势，采用高价策略。在彩电价格大战中，康佳傲然宣称“名牌不降价”就是此理；若自己产品的质量一般，同行业内竞争又激烈时，为了扩大市场占有率，宜采用低价策略，用薄利多销方式获取较大收益。

4. 利益导向定价

利益导向定价，即根据企业自身追求利益最大化的目标，采用不同的定价策略。

（1）根据不同地区税率的高低，分别进行定价：比如跨国公司为了贯彻其“全球利益最大化”战略，往往在各国、各地区的子公司之间相互进行贸易时，采用故意抬高低税率地区或免税地区子公司的产品价格，以便在纳税时避高就低，转移利润。

（2）根据高出、低入的定价策略以套取合营企业的利润：在贯彻“全球利益最大化”的目标下，跨国公司在世界各地与其他国家的公司搞合营时，经常利用其发达的咨讯渠道、遍布全球的购销网络和合营方信息的闭塞，要求它们的子公司以高价格向合营企业出售原料物资或劳务，同时利用其合营身份，以低价购入合营企业的产品，使合营企业的利润流入跨国公司。

制订科学的销售制度

众所周知，任何企业要想在营销工作上一帆风顺，首要条件就是企业在销售管理制度上没有明显的缺陷和遗漏。

企业销售管理制度系统的配套、互相制衡，并有相应的销售管理政策与之相匹配，是决定企业营销成败的关键。那么，对于企业营销策划经理来说，如何制订科学合理的销售制度呢？

1. 销售计划管理

销售计划管理的核心内容是，销售目标在各个具有重要意义方面的合理分解。这些方面包括品种、区域、客户、业务员、结算方式。销售方式和时间进度，分解过程既是落实过程也是说服过程，同时通过分解也可以检验目标的合理性与挑战性，发现问题可以及时调整。合理的、实事求是的销售计划，在实施过程既能够反映市场危机，也能够反映市场机会，同时也是严格管理，确保销售工作效率、工作力度的关键。

2. 业务员行动过程管理

业务员行动过程管理的核心内容是，围绕销售工作的主要工作，管理和监控业务员的行动，使业务员的工作集中在有价值项目上。包括制定：月销售计划、月行动计划和周行动计划、每日销售报告、月工作总结和下月工作要点、流动销售预测、竞争产品分析、市场巡视工作报告、周定点拜访路线、市场登记处报告等。

3. 客户管理

客户管理的核心任务是热情管理和市场风险管理，调动客户热情和积极性的关键在于利润和前景；市场风险管理的关键是客户的信用、能力和市场价格控制。管理手段和方法有：客户资料卡、客户策略卡、客户月评卡等。

4. 结果管理

业务员行动结果管理包括两个方面。一是业绩评价，一是市场信息研究。业绩评价包括：销售量和回款情况、销售报告系统执行情况、销售费用控制情况、服从管理情况、市场策划情况、进步情况。信息研究包括：本公司表现、竞争对手信息，如质量信息、价格信息、品种信息、市场趋势、客户信息等。

此外，营销策划经理在制订销售制度时，还要注意以下几个问题：

1. 制定销售管理制度要从实际出发

企业制定销售管理制度要满足企业销售业务的实际需要，要适应销售环境和销售条件的变化。例如，有一家公司制定了晨会制度，即每天早晨一上班先召开一个会议，但是有些分公司执行起来非常困难，像北京分公司由于城区范围过大，如果坚持晨会制度，许多销售人员整个上午都很难开展业务工作，所以只能改为周会制度。

2. 制度本身要合情合理

管理的实质就是要实现管理双方利益的一致性，即销售管理制度的制定与执行不但要考虑到企业的利益，同时也要充分考虑到销售人员的利益。因此，销售管理制度本身要尽量做到合情合理。曾经有一家企业制定了这样一条制度，即在销售过程中一旦出现了坏账，造成的一切经济损失由当事的销售人员负责赔偿。这条制度明显存在着不公平性，因为坏账的出现，固然与销售人员不经心或疏忽大意有关，但是造成坏账的因素往往是多方面的。不能排除企业本身管理上的不完备或存在漏洞的原因。如果一味地将企业的损失不公平地转嫁给销售人员，或者销售管理制度失去了公平性和公正性，将给企业的销售人员工作带来越来越大的困难。

3. 销售管理制度一经确定要严格执行

企业自己制定的销售管理制度一经出台，销售团队的每一个成员都必须无条件的执行。海尔公司的张瑞敏先生曾经说过："现在很多企业都在学习海尔经验，但是大多数企业学得不像，因为大家都认为海尔这一套经验太简单。没有什么深奥之处，所以许多企业学习一阵子，就放弃了，又回到了原来的状态。然而海尔公司常年累月执行自己制定的制度，久而久之，海尔的管理水平得到了升级。"所以，一个真正有价值的管理，不在于它制定得多少漂亮，而在于始终如一地去执行。

营销策划经理作为企业的中层管理者，要掌握科学合理的管理方法，用员工信服的管理制度去管理和约束他们。除此之外，在管理之外还要学会讲“情”，也就是以情动人，因为作为一名企业中层管理者，不能轻意地去批评自己的员工。要学会讲“理”，也就是以理服人，用讲道理来说服自己的员工。

总之，一个出色的营销策划经理，不但懂得用科学的规章制度去管理自己的下属，更懂得用各种不同的管理方法和技巧去和他们处好关系，充分激发他们的工作热情。

注重品牌宣传工作

企业品牌宣传对于一个企业来说是非常重要的，企业品牌传达给消费者的是企业的经营理念、企业文化、企业价值观念及对消费者的态度，这是企业自我宣传的一个最佳的手段，那企业如何进行好企业品牌宣传呢?

1. 广告传播

广告作为一种主要的品牌传播手段，是指品牌所有者以付费方式，委托广告经营部门通过传播媒介，以策划为主体，创意为中心，对目标受众所进行的以品牌名称、品牌标志、品牌定位、品牌个性等为主要内容的宣传活动。

对品牌而言，广告是最重要的传播方式，有人甚至认为：品牌 = 产品 + 广告，由此可见广告对于品牌传播的重要性。根据资料显示，在美国排名前 20 位的品牌，每个品牌平均每年广告费用为 3 亿美元。人们了解一个品牌，绝大多数信息是通过广告获得的，广告也是提高品牌知名度、信任度、忠诚度，塑造品牌形象和个性的强有力的工具，由此可见广告可以称得上是品牌传播的重心所在。

2. 公关传播

公关是公共关系的简称，是企业形象、品牌、文化、技术等传播的一种有效解决方案，包含投资者关系、员工传播、事件管理以及其他非付费传播等内容。作为品牌传播的一种手段，公关能利用第三方的认证，为品牌提供有利信息，从而教育和引导消费者。

公共关系可为企业解决以下问题：一是塑造品牌知名度，巧妙创新运用新闻点，塑造组织的形象和知名度。二是树立美誉度和信任感，帮助企业在公众心目中取得心理上的认同，这点是其他传播方式无法做到的。三是通过体验营销的方式，让难以衡量的公关效果具体化，普及一种消费文化或推行一种购买思想哲学。四是提升品牌的“赢”销力，促进品牌资产与社会责任增值。五是通过危机公关或标准营销，化解组织和营销压力。

3. 销售促进传播

销售促进传播是指通过鼓励对产品和服务进行尝试或促进销售等活动而进行品牌传播的一种方式，其主要工具有：赠券、赠品、抽奖等。

尽管销售促进传播有着很长的历史，但是长期以来，它并没有被人们所重视，直到近 20 年，许多品牌才开始采用这种手段进行品牌传播。

销售促进传播主要用来吸引品牌转换者。它在短期内能产生较好的销售反应，但很少有长久的效益和好处，尤其对品牌形象而言，大量使用销售推广会降低品牌忠诚度，增加顾客对价格的敏感，淡化品牌的质量概念，促使企业偏重短期行为和效益。不过对小品牌来说，销售促进传播会带来很大好处，因为它负担不起与市场领导者相匹配的大笔广告费，通过销售方面的刺激，可以吸引消费者使用该品牌。

4. 人际传播

人际传播是人与人之间直接沟通，主要是通过企业人员的讲解咨询，示范操作，服务等，使公众了解和认识企业，并形成对企业的印象和评价，这种评价将直接影响企业形象。

人际传播是形成品牌美誉度的重要途径，在品牌传播的方式中，人际传播最易为消费者接受。不过，人际传播要想取得一个好的效果，就必须提高人员的素质，只有这样才能发挥其积极作用。

在了解品牌宣传的渠道和方法之后，营销策划经理还要懂得一些扩大品牌宣传范围的使用技巧。

例如，现实中有一类消费者，你可以叫他们倡导者、传教士、大使或其他名称，但也许就是这些消费者，成为说服各品牌投资社交媒体最吸引人的理由。这一小部分人群喜欢你的产品、服务或品牌；他们倾向于在自己的社交圈内谈论这一品牌；而且他们在网上拥有一定的影响力。要找到这部分人群还是极具技巧的。当你找到他们时，你想要培养他们，并全力配合他们，以最好地达到宣传效果。为了让他们替你说好话，你需要做到以下几点，让他们有话可说：

1. 为他们提供赠品。与忠实消费者分享已有的产品或新产品，绝对是一个获得有关产品、公司或品牌正面评论的可靠办法。确保你拥有一套机制，可以利用这些评论并广泛地传播。而且还要确保你的博客主是遵循指南来透露这些礼品。

2. 展示消费者。突出忠实用户的个人故事、照片、视频或奖状。让他们知道，这种展示是循环性的，会适当收集用户内容。例如，“杰克是我们品牌二月份全球最棒的粉丝。”

3. 对用户进行验证和授权。考虑让一群精英作为你的半官方代言人。通过任命方式，让某位精英粉丝在某段时间变成名人，这必定会为粉丝们制造许多话题。你也可以给这些用户一些特定任务去完成，去报告完成进度。这种方法提供了一种结构化的方式以持续这一围绕品牌的对话，并且引导对话往具有建设性的方向发展。

4. 以积极的方式让他们互相竞争。举办一场竞赛，找到最大的品牌消费者或者最忠实的球迷，或者使用品牌时间最长的客户。突出这些用户，或者通过直接提问找到他们。

5. 为他们提供沟通渠道。允许你的观众在在你的社交渠道内提交与品牌相关的内容。征集用户的照片或故事，或者询问他们“如果你是品牌代言人，你今天会跟你的粉丝们聊些什么呢？”，或者展示与品牌相关的创意，如“你希望哪道最爱的菜使用我们品牌的产品？”，“你最不愿意使用某品牌产品或品牌包装做的一件事是什么？”等。

6. 询问他们的意见。通过提建议的方式令这段关系更好地为你创造价值。使用各种可用的调查问卷和投票机制，询问用户他们觉得目前最好的产品、服务或功能，或者是对新产品感觉如何，甚至可以直接问他们对下一代产品有何期望。实时研发确实是比较节省成本，但有一点要记住，和你对话的，是在某种程度上已经和你的品牌连接在一起的用户，所以这个样本可能不那么具有代表性。不同的人会有不同的意见，所以以这种方式开始在线对话是很可行的一种方式。

7. 市场测试。在进行大规模的推广活动之前，先通过你的社区收集问卷样本的反馈意见。这样做不仅能够获得重要的、对新产品的内部反应，还能在产品推出之前因口碑效应提前产生需求量。

8. 用心倾听消费者的心声。通过社交媒体跟踪设备倾听消费者的心声不仅是必须采取的一项措施，也可能是识别品牌重要影响者最开始使用的方式，同时也是考虑将这一关系延续至现实世界的方式之一。邀请选定的品牌倡导者来公司总部，或者与他们进行面对面的交谈，或者在网上成立一个专门的群组。我们很兴奋看到如何使用谷歌 + 在品牌这种能力在不久的将来。你也可以安排一个见面会，让他们与品牌团队或任何品牌代言人直接沟通。

招商工作的组织和开展

在市场经济游戏规则中，企业与经销商始终是利益的关联者，行业与产品的市场销售的过程中，是离不开广大的渠道经销商的，而这些经销商想赚钱，获得发展，他们也离不开企业的好产品。也因此招商成为沟通企业与经销商的桥梁。

企业招商是将推销产品不可缺少的一条路，企业招商过程是一个系统工程，任何一个环节的疏忽都会造成企业资源的浪费，导致招商失败。

1. 确定适合自己的目标招商群

企业要根据产品的市场定位、产品特点、渠道特点、来确定适合自己的经销商目标群。适合的就是最好的。企业在招商前一定要结合自己的实际需求，做好充分的市场调研和分析，确定适合自己的经销商范围，进行有针对性、有选择性地招商。通常，企业对经销商范围的确定方法有以下几种：

（1）竞争对手的经销商

由于竞争对手的经销商对该行业、产品以及市场运作比较熟悉，企业可以利用其这方面的优势快速启动市场。由于竞争对手的经销商对行业非常熟悉，因此，要想将竞争对手的经销商变为自己的经销商并不容易。企业可以通过两种方式来寻找：

（2）相关产品的经销商

相关产品指的是与企业产品有关联或经销方式类似的产品，如保健品与医药、食品与饮料、太阳能与水暖器材、自行车与摩托车等。由于这些产品的经销具有相关性，产品的经营方式有一定的相似，因此经销商往往比较容易介入。这类经销商具有一定的销售经验，具有较强的经销意识，有一定的经济实力，而且在我们招商时也比较容易找到，他们应该是企业招商的重点之一。

（3）有闲置资金的潜在经销商。

这部分经销商有一定的资金实力，同时又有投资的欲望，也可以成为企业的目标经销商。虽然他们缺乏行业知识和产品的经销经验，但是由于他们初次涉入一个新行业或初次经商，往往做事特别认真，只要具有一定经销的意识，经过厂家的培训与指导后，可以迅速成长为优秀的经销商。

2. 用正确的方式去寻找招商群

企业在确定了自己的目标招商群以后，接下来要做的就是要把这部分人找出来，做他们的思想工作，说服他们来经销我们的产品。茫茫人海，如何才能快速、高效、低成本地将这部分人找出来呢？这就需要企业根据不同的目标群体采取不同的寻找方式。

（1）广告招商

广告招商是我们常见的一种招商方式，它主要是通过各种广告媒体将企业的招商信息传播出去，通过电话、传真、信件等方式来收集客户资料，通过进一步谈判，引导人们来经销本企业的产品。

广告招商的费用较高，对于新产品上市初期不适合用投放大量招商广告的方式进行招商。由于人们在选择投资项目时往往比较谨慎，对于缺乏品牌知名度的新产品缺乏信心，没有兴趣，因此广告招商的效果不是很明显。往往花很多的广告费，也招不到合适的经销商，造成资源浪费。

广告招商的优点是传播面广，能够找出很多业务人员无法找到的潜在经销商。其缺点是费用高，招商质量低，针对性差。

（2）业务人员走访招商

业务人员走访招商是最直接的一种招商方式，它主要是在企业确定招商群体后，针对竞争对手和相关产品的经销商有目地进行走访和沟通，传达企业的招商信息，进行招商。

这种招商方式主要适应于新品上市初期和市场开发阶段，企业实力相对较弱，对于没有经销经验的潜在经销商，企业的后期培训和指导跟不上，企业的目标招商群主要为竞争对手的经销商和相关产品的经销商。因此，企业可安排业务人员对目标招商群进行有针对性地、快速地走访。

业务人员走访招商的优点是针对性强，经销商的经销能力较高，速度快，可以节省大量的广告费。其缺点是比较难找到有闲置资金的潜在经销商，对业务人员的素质要求较高。

3. 征服招商群

无论是哪一种招商方式，其最终目的就是要将招商信息传播到目标招商群中去。在招商信息满天飞的今天，人们的投资也日趋理智，不是招商信息传播出去就能够成事大吉了，接下来还有大量的工作要做。如何才能快速、有效地让经销商放心地经销企业的产品呢？通过前期的人员走访和广告招商的准备工作，我们需要组织一次招商会。在会上，要尽可能多地将经销商组织在一起，给经销商以紧迫感，让他们意识到：你不做，有人做。在招商会上，企业可以从以下几个方面去做准备。

（1）展示企业实力，让经销商了解企业的过去。

首先，要让经销商了解企业的发展史。经销商对于企业是陌生的，要让经销商放心地经销企业的产品，必须要让经销商对企业产生信任。如何让经销商信任我们的企业，光靠企业说是远远不够的，要有说服力的招商工具。如企业所获得的荣誉、媒体对于企业的报道等。

（2）建立样板市场，让经销商看到自己的未来。

企业在招商过程中，仅靠一则招商广告和业务人员的游说是远远不够的，我们要让经销商看到实际的东西。这就需要企业建立样板市场，对于样板市场企业要做好严格管理，从店面的建设到导购员的培训都必须要做到规范化，要使样板店成为企业的形象店。在招商会的同时，可以带经销商参观样板店，使经销商从样板店中感觉到这就是自己的未来。

（3）做好长久规划，让经销商看到发展的前景。

在会上，企业要做好长远的规划，对企业的前景做一个描绘，树立一种长久发展的企业形象。让经销商感觉到这是一个很有发展潜力的企业，与这样的企业合作，是有前途的。

（4）建立可操作的经营模式，让经销商放心经销。

为经销商建立一种可操作的简单的经销模式，从店面的装修、产品的摆放、导购员的培训、经营管理、促销推广等形成一种模式。这种模式简单、易操作，只要经销商照这种模式运作，就可以有一个很好的收益。通常，经销商所担心的不是投资额太高，而是进货以后如何才能销售出去。经销模式可以让经销商感觉到，企业不是让经销商自己去销售，而是企业在帮他们一起进行销售，让经销商消除后顾之忧。

（5）事实胜于雄辩，经销商现身说法。

请已经合作的优秀经销商现身说法，讲述自己与企业合作的经历和经营的业绩，用具体的数字来说明产品给自己带来的利益。事实胜于雄辩，通过现有经销商的讲解，可以打消经销商对产品的疑虑，别人做着行，那么自己做也一定行。

（6）专家指导，消除经销商的疑虑。

请行业内的专家对行业和产品进行分析，增强产品的可信度。

（7）现场招商服务人员及时跟进服务。

第 3 章 营销工作执行过程

根据市场需要组织生产产品，并通过销售手段把产品提供给需要的客户被称作营销。在具有不同的政治、经济、文化的国家，营销不应该一成不变。

建立营销信息系统

营销信息系统是搜集、分析、处理信息，向企业管理者提供有用信息的有组织的系统。这种信息系统建立的目的是帮助企业获取大量的信息，并从中挑选出真正有价值的信息，为以后的营销企划打好基础。

对于市场信息系统的设计，既要保证信息能够迅速准确地传递，又要保证所提供的信息具有可靠性与实用性。根据对市场信息系统的要求和市场信息系统收集、处理和利用各种资源的范围，市场信息系统一般可分为以下 4 个子系统：

1. 内部报告系统

企业的内部报告系统是企业最基本的信息系统。这个系统的主要任务是提供控制企业全部经营活动所需的信息，包括订货、销售、库存、成本、现金流量、应收应付账款及盈亏等方面的信息。企业管理人员通过分析这些信息，比较各种指标的计划和实际执行情况，可以随时发现企业的市场机会和存在的问题。

专家认为，企业内部报告系统的核心是订单循环系统，即“订货——发货——收账”循环。这一循环过程集中反映了企业各个环节及企业经营活动运行的效率。所以，企业的内部报告系统的关键是如何提高这一循环系统的运行效率，并使整个内部报告系统能够迅速、准确、可靠地向企业的管理者提供各种有用的信息。

2．营销情报系统

企业的市场营销情报系统是指企业营销人员取得外部市场营销环境中的有关资料的程序 或来源。市场信息的获得常通过查阅各种商业报刊、文件，直接与顾客、供应者、经销商交谈，与企业内部有关人员交换信息等方式。也有的是通过雇用专家收集有关的市场信息，如通过专家收集有关产品发展趋势的信息，为企业的新产品开发提供依据。也有的通过各种公开手段了解竞争对手的情况，如通过购买竞争对手产品进行分析研究，以改进本企业产品，通过参观竞争对手的生产设备及生产过程，以了解竞争对手的生产技术水平，还有的通过向情报商等购买市场信息，有的专门从事市场研究的机构以出售市场信息为生，只要企业支付一定费用，便可得到有关市场信息。

3．市场营销调研系统

市场营销调研系统主要负责收集、评估、传递管理人员制定决策所必需的各种信息。企业管理人员常常请求市场研究部门从事市场调查、消费者偏好测验、销售研究、广告评估等工作。研究部门的工作主要侧重于特定问题的解决，即针对某一特定问题正式收集原始数据，加以分析、研究，写成报告供最高管理层参考。

4．市场营销分析系统

这是从改善经营或取得最佳经营效益的目的出发，通过分析各种模型，帮助市场营销管理人员分析复杂的市场营销问题的系统。该系统包括一些先进的统计程序和模型，借助这些程序和模型，可以从信息中发掘出更精确的调查结果，这个系统主要是为了帮助企业进行正确的信息分析。

通过对 4 个系统的分析，企业可以根据自身情况建立一套信息系统以帮助企业的营销人员在最短的时间内获得最多的有价值的信息。

需求预测的 4 种方法

需求及其预测对市场营销计划有着极其重要的作用，就像专家所说，可靠的预测已经成为企业成功的关键。

在日本，多数企业的市场战略是对现有产品的更新换代和市场促销。然而，“花王”却采取了另一种市场战略。他们认为：市场永远存在机会，消费者的需求在不断变化，企业之间的竞争现在就看谁能发现需求的新趋势和新特点。为此，“花王”专门成立了“生活科学研究所”，从企业各处调来上百名经济专家和市场调研的能手，总经理常盘文克对他们说：“你们的工作就是挖掘和发现新的需求，你们要为整个企业的发展迈出关键的第一步。”

研究所每年都要定期根据不同的年龄层发放调查问卷，问答项目达几百个，而且十分具体。他们把回收的各种答案存入计算机，用于新产品的开发。现在，研究所每个月要增加近一万个来自消费者的信息。另一层次的调查是邀请消费者担当“商品顾问”，让他们试用“花王”的新产品，然后“鸡蛋里挑骨头”，从他们那里收集各种改进的意见。

来自消费者的信息成千上万，如何分析研究、取其精华，“花王”有其独特的方法。他们把所有信息分为两类：一类是期望值高的信息，即希望商品达到某种程度，或希望某种新产品；另一类是具体的改进建议。“花王”十分重视前者，这类信息虽然没有具体意见，甚至很模糊，却反映了消费者的期望，是新产品开发的重要启示，而具体的改进意见一旦和高期望值信息结合起来，则能起到锦上添花的作用。

在日本市场最畅销的产品——“多角度清扫器”就是这两类信息结合的产物。清扫用具迄今为止是笤帚和吸尘器的天下，但“花王”在调查中发现，消费者不仅对笤帚早已不满意，对吸尘器也颇有微词，比如后盖喷气使灰尘扬起，电线妨碍不能自由移动，最麻烦的是一些角落、缝隙、床底很难清扫到，消费者多次反映希望有一种能伸到任何地方清扫的用具。“花王”研究所集中了上百条有关信息，经过研究分析，提出了新产品的基本概念：多角度、无电线、不喷气、轻便等。几个月以后，新型的“多角度清扫器”终于问世，其销售量突飞猛进。

信息研究的作用在于通过信息把企业与消费者联系起来，这些信息用来帮助经理们分析市场需求，辨别和界定市场营销机会和问题，从而制订出合乎市场需求的市场营销方案。“花王”之所以能一举成功，主要归功于它在新产品上市前的信息调查。“花王”专门成立的“生活科学研究所”作为信息系统为企业收集并筛选出最有价值的信息，其中“多角度清扫器”抓住了市场机会，弥补了消费者需求的市场空白，它的成功验证了信息研究对企业举足轻重的作用。

因此，公司在预测时应谨慎，下面我们就来看看以下几种预测方法。

1. 购买者意向调查法

购买者意向调查就是在既定的条件下，对购买者可能购买什么进行调查。当购买者的购买意向清晰明确、将转化为购买行为且购买者愿意将其意向告诉调研人员时，应用这种方法是很有效的。在西方国家，一些调研机构定期对消费者购买耐用消费品的意向进行调查。

2. 推销人员意见综合法

在无法对购买者进行询问的情况下，企业可以要求它的推销人员对未来的需求作出估计。

一般，必须对推销人员作出的预测结果进行必要的调整。这是因为；由于推销人员受其自身天性及近期推销绩效的影响，可能做出过分乐观或悲观的判断；由于所处地位的局限，他们可能不了解宏观经济的发展变化及企业的市场营销总体规划对未来市场销售的影响；在推销人员的个人利益和推销业绩直接挂钩的情况下，推销人员可能从个人利益出发，对未来的市场需求做出较低的估计；推销人员也可能由于缺乏进行预测的知识、能力或不愿进行深入讲究，因而作出的估计误差很大。

3．专家意见法

企业可以利用中间商及其他一些专家的意见进行预测。由于这种方法是以专家为索取信息的对象，用这种方法进行预测的准确性，主要取决于专家的专业知识和与此相关的科学知识基础，以及专家对市场变化情况的洞悉程度，因此依靠的专家鼻血具备较高的水平。

利用专家意见有多种方式。如组织一个专家小组进行某项预测，这些专家提出各自的估计，然后交换意见，最后经过综合，提出小组的预测。这种方式的缺点是，小组成员容易屈从于某个权威或者大多数人的意见(即使这些意见并不正确)，不愿提出不同的看法；或者虽然认识到自己的意见错了，但碍于情面不愿意当众承认。

现在应用较普遍的方法是德尔菲法。其基本过程是：先由各个专家针对所预测事物的未来发展趋势独立提出自己的估计和假设，经企业分析人员(调查主持者)审查、修改，提出意见，再发回到各位专家手中，这时专家们根据综合的预测结果，参考他人意见修改自己的预测，即开始下一轮估计。如此反复，直到各专家对未来的预测基本一致为止。

4．市场试验法

企业收集到的各种意见的价值，不管是购买者、销售人员的意见，还是专家的意见，都取决于获得各种意见的成本、意见可得性和可靠性。如果购买者对其购买并没有认真细致的计划，或其意向变化不定，或专家的意见也并不十分可靠，在这些情况下，就需要利用市场试验这种预测方法。特别是在预测一种新产品的销售情况和现有产品在新的地区或通过新的分销渠道的销售情况时，利用这种方法效果最好。

营销计划的编制

什么是市场营销计划？较为简单实用的定义是：营销计划是一个书面文件，它是指导工商企业在计划阶段的营销活动的方针。首先，计划是一个书面文件，而不是藏在管理者头脑里的东西。营销计划的这个特点产生了很多好处。它鼓励并要求训练有素的思维，它是提供给公司和各职能部门，如生产、财务和供应等部门之间进行联系的一种工具。营销计划也促进公司对各级人员的职责进行准确定义，并为特定的日期确定了需要实现的预期目标。在人员变动频繁的情况下，营销计划等文件为快速培训新手去适应面临的经营形势提供了帮助。

要注意的另一个方面在于，计划通常是按公司的一定标准来执行的。而在公司的哪个层次该做营销计划则随具体情况而定。例如，在实施产品管理制的公司里，每一个产品品牌都是一个利润中心，都应有一个品牌营销计划。但在某些情况下，如当直接相关的固定成本很难分配到单一产品中去的时候，则可能对多个相关的产品品牌制定一个营销计划。在有产品品牌计划的情况下，通常还可能要制定相关的产品大类的综合营销计划以及营销部门的综合营销计划。

最后要注意的一个问题是计划的时期，它也随产品的不同而变化。通常，零售行业是以很短的计划周期去适应季节性的流行趋势的变化。然而，汽车由于产品的开发和改进的提前期很长，常要有很长的计划周期。影响计划阶段长度的另一些因素是技术变化的速度、竞争强度和相关的顾客群体偏好的变化频率。但通常情况下，营销计划的周期是一年，即年度计划。

编制营销计划已经成为大多数西方公司的一项重要工作。在西方国家的公司里，超过 90%的营销人员都按营销计划工作。一般来讲，营销管理人员一年中要有 45 天左右时间花在营销计划上，而且他们很大程度上依赖于销售部门的信息、管理信息系统和定期的市场研究信息。营销计划通常是以自然年度来编制的，而且是针对产品、产品系列或市场进行的。因此，制定营销计划是营销人员的一项很重要的工作，对工作的协调和效率的提高都是很有益的。

营销计划的内容大体上可以分为两个部分：市场环境分析和目标、策略以及指导公司行动的方针的制定，而侧重点在于后者。但必须注意的是，不正确的或不全面的市场环境分析通常会导致公司行动的错误决策。

总的来说，营销计划应是一个可操作性的文件。尽管营销计划中也包括总体策略，但在战略性计划与短期行动计划两者之间，它更偏向于后者。战略性计划通常有更长的计划阶段 (3 ~ 5 年)，更概括性地描述总体经营策略，而营销计划则是关于如何实现短期目标的具体计划。

制定营销计划的目的可简要地描述如下：

(1) 明确当前的经营形势。

(2) 明确公司面临的问题和机会。

(3) 确定目标。

(4) 明确为达到目标所必需的策略和方案。

(5) 明确为达到总体目标应承担的关键性职责。

(6) 确定实现目标的时间表。

(7) 鼓励认真的和训练有素的思考。

(8) 确定是顾客导向还是竞争导向等。

营销计划制定的方法

有两种制定计划的一般方法。从上到下计划方法是指由高级或中级管理者，根据公司的目标制定营销计划，再由业务经理 (包括销售人员) 去实施计划。与从上到下计划方法相对的是从下到上计划方法，即下级职员在市场预测、竞争对手及顾客的信息收集和分析方面积极参与到计划的制定中。这样的制定计划过程和所采用的信息虽然还要受到高层职员的检查，但是在这种计划的制定过程中，低层的管理人员扮演着重要的角色。

这两种计划方法都有各自的特点。从上到下计划法的基本原理是，人员在组织中的地位越高，那么，这些人对公司经营中面临的问题的前后关系的看法越透彻。而像基层经理这样的人员则倾向于把竞争的舞台看做是他们自己的业务区域，而不必是国内的或者甚至是国际的市场。从下到上计划体系的特点是所制定的计划的实施可能会更好，因为基层业务人员从一开始就参与计划的制定并负负责计划的执行。

营销汁划编制的原则

为了提高计划书撰写的准确性与科学性，就应把握其编制的几个主要原则：

1．逻辑原则

计划的目的在于解决企业营销中的问题，按照逻辑性思维的构思来编制计划书。首先是设定情况，交代计划背景，分析产品市场现状，再把计划中心目的全盘托出；其次进行具体计划内容详细阐述；三是明确提出解决问题的对策。

2．简朴原则

要注意突出重点，抓住企业营销中所要解决的核心问题，深入分析，提出可行性的相应对策，针对性强，具有实际操作指导意义。

3．可操作原则

编制的计划书是要用于指导营销活动，其指导性涉及营销活动中的每个人的工作及环节关系的处理。因此其可操作性非常重要。不能操作的方案创意再好也无任何价值。不易于操作的方案也必然要耗费大量人、财、物，管理复杂、显效低。

4．新颖原则

要求计划的“点子”创意新、内容新、表现手法也要新，给人以全新的感受。新颖的创意是计划书的核心内容。

营销计划的具体步骤

企业在做了一系列的市场调研和信息搜集以及需求衡量等工作后，接下来要做的就是根据收集到的所有信息制订市场营销计划。计划首先是执行总结，它所涉及的是制定有助于公司实现整体战略目标的营销战略。

所谓的营销计划，是指企业在分析外部环境和内部条件的基础上，确定企业营销发展的目标，做出营销活动总体的、长远的谋划，以及实现这样的谋划所应采取的重大行动措施。

一个典型的产品或品牌营销计划应该包括以下的几个主要部分：执行总纲，当前营销形势，分析机会与威胁、优势与劣势，拟定营销目标，制定营销策略，提出行动方案，预算分类，市场营销控制。

1．执行总纲

市场营销计划首先要有一个内容提要，即对主要营销目标和措施的简要概括和说明，以便于企业领导者很快掌握整个计划的核心内容。如某企业的营销计划概要可这样表述：“本企业计划在新的一年里使销售与利润额比上年有明显增长，增长率达到10%。其中，销售收入目标为1520万元，利润目标为150万元。打算采用的主要营销手段包括调低价格，强化广告促销，开设2个新的销售点。为此要求营销预算增加15%，达到120万元……”

2．当前营销形势

这部分应向决策层提供关于营销组合诸因素以及宏观环境的有关数据，使其对目前形势以及宏观环境的有关数据有一个感性的认识。

(1) 市场形势。指对目标市场规模与增长程度、顾客需求、观念和购买行为的初步分析。

(2) 产品形势。即本企业产品在目前市场中所处的地位。包括销售量、价格、净利润等。

(3) 竞争形势。即明确目前主要的竞争对手，对其规模、份额、营销组合以及战略进行描述。

(4) 分销形势。指对分销渠道分布、规模、报酬率、效率、与竞争对手作比较。

(5) 宏观环境分析。主要包括环境六要素的变化趋势、可能的机会或威胁。

3．分析机会与威胁，优势与劣势

根据上述营销现状的资料，计划人员要找出企业或某一产品面临的主要机会与威胁，作为下一步采取措施的依据。

除了对机会与威胁的分析外，计划书还可进一步分析本企业的优势与劣势。机会与威胁主要针对外界因素而言，而优势与劣势则是指企业的内在因素。优势指企业可以利用的要素，如高质量的产品，出色的服务网和分销网、极富感染力的广告；劣势指企业应加以改正的部分，如价格偏高、公关宣传不足、产品的市场定位不如竞争对手明确等。

4．拟定营销目标

对机会、威胁、优势、劣势分析的结果应是确定营销要解决的主要问题，即拟定营销目标。目标是营销计划的榜心与制定下一步具体营销策略和行动方案的基础。目标分为两类：财务目标，包括短期利润指标，长期的投资收益率等；营销目标，主要是销售额、市场占有率、目标利润率及有关广告效果、分销网点、定价等方面的具体目标。所有目标都应以定量的形式表达，并具有可行性、一致性，能够分层次地加以说明。

5. 制定营销策略

营销战略是企业用以达到营销目标的基本方法，包括目标市场、产品定位、市场营销组合策略、市场调研等主要决策。

企业营销的每一个目标都可通过各种方法去实现。如企业的利润指标增加，既可以通过提高单位产品销售价格，也可以通过扩大产品销售量取得。营销战略就要从这些方法中选择最佳方案。提高单位产品单价，可能会引起销售量下降，扩大产品销售量又可能会受企业生产能力制约等，这就需要企业注意各方面的分析，保证计划的可行性。

6. 提出行动方案

市场营销程序是对营销活动中某项工作的先后顺序和应遵循的具体步骤的规定。营销程序的一些条款性的具体规定，既指导人们如何行动，又确保企业的各项营销工作有条不紊地进行。

行动方案表明将具体做什么，什么时间做，谁参与，预计花费多少等，按时间顺序列成表，即是未来实际行动的计划。

7. 预算方案

根据行动方案还要编制相应的预算方案，表现为盈亏报表。收入方为预计销售量和平均价格，二者相乘得出预计的销售收入；支出方包括生产、销售、广告、实体分销等项费用；收支之差即预计的利润。企业领导者审查批准或修改这个预算，而一旦批准，该预算便成为安排采购、生产和营销活动的基础。

8. 市场营销控制

市场营销控制是市场营销计划的最后一部分，是对计划执行过程的控制，其典型的做法是将计划规定的目标和预算按月分解，以便于企业高层管理者进行有效的监督、检查和调整，督促未完成计划的部门改进工作，确保市场营销计划的完成。

另外，市场营销计划还应关注执行过程中可能遇到的风险，并选择相应的控制方法。

这是全部计划的最后一部分，用来监测营销计划的进度与完成情况。为了便于监测，整个计划的目标和预算应该按月或按季度制定，并要求量化明确。高层管理层可以对计划执行情况全程进行监测，对未能完成的目标或超额的预算及时作出反应。进度落后那部分的负责人，必须对落后原因加以解释并提出改进的方法。

选择你适用的市场覆盖战略

无差异市场营销

这是指企业在市场细分之后，不考虑各子市场的特性，而只注重子市场的共性，决定只推出单一产品，运用单一的市场营销组合，力求在一定程度上满足尽可能多的顾客的需求。实行无差异市场营销战略的优点在于：

(1) 它比较有效地适用于广泛需求的品种、规格，款式简单并能够标准化的大量生产、大量分销的产品。因而，它可凭借广泛的分销渠道和大规模的广告宣传，往往能够在消费者或用户心目中建立起“超级产品”高大而不可摧的形象。美国可口可乐公司早期就以单一口味的品种、单一标准的瓶装和统一的广告宣传向所有的消费者进行强化生产的销售。这已成了无差异市场营销战略的典型例证。

(2) 它可大大降低成本费用。这是无差异营销战略的最大优点。首先，标准化和大批量生产可降低生产成本、储存成本、运输成本。其次，无差异市场营销的广告等促销活动可缩减促销费用。最后，它不必对各子市场进行市场营销研究和计划工作，又可以降低市场营销研究和产品管理成本。这种战略可充分发挥经验曲线的作用，即当产品生产量和销售量成倍增长时，其成本可下降 20% ~ 30%。

(3) 它简单易行，便于管理。单一的市场营销组合便于企业统一计划、组织、实施和监督等管理活动，减少管理的复杂性，易于操作。

虽然，无差异市场营销有上述优点，但对于大多数产品，无差异市场营销策略并不一定合适。首先，消费者需求客观上千差万别并不断变化，一种产品长期为所有消费者和用户所接受非常罕见。其次，当众多企业如法炮制，都采用这一策略时，会造成市场竞争异常激烈，同时在一些小的细分市场上消费者的需求得不到满足，这对企业和消费者都是不利的。最后，易于受到竞争企业的攻击。当其他企业针对不同细分市场提供更有特色的产品和服务时，采用无差异策略的企业可能会发现自己的市场正在遭到蚕食但又无法有效地予以反击。正由于这些原因，世界上一些曾经长期实行无差异营销策略的大企业最后也被迫改弦更张，转而实行差异性营销策略。被视为实行无差异营销典范的可口可乐公司，面对百事可乐、七喜等企业的强劲攻势，也不得不改变原来的策略，一方面向非可乐饮料市场进军，另一方面针对顾客的不同需求推出多种类型的新可乐。

差异性市场营销

差异性市场营销针对不同细分市场，设计不同服务产品，制定不同的营销策略，满足不同的消费需求。如将某自行车的市场划分为农村市场、城市男青年、城市女青年市场等。通用汽车公司努力为每个“收入、目标和个性”不同的人生产一种汽车。耐克运动鞋多达十几种，适合人们跑步、击剑、健美、骑自行车和打篮球时穿着。这些企业希望在每个细分市场中通过不同的产品和营销战略来提高消费者对公司及其产品系列的整体认同。企业还有望获得更多的忠诚顾客，因为该企业的产品和营销方式能更好地满足每个细分市场的愿望。

越来越多的公司已开始采用差异性市场营销战略，差异性市场营销往往能带来比无差异性市场营销更大的总销售额。宝洁公司靠 11 种品牌的洗衣粉取得了高于单一品牌的洗衣粉所能取得的市场份额。

差异性市场营销战略的优点在于：

(1) 它可以通过不同的市场营销组合服务于不同子市场，更好地满足不同顾客群的需求。

(2) 企业的产品种类如果同时在几个子市场都具有优势，就会大大增强消费者对企业的信任感，进而提高重复购买率，从而争取到更多的品牌铁杆忠诚消费者。

(3) 它对企业市场经营风险的分散具有重要意义。

(4) 它可通过多样化的渠道和多样化的产品线进行销售，通常会有利于扩大企业的销售总额。

不足的是，营销组合策略多样化，可能会影响各种营销组合策略的实际实施效率。差异性市场策略适合一些实力雄厚的大企业。

差异性市场营销能带来比无差异市场营销更大的总销售额，但由于差异性市场营销需要对不同的细分市场采取不同的营销策略，针对不同的细分市场做不同的广告促销，这就导致了营销成本的额外增加，因此，专家提醒企业在决定采用差异化营销时，要先衡量一下销售的增长和成长的增长孰轻孰重。

集中化市场策略

这是企业集中力量推出一种或少数几种产品，采用一种或少数几种市场营销组合手段，对一个或几个市场加以满足的策略。企业采取这种策略，主要着眼于消费者需求的差异性，但企业的重点只放在某一个或少数几个细分市场上。这种策略的优点是有利于企业发挥特长，集中力量为某一市场服务，增强竞争力。同时，实行专业营销可以大大节约营销费用，相对提高市场占有率。不足之处是采取这种策略市场风险大。

由于只选择一个或少数几个子市场作为目标市场，如果一旦未选准，或者进入时发生变化，将会给企业带来严重的影响，使企业陷入困境。采取这种策略，企业必须密切关注目标市场的变化，以便作出对策，减少经营风险。这种策略适合于一些资源有限、实力不强、不可能分头出击与大企业相抗衡的小企业。对于一些大企业，初进某个市场也可采用此种策略。

集中市场营销策略在实施过程中遇到的最大问题是潜伏着很大的风险性。因为该策略把企业生存、发展的希望全部集中在一个或几个特定市场上，一旦这一目标市场情况恶变，如顾客需求和偏好发生突变或者出现了更大的强有力的竞争对手，就可使企业陷入毫无回旋余地的困境，甚至会面临全军覆没的危险。正因为此，很多企业宁愿选择好几个子市场作为其目标市场，其目的就在于分散风险。

企业在选择市场覆盖战略时，要考虑到许多因素，专家指出哪种战略最适合企业营销，主要取决于企业资源、产品差异程度、产品生命周期所处的阶段、市场差异程度以及竞争对手的市场营销战略等因素。

空隙营销

有学者在市场差异营销的基础上提出了空隙营销的概念。空隙营销人员把市场细分成比差别化营销人员的细分更细、更混杂的区域。他将市场细分再推进一步。可口可乐公司把它的市场细分成四个单独的空隙：经常饮用可口可乐者、把可口可乐当成日常饮料的饮用者、不含咖啡因可乐的饮用者以及常常饮用不含咖啡因可乐的人。这样，位置营销使组织能向有特殊要求和偏好的购买者提供产品（或产品线）。并且“它对营销来说是一种战略性的方法，正在获得商业和工业产品与服务的营销人员的青睐”。

有创造性的商务营销人员可以找出客户在组合营销的各种元素中可能偏爱的许多变量。他们也认识到，试图要满足所有这些变量既无用处，也会因成本太高而被废止。因此，他们在目标市场上观察现有的和潜在的用户以确定市场是否可以被细分成需要企业能够有效提供并从中获得利益的独特空隙（像以前一样 可测量、相关联并且可操作）。

购销双方共同推进了空隙的形成。由于信息革命、新的技术和金融数据能迅速被传播到世界各地。购买者对可供购买的产品知道得更多，而销售者得到空前的大量市场信息，能够识别出新的需要并建立组合营销来加以满足。

总体上说，空隙营销与差别化营销有着许多共同点，但与客户打交道时，空隙营销的规模更小，更加具体，提供的满意度更快，也更全面，空隙营销能帮助企业获得更大的市场份额和更多的利润。

营销公关的主要决策

公共关系活动的程序

公关的第一个任务就是避免企业负面新闻的出现，但这个任务不是一朝一夕能够完成的。它需要通过一定的程序给予保证，企业开展公关活动。一般应按照以下几个程序进行：

1. 开展公众调查

搜集、了解目标市场公众对本企业的意见和态度，分析企业及其产品在公众中的形象和知名度，总结经验教训，发现问题。美国、日本、西欧国家等都有专门的公共关系咨询公司和市场调研机构，帮助企业在国际市场上调查了解有关方面的问题。企业开展国际市场公共关系活动，可以首先与这些机构取得联系。

2. 确定公关目标，制订公关计划

专家认为，营销公共关系目标一般有：

(1) 建立知名度。营销公关部应在各类媒体上刊登文章、新闻报道、报告文学等，宣传介绍企业产品、服务、人员及新观念等。

(2) 增加可信度。参加行业权威部门和政府有关部门举办的商品质量、性能等方面的评比或评审活动，请行业专家撰文介绍和推荐企业产品，特别是在权威报纸、杂志、电视台刊登或播放名人或权威人士的文章或讲话。

(3) 激励企业推销员和中间商。推销员和中间商最感头痛的事是推销新产品尤其是创新产品。这时，营销公关部应充分发挥各种公关工具的作用，从科学和实用角度向大众解释和宣传新产品的功能和优势，甚至开设短期培训班，教育和引导消费者正确使用企业产品。

(4) 降低促销成本。营销公关刊登的文章和播放的电视节目是不付费的，如果所宣传的内容有感染力，还会引起其他媒体的兴趣和转载或转播，其效果甚至远远大于付费广告，而营销公关的成本仅是有关人员的工资和费用。所以，综合使用各种不同促销手段，既可收到事半功倍的效果，又可降低企业整体促销费用支出。

3．信息沟通与计划实施

按公共关系计划，企业通过多种形式、途径和渠道实施，并把企业的所作所为告诉给社会公众，沟通企业与社会公众之间的关系。这样既可以扩大企业的国际影响和社会声誉，又便于听取社会公众的意见，接受社会公众对企业的监督。

4．评估公关效果

营销公关的使用效果很难衡量，因为营销公关通常与其他 4 种促销手段一并使用。科特勒在《营销管理》一书中提到了 3 种衡量方法。

(1) 展露次数。即统计公关部门在一定时间内在各类媒体上刊登各种信息的次数。科特勒认为这是衡量营销公关效益最简易的方法，但他同时提醒企业注意这种方法的不足之处。一是无法统计实际看到、听到、读到企业公关信息的人数，更无法了解这些人的看法。二是无法统计各类媒体之间的受众重复率。

(2) 知晓、理解和态度的转变。涉及的内容包括：多少受众能够回忆起曾听到、看到或读到过关于本企业的新闻？其中多少人将信息传递给其他人？受众在接受信息后思想和看法有什么变化？例如，在对木耳进行公关宣传后，有关人员调查发现，同意“木耳有助于治疗心血管疾病”这一观点的消费者人数由原来的 15% 上升至 55%，这表明公关宣传效果明显。

(3) 对销售和利润进行分析。即统计一次较大规模公关系列活动前后的企业产品销售额和利润额的变化情况。应注意的是其他促销手段的作用应予以扣除。知道了公关对利润的净贡献额，再除以企业对公关活动的投入，就是公关的投资报酬率。

使用正确的公关工具

公关部门要完成它的任务，就必须使用公共关系工具。专家认为，主要的公关工具有 3 种：新闻、特殊事件和公司网络，其中最主要的一个是新闻。

公关人员找出或创作一些对公司或其产品有利的新闻。有时新闻故事自然而然地就形成了，有时公关人员提出一些事件行动来制造新闻。

或者企业设计一些独特活动，推出新颖的产品和服务，可以吸引新闻媒体的目光。同样，企业故意设置一些争议，也能“制造新闻”。在市场上，我们常常看到许多有趣的现象：比如文学作品，如果越是能引起争议，它的商业价值就越大，它的销路就越广。像争议最激烈的周励的《曼哈顿的中国女人》。它的销量创同类作品纪录。这种由于争议或议论而引起的畅销，应归功于人们的好奇心理。一般来讲，越是能引起人们注意的争议或议论，越能激发人们的好奇心，越能吸引人们有意识的注意，越易驱使人们去主动认识、理解和记忆。我们在竞争激烈的商战中完全可以利用这一心理来“制造”议论，在议论中扩大商品知名度，促进商品销售。

特殊事件和公司网站也可以成为很好的公共关系工具，专家认为特殊事件都是公关部门为接触目标大众和激发他们的兴趣而设计的，这些特殊事件包括新闻发布会、大型的开幕式、焰火展示、激光节目、热气球升空、多媒体展示以及各种展览会等，而顾客和其他公众也可以通过访问网站得到信息和娱乐。

另外，对活动商机的把握不仅有利于新品牌或无名品牌迅速提升知名度，对于那些已经知名的品牌或者市场公认的强势品牌来说，其作用也同样不可忽视。就海尔而言，在经过多年的努力之后，它已经成为国内家电市场上无可争议的第一品牌。但这个企业在近几年的广告宣传中，还是敏锐地抓住了国人最为关注的几件大事：2000 年两会、2001 年北京申奥、2002 年韩日世界杯足球赛、2003 年“非典”公益广告、2004 年雅典奥运会，使海尔成了把央视影响力“变现”的高手。

除此之外，专家认为，公关人员还应该准备书面材料，接近并影响他们的目标市场，这些书面材料包括与公司有关的刊物、小册子、画片、传单、年报，等等。这些宣传材料印刷精美、图文并茂，在适当的时机向有关的公众团体、政府机构和消费者散发，可吸引他们认识和了解公司，扩大公司的影响。公司一般都十分重视宣传材料的策划和研究。日本本田汽车公司在美国四处散发一本《本田与美国社会》的小册子，列举许多事实，阐明本田对美目经济的贡献，其目的是要减轻美国人对日本经济侵入的担心和抵触情绪。

妥善处理工作环境

中高层业务管理者倾向于战略和策略，他们对公司总体走向和行业走向更加关注，而基层营销主管则更倾向于区域市场的战术性策略和具体的行动管理。

公司总经理或最高决策者关心竞争对手在做什么，公司的债务人能否付账，如何使股东们满意等。中层管理者也关注整个公司的经济环境、政府政策以及公众舆论等。

基层营销主管关心的是大量的直接因素。一个基层营销主管的工作环境包括以下三种重要因素：

对时间因素的态度

准确地说，高层管理者比基层营销主管更加关注未来。总经理和大多数中层管理者非常关心下一个月或明年将发生什么，而基层营销主管对时间的关心则稍微短一些(更关心近期或眼前的情况)。比方，如果铺货车辆不能及时到位，推广工作可能就要停顿。爵比如，促销品不能及时到位……再比如，发货错误……都会对工作造成现实影响。因此，基层营销主管关注的是每一个小时和每一天的问题。对于大多数基层营销主管来说，甚至“两个月的情况”都是遥远的事情。

但这是否就意味着基层营销主管可以对未来漠不关心呢？绝对不是。基层营销主管也应留心会对他们未来的经营发生影响的外部和内部变化。例如，外部环境有可能发生以下多方面的变化，几乎没有一个组织不随外部环境的变化而调整其经营行为。这些变化主要是：

1. 技术进步。这不仅影响高科技产业，也会影响一般工业。

2. 商业行为的国际化趋势。这要求基层营销主管能与远在千里之外的对手进行竞争。

3. 劳动力结构的变化。包括熟练业务员增加，更高学历的毕业生就业等等。

4. 对工作生活质量的日益重视。包括弹性工时等。

5. 竞争对手的变化。

6. 销售渠道的变化。

7. 销售行为的变化。

可见，基层营销主管被套在一个由众多无法控制的因素织成的网中，而且将来这种情况会更加严重。这就要求基层营销主管能够在关注近期工作的同时，也关注那些影响自己未来的因素。

管理工作的特点

1. 为使员工的行为协调一致必须设立规则、章程和工作程序。人们发现，让自己努力按别人设计的途径行事是困难的。现代管理试图把规则限制在最小范围，更强调自控的机会。但对于刚刚起步的中国企业来说，首先确定相对完善的规则比让员工自控现实得多。

2. 一系列的权力运用会使下属对其上司产生越来越多的抱怨，而且这个上司对他的上司也是这样。以此类推，较低层次的管理者和处在组织金字塔底部的员工感觉到他们在所发生的一切事情中无话可说。员工们一般认为，他们惟一的权力是抱怨，而不是对如何经营提供建设性建议。这实际上意味着大多数公司是由极少数管理者来经营，中基层营销主管和员工只是在被动地服从。

3. 员工希望那些拥有管理职责的人将公司利益和大家利益置于管理者个人利益之上。但是很明显，许多管理者并未这么做。相反，他们首先关心个人利益，而把员工放在其后。为这种上司工作的员工在工作中能够得到的乐趣是很少的，从而可能把精力放在抱怨上。

4. 已经发生的和预期要发生的事情都必须用书面形式记录下来。工作之余，我们的行为很少受到限制，并且很少有记载，所以才被称为“休闲”。工作和休闲的区别就是工作必须有记录。文字材料——记载过去和确立未来目标一对许多人来说是有威胁性的。人们担心错误不会被遗忘，而每个诺言被记录下来也会构成压力。员工的感觉是，与那些以简单明了的语言传送并写他们平等交换意见的基层营销主管更容易融洽相处。事实上，文字本身就代表正式和权威。

目前，中国企业的工作环境表面看比较“宽松”，但在这种环境下，复杂的问题被简单化了，而且简单得无法承载内容；而简单的问题却被复杂化了，复杂得很小一件事情都很难落实。在严密规则下的自由是真正的自由，否则是无政府，无权威。

员工的期望

来自权威机构的大量调查表明，80%～90%的员工对他们的工作表示满意，但这并不是说他们对工作喜欢得入迷。准确的表述应该是，对岗位满意，而对岗位工作压力有意见。调查结果还表明，对工作的满意程度随着年龄的增长而增长，年轻人最不满意他们的工作。

现代员工希望从工作中得到什么？根据丹尼尔·扬基拉维克，一位著名的公众舆论调查专家的观点，多数人在选择是努力工作还是得过且过时，只有五分之一的人说自己尽了最大的努力，也就是说，五分之四的人基本的工作态度是得过且过。原因之一是，员工们认为业绩的增加不会让他们受益，或者主要受益者不是自己，而主要受益者是消费者、股东和管理者。但是，扬基拉维克进一步分析到，如果员工们认为工作有意义并且确实受到老板的赏识，他们将会更努力、更好地工作。事实上，有五分之四的美国人认为他们所从事的工作太简单，他们宁愿选择一个有难度的工作从而全身心地投入。

基层营销主管能够把员工的两种不满降到最低程度。首先，他们能确保员工有足够的工作可做，尤其是那些发挥他们主动性的工作。其次，他们对那些全力以赴做好工作的员工，可以实现提升或减轻其工作负担的诺言。

如何培养一个百分百热情的下属

人们对其工作有着不同的认识并且以不同方式从中寻找乐趣。

那么，有没有可能培养一个具有百分之百热情的劳动力？答案是：可能性很小。如果前述报告中的统计数字具有代表性的话，那么十个员工中就有一个或两个可能对工作不满，甚至那些最好的基层营销主管也承认这个事实。

事实上，在当前中国企业业务系统的员工中，许多人认为他们能够“找到”为他们创造一种愉快生活的工作岗位，只有少数人相信努力工作、奉献和坚忍不拔是取得成功的最好途径。

毫无疑问，许多员工把寻找乐趣的责任交给了他们的直接上司——基层营销主管。这就要求基层营销主管需要具备各种技能和耐心，以便激励自己的下属按照公司对他们的要求去努力工作。

人们对待工作的态度受五个因素的影响：

1. 对以往类似工作的经验。如果这项工作在另外一个公司或老板那儿曾使某个员工感到不愉快，这个员工就会认为这种感觉不论在哪儿都会重复出现。相反，如果某员工曾对某项工作感到愉快，那么他会认为不论在哪儿都会感到愉快。

2. 对他人动机的猜想。一个心情不好的员工会把责任归咎到有进取心的同事或不公平的老板身上。对有些不幸的人来说，这种行为成为他们处理所有人际关系的准则。相反，那些把别人看作是支持者和朋友的人会以此看待每一个工作境况。

4. 对未来事情的预期。我们常听人们说：“这是预料中的结果。”这一方面基于过去的经验，另一方面基于对他人动机的信任。遗憾的是，这种行为方式导致有些员工对待新工作或不同的工作安排采取不太情愿的态度。

5. 信息的可靠性。有些员工根据别人的说法来评价他人的工作。这种说法可能是正确的，也可能是不可信的传闻或偏见。基层营销主管对此可提供准确的信息以帮助员工得出正确的结论。

6. 目前的思想状况。我们所有人都易受情绪波动的影响。比如，如果老板恰逢你心情好的那天给你分派新的任务，那么你的反应一定比情绪不好时更积极主动。

一位专家这样认为：“人们热切期望从事实际而重要的工作，比如解决一个问题，研究出一个解决问题的办法，在已完成的工作中看到自己的努力……总之,倾向于从事需要利用个人技能或洞察力方面的工作。”

艰难的和富有挑战性的工作才是所谓“实际而重要的工作”。过于简单的工作是轻松的，但不是最需要的。基层营销主管要能够帮助员工把工作看做是要解决的问题，并且尽量把最终结果表述给员工，使工作显得更具挑战性。员工们应该知道，基层营销主管真正需要的是他们的判断力，而不仅仅是服从；需要的是个人技能，而不仅仅是按部就班；不仅仅是不犯错误或少犯错误，而是懂得从工作中吸取经验和教训。

营销主管的管理技巧

激励部属士气是衡量营销主管能力的条件之一。激励销售人员的方法多种多样，主要有目标激励，竞赛激励，荣誉激励等。

1. 授权

所谓授权就是指上级授给下属一定的权力，使下属在一定的监督之下，有相当的自主权和行动权。在销售工作中也经常使用授权这种方式，可以从两个方面去理解授权。

(1) 为何要逐级授权。

对于一个营销主管来说，其能力、精力和时间都是有限度的，现代心理学研究证明：对于大多数人来说，同时思考两个以上问题时，思维效率大大降低。而销售主管的日常工作千头万绪，往往要处理大量纷繁复杂的问题，当然这其中也有一些是相对简单而且不那么重要的，在这种时候，销售主管就应该考虑授权，将一些简单的日常问题交由下属处理，并授予下属处理这些问题所需的权力。这样可以大大地提高工作效率，从而让营销主管能有更多的精力和时间去处理一些更主要的例外问题，便于统筹整个销售全局，而下属也因此得到了锻炼的机会。

(2) 授权技巧。

合理适当授权能收到上述的良好效果，但在授权过程中有些细节问题需要注意，这就要求营销主管具有更老练的授权技巧。

首先，选定合适的授权对象。由于不同的下属在家庭背景、受教育程度、社会经历、工作经验以及天赋方面的差异，导致他们在工作能力方面的强弱不同。按照授权的谨慎性原则，营销主管必须对下属的特点、性格、能力等各方面进行分析，从中选出工作能力强，意志坚强并适合所授工作的下属，对其进行授权。

其次，赋予一件完整的任务并提供完整的相关训练。授权时，授权者必须向被授权的下属明确所授事项的任务目标及权责范围。一般来说所授的任务通常都是一件完整的任务，这样被授权者更能看清任务的全部，更好地处理任务的各个方面，免受掣肘。同时，由于被授权者（下属）的工作与所授任务（原属于营销主管的）有相异之处，为使其能更好地、更有把握地完成所授任务，营销主管必须给被授权者提供完整的相关训练。

再次，所授权的工作，必须能有利于提升该下属的专业涵养。上面已经进过，授权具有栽培下属的功能，所以，授权的意义不仅仅是完成任务这么简单。从这个角度出发，营销主管对所授权的工作也有必要做适当地选择。另外，还必须拟订一套考核方案，这是为评价和控制的需要。根据这套方案，如果被授权的下属不能承担职责时，应明智地及时收回职权。同样，如果下属完成所授权的工作成效卓越，就应给予肯定和表扬甚至奖励，让其有更强的自信心。

2. 领导

销售事业的成败，也就是能否实现既定的目标，关键在于领导。在现代社会背景下，销售事业会受到多种因素作用的影响，销售工作与社会有着千丝万缕的关系。因此，对营销主管的领导方法也提出了更高的要求，同时也决定了营销主管的领导工作在很大程度上必须具有创造性。国际上公认的 80 / 20 法则认为销售工作是 80%的科学与 20%的艺术，富有创造性的领导方法就是这 20%的艺术，这些是建立在营销主管个人的经验、素养和洞察力的基础上的，要具备这些条件才能灵活地运用各种领导方法和技巧，提高工作的效率，率领和引导销售团队克服前进的各种障碍，顺利实现预定的目标。那么，怎么样才能成为拥有熟练领导技巧的营销主管呢？

(1) 因事、因势而变。

企业内外的环境是时刻变化着的，销售团队员工的思想、心态、行为等也因此而时刻变化着。针对不同的情况和不同的事情，要注意使用不同的领导方法，因为领导方法的使用随着所针对对象的不同而产生的作用也有差异。这种随机应变的能力是销售经理掌握领导技巧的第一要素。

(2) 了解自己的下属，在工作上做他们的后盾。

不了解自己下属的优缺点，不了解自己下属能力的强弱，不了解自己下属对所指派的任务能否胜任，在下属工作出了问题的时候也不能妥善地处理，这样的营销主管就不是一个好领导。要成为一个好领导首先必须了解自己的下属。此外，还要全心全意做下属在工作上的后盾，让其无后顾之忧，这样，他们才可能努力去工作、冒险、创新。

(3) 在适当的时机邀请下属参与决策过程。

一个好的领导必须愿意聆听下属的心声与建议。员工在工作中常会遇到一些需要主管帮助解决的事情以及提出许多个人对工作的看法和建议，营销主管就应及时了解这些信息，这不但可以达到检查自己工作成效的目的，而且还可以满足员工的自尊心理，进而对其进行有效的领导。此外，在适当的时机还应邀请下属参与决策过程，毕竟他们工作在销售的第一线直接接触市场，对市场的敏感度比较高，对市场需求趋势比较了解，因而往往可以从中获得许多建设性的意见。

(4) 在达成任务、维系团队士气，以及满足下属需求三者之间求得最适当的平衡

在实际工作中往往会出现这诺一种情况，就是为了达成任务必须满足下属需求，而下属需求又不是合理的，但不满足其需求又影响团队的士气和任务的达成。这就要求销售经理有非凡的协调能力，在三者之间求得最适当的平衡，这也是领导方法具有艺术性的表现。

如何知道业务人员的洽谈活动

业务洽谈是销售活动的重点工作之一，它的成功与否关系到销售年度计划的可实现性。一般来说，业务洽谈的人员是基层的销售人员 (关系特别重大的除外)，为使业务洽谈能获得成功，营销主管应对销售人员进行必要的相关指导。实务中，营销主管通过使用“2W1H”对销售人员进行指导。所谓“2W1H”，就是 Why， What，How。

Why，即明确这次业务洽谈的目的，你为什么要进行这次业务洽谈？通过这次洽谈你希望达到什么样的效果？明确了这两个问题才能决定整个业务洽谈的进程安排以及谈判底线。

What，即为了这次业务洽谈你们应该了解一些什么信息。比方说客

户的性格和特征，为了适应其性格，提高自身说服力所应该采用的工作方式或在交流方面做一些针对性的改变，为了了解需求环境与自身竞争优势方面的信息，要准备询问客户哪些问题等。

How，即针对出现的问题，你将采取何种方式去解决问题，有了前面的 Why 和 What，你就得对整个业务洽谈进行预测，预测可能出现的问题与障碍，分析其原因，并为此准备一整套解决方案。

(1) 对业务洽谈进程的指导。

在业务洽谈中，常常会因为谈判陷入僵局或者因为该次洽谈的重要性而要求营销主管的介入。营销主管介入业务洽谈时必须明确自己介入的目的是什么？是为了重新启动陷入僵局的谈判还是为了通过谈判达成协议，或者是别的什么目的，这是必须要明确的。明确了介入目的有利于营销主管更好地完成具体角色的扮演，如监督、强化关系、优化环境、了解信息等。

(2) 事后汇报会议。

业务结束后，无论成功与否都要举行事后汇报会议。确保销售人员对整个的洽谈情况与细节有充分而客观的认识，成功的总结经验，失败的则吸取教训。通过会议提升销售人员的工作素质，加深了解公司对他们所从事工作的要求。

(3) 对于紧急情况处理的指导。

在业务洽谈的进程中常会因为某种紧急情况的出现而导致谈判陷入僵局。营销主管在此种情况下就要分析出现问题的原因，并根据具体原因对销售人员处理问题进行必要指导。如果是产品质量方面的问题，就应立即登门拜访，了解样品使用的情况，研究解决方案；如果是服务方面的问题导致谈判破裂，则由销售主管出面与客户交流，明确立即改善，表明公司的态度和决心，以求重建关系；如果是竞争对手的因素导致的问题，就该先了解竞争对手的行动，采取更加优惠的条件，重新吸引客户的注意与兴趣。

(4) 沟通。

沟通，通俗的话是信息交流，就是指某一信息(或意思)传递给客体或对象，以期取得客体做出相应反应的过程。完整地沟通包括注意、接受、了解、行动四个方面，缺乏任何一环都是不完整的，是无效的沟通。沟通在销售组织中非常重要，销售主管要注意以下几方面的问题：

①沟通的障碍。

造成沟通障碍可能有很多的原因，但大体可归为人为造成的原因和非人为造成的原因。上级在下达指示和阐述预定的目标与奖励标准时含糊不清，造成下属理解上的困难，这就要求上级要以诚待人，说话要直截了当，不要拐弯抹角，下达指示要清晰，这就属于人为原因造成的沟通障碍。非人为原因主要是因为信息量过大或者沟通渠道不畅通所致。

②沟通渠道。

有了沟通渠道的畅通，有效沟通才会成为可能。营销主管要建立一种良性的双向沟通渠道，并保持这种畅通性，减少非人为因素造成的沟通障碍。

第 4 章 业内竞争战略及方法

竞争者一般是指那些与本企业提供的产品或服务相类似，并且所服务的目标顾客也相类似的其他企业。企业在市场营销中，至少需要了解竞争者五个方面的问题，即：谁是竞争者？它们的战略是什么？它们的目标是什么？它们的优势和劣势是什么？它们的反应模式是什么？本章则一一对此进行解答。

打入敌人内部的学问

知己知彼，百战百胜。收集竞争者的情报，可以充分了解竞争者的情况，使自己立于不败之地。随着越来越多的公司需要了解竞争对手在做什么，竞争性的情报收集在飞速发展。《财富》杂志上的一篇文章列举了公司收集竞争情报的20多种技术，这些技术可以分为四大类。

1. 从新招募的职员和竞争者的职员获取信息

企业可以通过接见求职者或者与竞争对手的职员谈话获得情报。公司派人员出席专业会议、贸易展览会，询问竞争对手的工作人员。

或者直接挖竞争对手的墙角，聘用竞争对手的关键工作人员，以便了解他们掌握的情况。

2. 从与竞争对手做生意的企业和个人获取信息

主要的顾客可以向公司提供有关竞争对手的情况，他们甚至可能愿意收集、传递有关竞争对手的产品信息。公司可以向顾客免费提供工程师，借助这种关系，常常能够获得关于竞争对手正在推销的最新产品的信息。

3. 公开出版物和公开文件

不断追踪似乎没有意义的公开信息可能提供竞争对手的信息。例如，招聘广告所寻求的人员类型可以显示竞争对手的技术发展方向和新产品开发情况。

4. 观察竞争对手或者分析实物证据

公司不断购买竞争对手的产品并分析，以确定其生产成本和制造方法。美国有些公司甚至购买竞争对手的垃圾。

尽管这些手段大多数是合法的，但很多在道德上是有问题的。虽然公司应当利用那些已经公开的信息，但企业要避开那些可能是非法或者不符合道德的做法。

最有效的方法就是派专人监视特定的竞争对手，例如“打入敌人内部”。

人们的消费能力如何？年轻人中流行什么？什么产品的销量有减无增？……一切一切，包括政治、社会风气、人口出生率的高低。贫富比例等资料，都是营销主管需要的情报。再深入地说，其他公司的生产动向，产品质量，是否受消费者欢迎？同样地，自己公司生产的东西，经过多方面调查得到的结果，也是营销主管需要了解的有用情报。那么该怎样获得这些情报呢？

1．广泛收集“活情报”

随着时代的变化，情报可以给营销主管带来源源不断的新观念。社会上情报比比皆是，却没有固定的形状，除了参考文字情报及靠传播媒介的介绍外，“活情报”占了很重要的地位。得到“活情报”的方法大概有以下几种：

(1) 调查。用电话或问卷的方式，广泛征求消费者的意见，作为进一步改进产品的参考资料，是营销主管采用最多的方法。此外，在推销员推销产品的同时，也可以顺便征求用户对产品的意见。

(2) 观察。留意每个细节，尤其是不可忽略制造产品以外的过程，比如员工的态度、环境的变化及原料供应商的变化等，都可以直接影响产品的质量。

(3) 参观。不要整天沉迷于自己的产品研究开发之中，有时到其他地方参观别人的产品，往往更能启发你的新创意。

(4) 收集。收集畅销和滞销的产品，然后进行认真的比较与分析，特别是竞争对手的产品，务求找出可取之处。

(5) 沟通。与各行各业的人交谈，了解他们对本行业的态度，或许你会得到一些意想不到的收获，另外对其他行业有概括的认识，也有助你开发适合对方的新产品。

2. 敏锐地感知环境的变化

环境的变化，包括自然的更迭、社会的改变和人事变迁等等，都是以人的感受力来判断的。对环境变化无动于衷的营销主管，机会来临时仍然懵然不懂得抓住，绝对不会有任何成功的机会。正确地把握环境变化，才有适应它的能力产生，如果营销主管总是“误认变化”或“错看变化”，盲目地投石问路，犹如“盲人骑瞎马，夜半临深渊”般危险，那离破产也就为时不远了。

3. 留心社会变化

社会变化有时是可怕的，常常严重影响某些产品的销路。营销主管对社会变化一定要“胸中有数”，它不是主观预见、随意猜测，而是依据客观规律，借助科学的分析方法，以“宝镜”识别之术，驱散疑云和迷雾，达到未然而先知之境界。

营销主管密切留意社会情报，可以窥见社会的变化，依据社会情报所提示的方向前进，即可以预见到明天的变化，从而为推出新产品争取到最宝贵的时间。例如时代进步的今天，机械的普遍使用取代了人力，明白这是人类的进步的过程，就不会盲目地强要用人手与机械竞争，做出无谓的损失；因为计划生育的关系，婴儿出生率大大下降，但是随着商品经济的发展和物质生活的极大提高，孩子们的玩具却是销量大增，所以产品的畅销与否不能单看人的数量多少而定。

今天的社会可谓一日三变，只要明白了留意社会变化的目的和道理，并且孜孜不倦地坚持去做，相信如此众多的社会变化足够产生出许多富有远见的做生意创意来。

4. 走出自我封闭的圈子，多接触社会

生意做得越大，营销主管越容易将自己困在“象牙塔”内，光是听下属的报告，以及相信销售调查的结果，这种传统性情报获取方式，与现代社会相差甚远。即使已功名显赫的成功营销主管，也要利用闲暇，牺牲一点点休息时间，经常到街上逛逛，看看时下的市民普遍喜欢什么，又热衷什么活动。当然，不要忽略留意你的产品是否市民乐于购买。经常与社会接触，随时改善本身的素质，也可以从中参考社会需要，生产出更多受消费者欢迎的产品。从小处着眼，从最不可能的原因查起，往往有令人想不到的结果。作为一个营销主管，绝对不能整天困在办公室里空想，而是要多接触社会，增加见识，才能开阔具有营销主管特点的赚钱眼光。

5. 重视报刊杂志等媒体的作用

今天的顾客越来越容易受到大众媒体的引导。真正有眼光的营销主管，都非常重视从报纸杂志中搜集信息，因为报纸可以极其敏感地反映出社会的变化。例如报纸杂志对某一产品、服务或活动加以集中宣传时，无形中做了极好的推广工作。每一时期都有一种特别的风气和宣传重点，营销主管只要稍加留意，就不难从中获得赚钱的灵感。美国一家玩具公司制造了举世闻名的变形金刚，成为全球儿童的必玩品，获取了上百亿美元的利润。但这家玩具公司最初的销售业绩并不理想，因为人们不知道有这种玩具，更不知道怎么玩。后来他们巧妙利用宣传，才打开了百亿美元的金库大门。他们想：如果以变形金刚为题材编成一个动人的故事，这样既可以感动人，又可以教给人们如何玩这种玩具。于是，他们制作了《变形金刚》动画片，电视上一放映，立即受到孩子们的青睐。后来这家公司又免费将动画片赠给日本电视台，一下子风靡全日本；不久又在欧洲、美洲造成持久轰动，最后他们又将动画片赠给世界上最大的儿童市场——中国。孩子们看过动画片以后，产生了强烈地模仿欲望，纷纷要家长买变形金刚来玩。

所以说，依靠和巧妙利用报纸杂志是获得信息、赚取钱财既方便又直接的好方法。当然，也不能将报纸杂志作为惟一获取社会信息的方法，太依赖固定的资料提供的信息，很容易偏听偏信。

6. 扩大交际面

怕应酬的人是不能成为成功的营销主管的，除非其家族已经拥有相当的基础。刚开始投身生意场的人，如果想寻求发展，大大小小的应酬活动是必不可少的。你可能觉得有些应酬活动很无聊，或者你有一个温暖的家庭，不想因为过多的应酬而冷落了家人，但这些想法，均有碍你在生意场上施展。生意场的社交活动对你今后事业的发展大有益处。

一些在生意上非常成功的人，很容易高高在上，忽略与中下层营销主管交往，并且觉得与他们交往会被人取笑，甚至觉得自己已经不再需要他们的帮助，而忽略他们的存在价值。这是非常愚蠢的行为！因为一个人的能力是有限的，愈是坐得高，就愈应积极了解社会大众的需求。只有广交朋友，扩大交际面，接纳多方面的意见，才能有效地生产出适合消费者品味的产品。

信誉才是销售的灵魂

每个销售人员都会遇到顾客的信任问题，而且也都明白它对成交的重要性。你如果想成为顶尖的销售人员，就必须和顾客建立互信互赖的关系。研究表明：71%向你买东西的人，之所以买是因为他们喜欢你、信任你、尊重你；而不买的理由中最重要的一个就是对销售人员不信任。这种不信任的感觉是很微妙的，如果真的存在，那么它可能，应该是很有可能使你失去这笔交易。由此可见，信誉是多么的重要。

美国一个大公司的董事长以这样的简洁表示了对员工品德的看法和要求：“我不雇用必须要别人告诉他去学好的人，我只雇用那种人格一致的好人。基于一些压倒性的证据，我们可以很强烈地感觉到，大部分企业公司会积极又快速地给予那些想要开创事业而以强烈道德感找工作的人优先的对待。任何依靠说服技巧却不道德的销售，町以凭借销售人员的三寸不烂之舌，使许多人想要，并去买下那些便宜或无用的商品或服务，而且价格还变来变去。当发生这种事时，损失的人，不是一个，不是两个，而是三个输家。”

不诚实的销售人员只因为想得到暂时的钓鱼报酬，不但让顾客损失了金钱，甚至丧失了对人的信心，而且同时也使自己丧失了自尊，丧失了让自己成为真正专业销售人员的机会。曾经有某位销售人员背叛了大众的信任，以专业的说服技巧与权谋诈术，促使那些易受骗的、未受教育的或未获得正确信息的买者买下了价格善变而且品质粗劣的商品，而他本人则因此失去了声望和一般大众对他的信心。你可以想象这对他的下一步影响是正面的还是反面的。所以，绝对真诚是第一重要的成功因素。

你的销售生涯，在你达到有责任感的时候，才真正开始。如果你才德并重，那么成功对你来说会比较容易和快速，得到的成就也较持久和稳固。那就是为何我们一直重复强调，销售过程最重要的就是推销“销售人员本身”的原因。所以信任是一种需求。销售人员必须首先做一个追求信任的人，这应该成为他的人生目标。

有时成交的挫败极其简单，因为顾客不喜欢被任何人愚弄。而一旦有了这样的感觉，就会怀疑产品的价值。其实坦白商品的缺点反而可以赢取信任！这就是人性的特点。与此有关的下面一例不妨一读。通过此例你就会明白我们为何要反复强调信任的重要性了。

王先生承担了一笔艰难的土地销售生意，因为这块土地虽然接近火车站，交通便利，但非常不幸的是，它紧邻一家木材加工厂，电锯锯木头的噪音使一般人难以忍受。几次与人洽谈，都因噪音的原因而被拒绝。

王先生突然想到有一位顾客 K 君想买块土地，其价格标准和地理条件与这块地大抵相同，而且K先生以前也住在一家工厂旁边，整天噪音也不绝于耳。那么他一定对噪音习惯而具“免疫力”了。于是王先生决定去拜访K君。他首先向K君说明：“这块土地处于交通便利地段。比起附近的土地，价格便宜多了。当然，之所以便宜有它的原因，就是因为它紧邻一家木材加工厂，噪音较大。如果你能容忍噪音，那么它的交通地理条件、价格标准均与你 的希望要求非常符合，很适合你购买。”

不久，K君就去现场参观体察，结果非常令人满意。他对王先生说：“上次你特地提到噪音问题，我还以为噪音一定很严重，那天我去观察了一下，发现那种噪音的程度对我来说并不算问题。我以前住的地方整天有重型货车来来往往，络绎不绝，而这里的噪音一天只有几个小时，总之，我很满意。你这人真老实，要换上别人或许会隐瞒这个缺点，尽说好听的，你这么坦白，反而使我放心。”

就这样王先生当然就很顺利成交了这笔原来是很难做的生意。

王先生靠的是什么呢？当然是诚实。由此我们可以看出，做生意并不一定要凭三寸不烂之舌侃得天花乱坠才会成功，老老实实说出你的商品的缺点，有时会使商品更具魅力。记住，有时你销售的首先不是商品而是你的诚实。诚实就是你的开路先锋。

所以，根据商品性能、顾客的特点加上某种程度的坦白，必能赢得顾客的赞许和信任，并且在售后服务时，如果顾客产生一些抱怨，你也有个台阶可下，因为你已有言在先了。

我们这里说的诚信不仅仅是指准时付账或者是开支票而已，还应该包含一个更关键的意思，那就是销售人员首先要坚定地相信自己的产品。

如果销售人员能让对方与自己一样，对产品有着相同的感觉，则顾客极易向你购买东西，这时候钱自然不是问题。因此，当你想传达某一种感觉时，首先自己得先有那份感觉。如果你企图说服他人去做连自己都做不到的事情，不久即易遭对方识破。当然，偶尔你也可能成功，但这种成功绝不会长久的。表演赛之所以都不是长远之计，是因为它不过是一时的表演而已。最重要的是你自己先要对产品有绝对的信心才行。加拿大一著名业务经理曾经说道：销售之道，有诚则灵。其中之关键就在于“相信”这两个字。正如黑人灵魂歌手杜茜有一首名叫《心灵平和》的歌，其中部分歌词值得所有销售人员玩味：“你要说服别人之前，请先说服你自己。”说服不了自己就意味着自己平添一道心灵枷锁。

正面的例子不好举，我们就从顾客的角度来看，当然作为销售人员，我们在大多情况下也是顾客。如果你看到奥迪公司的经销人员自己开的却是福特的轿车，那么会有多少人对他所销售的东西有信心呢？不管你信不信，为了自己、为了公司的业绩、为了亲朋好友或者是顾客的利益，你千万绝对要对自己的产品有信心。如果做不到的话，奉劝你早早卖其他产品或者干脆转行算了。如果改卖其他产品能够重拾你的信心的话，相信成功之日也就不远了。唯一例外的是，如果你卖的是火车、超级电脑或者是波音 747 飞机的话，想你大概不会也不用自己也买一个来表明信心吧！问题的关键不在这个问题的表面而在于你的情理状态是否受到了一种信念的支撑。

销售人员不但要相信自己的产品，更要忠于自己所属的公司。这是另外一种信任，因为，你个人销售的成绩事实上也与你对公司的信心息息相关。

成功的基础是良好的服务

在营销的过程中，许多公司往往忽视了他们努力服务的对象，也就是那些因为钱花得值得，而继续光顾下去的客户。与此相反，在各行各业中，总有些公司一方面照顾顾客的需求，同时业务还蒸蒸日上，收入可观。这些公司之所以出类拔萃，是因为他们投下精力和财力去实践一个理念——良好的服务就代表成功。

专家的告诫是，任何一家公司不管怎样有效地提供服务，还是有必要对整体系统和流程再做评估，以保证对顾客服务的信誉。为此，他们必须牢记以下九点。

1. 服务是赚钱的最重要关键

好的服务会带来更多的生意，服务的品质往往是使某一产品在同类型产品中脱颖而出的惟一因素。因此，服务其实并非是花钱的事，而是赚大钱的一个关键。

服务及价格并列为第二要素，消费者在选择卖主时，经常会把服务的品质列为优先考虑，而产品本身的品质则视为其次，就算品质是决定的首要因素，服务及价格通常并列为第二要素。研究调查也同时指出，拙劣的产品固然是使买主止步的罪魁祸首，而差劲的服务则是第二号凶手。这不仅影响顾客对公司的印象，还有他们对产品的价值观及品质观。

对一个可能的买主来说，完全了解某一个产品的功能，以及这个产品和其他产品的差异，并不是很容易的事情。面对当前令人眼花镜乱的产品和服务，一个消费者需要充足的情报以便做决定。

一个聪明的卖主除了提供顾客信息外，还会乐意了解他们的需求，并且帮助他们选择理想的产品，顾客们将因此心生好感。

广义上来说，服务是一套处理询问、订购、抱怨等事的流程，同时也能增强后勤仓储和配送功能。

2. 好的服务是一种附加价值

消费者经由公司所提供的信息、品质保证和定期保养等等服务，能熟悉所购买产品的性能和特点，并且更进一步利用它们，这样的服务必有助于提高产品的价值。

消费者在购买东西时，总是无法避免地考虑这些额外价值。

如果服务能进一步使客户更成功地完成工作上的开销，或是简化一些生产步骤，那么完善的服务和动作不仅要搜集相关的消息，还要想办法让这些消息适用于客户的环境。

3. 服务能制造销售机会

购买产品的顾客很可能是个外行人，他们也许从不注意任何产品有关的新发展，或是产品的改良处，在观察产品时，当然更不会想像其他可能附属的功能。但是，一个优秀的服务业者应当注意到顾客容易疏忽的地方，给予他们应有的认识和帮助。

顾客之所以一开始选择某家公司，是因为他们觉得这家公司的产品能提供实质、有形的便利。每当公司针对实际需要而提出新点子时，就多创造一个销售的机会。在协助客户的同时，公司也跟着一起成长。

4. 服务要发挥功效有赖妥善的管理

领导一个体制走向高品质服务的目标，需要有效率的系统和适时的资讯。公司只有先具备这些基础，方能确保政策付诸实施，同时达到所希望的成果。惟有如此，服务才会一致，问题才得以解决，职员们也能够运用恰当的资讯。如此一来，公司就能迅速地对顾客要求有所反应，另一方面还可控制支出。

公司还应激励职员致力于团体的目标。领导力强就意味着清楚的措施、周详的训练计划和明确的服务标准。

5. 服务必须即时提供

服务是一种即时的行动。因为时间就是金钱，不论我们要做什么，都得既快又准。

一个公司光是把任务完成是不够的，还要建立整套系统和设施，使得职员能尽快地应付顾客所需。

6. 减少客户的麻烦

一个设计完全的服务系统就是撤除在公司和顾客之间的藩篱，使得双方保持良好的关系。这样的服务系统所强调的重点在于简单、效果。

优秀的公司会把这些特点巧妙地融合于服务系统中，一个外行人几乎察觉不出来。在多数的情况下，这些系统是通过一位中间人来替顾客服务，而不是经由那些传递一个接一个问题的技师和专家。但是，这些一流的公司会随时预备最佳的技术和后援，并确保中间人能满足各种要求，解答各式问题，好的公司会使整体的服务体制和技术看起来很简单，并从中获取利润。

7. 促进技术运作

能加强服务的发展方式有许多种，’例如，资料库系统能提供与顾客、产品、市场有关的重要资料。电信技术则在处理询问、传送消息和买卖商品时，提供了复杂又多样性的选择。

管理部门应该了解在必备的工具和设备上投资的重要性。

8. 建立标准和测量结果

公司通过服务会直接地影响顾客，这表示管理者需要主动地掌握业务上复杂的操作，也表示管理者需要实际的标准去评估成果。

但是，管理部门应该如何定义和使用这样的标准呢？首先，我们要了解，最重要的服务活动是由互相关联却又复杂的流程交错而成的结果。因此，评估标准应该强调“整体流程”的效率。而不只是某一部门或个体的表现。

其次，在每一道流程中，总有一些关键处容易出错，例如发生在部门与部门间联系时，以及当业务急速扩张或萎缩时。

再次，为了追求完美，经理人员应该拟订并保持服务的标准。非常庆幸的是，服务在很多方面都可以被量化。顾客询问的次数和公司处理客户意见的时差都能计算出来。此外，如果有适当的技巧，顾客满意程度的高低也能相当精确地被测量出来的。要想成功，只有建立客观的标准，固定地评估表现，迅速地处理问题，必要时则对标准做适当的调整。

9. 为整体的策略而打算

成功与失败的关键，取决于全盘性的策略，而不是局部实施的个别方案。有效的策略一方面既清楚又重要，另一方面却又很有弹性。它们需要接受定期的评估，以便适应不断改变的环境。

个别的方案必须配合整体的策略。服务系统在谨慎的计划的部署下，会自动地修正，因为它内部有起监督作用的设计，在有必要调整时，就会很快地提出警告。

掌握信息的主动权

人们常说，时间就是金钱，而经营实践证明，信息也是金钱。信息抓得越快越准，赚钱的机会就越多。谁能对得到的信息反应得最为敏捷，并迅速采取行动，谁就可能成为赢家。

现代商界都极为重视信息，千方百计地搜集商业情报，以做到知己知彼，百战不殆。另外，有很多原来一文不名的小人物由于抓住了一条有用的信息而成为富翁的。下面所讲的就是一个日本企业家古川久好在一家公司当职员时如何从报纸上一条普通的消息走上了致富之路的真实故事。

多年前，古川久好只是一家公司地位不高的小职员，平时的工作是为上司干一些文书工作，跑跑腿，整理整理报刊材料。工作很辛苦，薪水又不高，他总琢磨着想个办法赚大钱。有一天，他经手的报纸上有这样一条介绍美国商店情况的专题报道，其中有一段提到了自动售货机。上面写道："现在美国各地都大量采用自动售货机来销售货品，这种售货机不需要雇人看守，一天 24 小时可随时供应商品，而且在任何地方都可以营业。它给人们带来了方便。可以预料，随着时代的进步，这种新的售货方法会越来越普及，必将被广大的商业企业所采用，消费者也会很快地接受这种方式。前途一片光明。”

古川久好开始在这上面动脑筋，他想：“日本现在还没有一家公司经营这个项目，可将来也会必然迈入一个自动售货的时代。这项生意对于没有什么本钱的人最合适。我何不趁此机会钻一个冷门，经营此新行业。至于售货机里的商品，应该搜集一些新奇的东西。”于是他就向朋友和亲戚借钱购买自动售货机，他筹到了30万日元，这一笔钱对于一个小职员来说不是一个小数目。他以一台1.5万日元的价格买下20台售货机，设置在酒吧、剧院、车站等一些公共场所，把一些日用百货、饮料、酒类、报纸杂志等放人售货机中。开始了他的新型事业。

古川久好的这一举措，果然给他带来了大量的财富。人们头一次见到公共场所的自动售货机，感到很新鲜，只需往里投入硬币，售货机就会自动打开，送出你需要的东西。一般地，一台售货机只放入一种商品，顾客可按照需要从不同的售货机里买到不同的商品，非常方便。古川久好的自动售货机第一个月就为他赚到100多万日元。他再把每个月赚的钱投资于售货机上，扩大经营的规模。5个月后，古川不仅早已连本带利还清了借款，还净赚了近2000万日元。一条有用的信息造就了一名富翁。

那么，如何用多种渠道获得信息呢?

1. 获得信息的渠道

(1) 各类市场：以地区分——国内市场、国际市场；以市场结构分——生活资料市场、生产资料市场、金融市场、科技市场、信息市场、服务旅游市场。

(2) 各类媒体：报刊，电视、广播、图片、路牌、招贴等。

(3) 各类用户、各类竞争者。

(4) 各类学术会议、订货会、展销会、博览会、交易会、座谈会、茶话会等。

(5) 各信息中心、企事业单位、企业横向经济联合单位，分支机构、分销渠道、企业职工及家属。

(6) 其他。

以上几种市场、机构和个人都构成了市场信息的来源渠道。

2．获得信息的手段、原则和方法

经济学家指出，主要应该通过市场调查、市场分析、市场研究等手段取得信息。

调查时要注意做到经常性的总调查与专门性的调查相结合；全面性调查与典型性调查相结合；普查与抽样调查相结合；定性调查与定量调查相结合；直接的实地调查与间接的资料分析相结合；售前调查与售后调查相结合；现状调查与趋势预测相结合；自己组织力量调查与委托信息咨询机构相结合等。

根据这些手段和原则，在调查中可分别采用以下办法：面谈了解、实地考察、书面征询、利用电话、利用图书馆资料 (包括各种报纸、杂志)、学习政府文件、报告、收听、收看广播、电视、购买技术情报等等。

对市场信息的取得和运用要做到以下十字：准确 (要善于辨别真伪)、及时 (时间就是金钱，时间就是效益)、经济 (以最少的投入获得尽可能多的信息)、完备 (信息要有系统性、完整性)、实用 (既全面又简便、易行)。

3．关注公开性质的信息载体、新闻媒介

各类文献、图书、刊物、报纸、广播、电视等，都是公开性质的信息载体、新闻媒介。有很多最新消息、重大消息，都是通过它们传递开的。当然，信息具有能与人共享其效能的特点，但正因为如此，分享信息的人越多，每个人受益程度也就会越低，所以，人们都希望得到独家新闻。

不过，公开的信息也不能忽视，除了一般性地获得它们以外，关键还在于从平淡无奇的信息报道中分离出、找到重要的启示和内容。日本亚细亚大学的仓前盛通教授，在几年前就提出，日本对前苏联西伯利亚地区投资是不合算的，甚至会亏本。事实证明了他的预言是完全正确的。但他根本就没有去过前苏联，他的正确判断，源于收集西伯利亚地区运输方面的大量情报资料，而这些情报资料的来源，只是出于前苏联一般报纸和期刊上那些“平淡无奇”的消息报道。

4. 充分利用公共关系

公共关系包括与各类公众的交往、展销会、信息交流会、记者招待会等。在现代化社会中，公共关系变得越来越重要，从某种意义上说，关系就是机会，关系就是信息。公共关系的主要任务，是宣传本企业的方针、政策，完善本企业的形象，进行双向沟通了解大众的意向和要求，从而为决策提供依据。同时，为使信息来源更加广泛，还须进行横向联合，互通情报，以提高企业的生产能力和竞争能力。

20 世纪 60 年代初，日本三菱重工业公司和富士软片公司联合研制造船工艺中的电子照相划线法 (EPN)。同时，日本长崎造船厂也一直煞费苦心地搞划线工序的合理化。他们引进了自动光学曲线跟踪气割机和比例放样机等设备，可是没有取得预期的效果。这个厂也研究过电子照相划线方法，以重氮作感光涂料，但是未能克服重氮带来的图像模糊、同上层涂料的密着性不良等难点。也正是这个时候，长崎造船厂听说三菱和富士在用氧化锌搞试验，因此提出互相交流情报，最后共同获得成功。

开展公共关系以获得信息的办法很多，除了横向联合、协作外，还可以通过展销会、信息交流会、记者招待会以及个别征求用户意见等办法。

5. 积极开发、兼收并蓄

信息收集要坚持一个总的原则，就是要积极开发，兼收并蓄，统览无遗。决策只有建立在这样完备的系统信息基础上，才是比较科学可靠的。

收集信息过程中的“开发”，就是通过人们的探测、采掘、试验、重整、加工、改造以及发现发明等等活动，利用自然、社会和思维领域里的资源，创造财富。因此，信息收集过程，蕴含了巨大的创造性、积极性和主动性。

一般来说，开发信息主要有下述几种情况：

(1) 常规性开发。具体又有以下几种方式：专业实践——即主要从决策对象领域的实践中去获取决策信息；采取买卖的办法鼓励人们提供信息；收集利用现成信息；定点收集；博览广授——参观展览，访问专家和知情者，查阅各种有关文献资料，坚持阅读有关报纸杂志、听广播、看电视、跑咨询、进行实地勘测等；信息追踪——发现信息线索，抓住头绪，进行追踪。

(2) 创造性开发。包括：

高能激发——对于深层的，严密隐蔽的信息，就像高能物理实验一样，把信息激发出来。

解剖分析——把不了解的系统对象解剖开来，从分析结构人手，了解系统功能，从而获得系统信息。

推理加工——从与决策不相干的信息中，经过推理，发现有用的信息。

6. 在收集信息过程中必须特别注意的问题

(1) 目的要明确。在收集信息之前必须考虑好为什么收集，干什么用，要达到什么目的，对这些问题要做到心中有数。

(2) 材料要可靠。所谓材料可靠，就是收集的信息质量要高，要有相当的可信度和精确度。

(3) 态度要求实。求实的态度，关键是要去“求”，要有一套求实的办法。如我们为了防止传输错误，应反复核对；为了防止计量错误，应反复计量；尤其重视第一手材料等，这些都是求实的办法。

(4) 视野要宽阔。信息源多种多样，这些信息源相互联系，相互渗透，交织在一起，每天都产生出大量信息。这些信息形成的巨大信息流，贯通各个领域，不能把自己局限在一个小圈子里，而要放开眼界，这样收集的信息才能量大、质高、有用、有选择性和可比性。

公司经营所必知的信息

信息管理的目的，主要是为营销主管制定经营目标提供正确的决策信息，为其实现经营目标进行有效监控提供信息。这些都要以公司具有丰富充足的信息为基础。那么，公司经营需要哪些信息呢？

1. 宏观经济信息

宏观经济信息包括国民经济发展速度、国民收入、财税收入、人口增长、行业发展、对外贸易、固定资产投资规模、信贷规模、金融状况等。

公司掌握这些情况，可以从一些相关因素中分析公司同国民经济发展的关系，来确定公司的发展方向、经营目标。例如从机械行业来看，不少公司的发展和国民经济的发展方针有关，过去是为基本建设服务的，由于国家压缩基本建设、控制银行贷款，而增加挖潜、革新、改造的资金，公司就要考虑转变服务方向，由为基建服务改为为革新、改造、挖潜服务。

2. 市场信息

市场方面的信息主要包括产品销售情况、市场变化趋势、市场结构、产品市场占有率、市场价格、市场供求状况、市场法规、地理环境、市场购买等。

任何一个公司都不能满足消费者的所有需求，而只能在市场销售中占一定的份额。所谓市场占有率，就是本公司的产品销售量在市场上与同类产品的总销售量中所占比例。市场占有率是表明公司竞争能力的一项重要指标。市场占有率不是一成不变的，它会因公司经营发展速度快于其他公司而上升，也会由于经营管理不善而下降。

市场购买力指社会购买力，包括社会集团购买力和个人购买力。社会集团购买力，取决于国家有关的政策规定。个人购买力，取决于个人货币收入，同消费者支付能力有关的还有消费结构问题，即支付能力的投向问题。这是掌握消费者需求变化的重要依据。随着经济的发展，人们收入的增加，有些人的消费已由过去满足吃饱、穿暖，转变为吃的讲营养，穿的讲时装，用的讲高级，住的讲陈设，行的讲舒适。只有切实地把握住消费的变化趋势，才能使公司更好地适应消费者的需求变化。

了解产品市场供求状况，要弄清两个方面的问题：一是产品的市场需求量，即市场有支付能力的需求量，也叫产品的市场容量；二是产品的市场供应量，即市场上某一产品可供销售的数量。只有弄清了产品的市场需求量和市场供应量，才能掌握产品的供求数量变化及其发展趋势，以指导产品的生产和销售。分析和了解市场供求状况，利于公司面对市场以销定产。

掌握消费者购买力，还要了解消费者消费心理和潜在需要。人的消费心埋很复杂，对消费品的需求，在很大程度上取决于消费者的心理因素。一个公司要时刻注意搜集这方面的信息，抓住消费者的心理变化，走到市场的前面，灵活安排生产和销售。要善于发现消费者的潜在需要。消费者的潜在需要是公司发展的源泉，凡是发现了潜在需要，并且设法满足这种潜在需要，就可以焕发公司的活力。

3. 科技信息

这是一个崇尚科技的信息新时代，在这个时代，科技成了最重要的生产力因素。一个成功的公司经营，必须是紧跟世界科技的步伐。了解和掌握科技信息成了公司经营成功的必然要求。

科技信息包括世界科技发展水平和应用程度，有关市场地区相关产品的技术水平，消费者对产品技术的接受能力，技术设计能力、工艺和设备水平、专利技术、技术诀窍、技术标准和检测手段等。

科技的发展对市场影响至关重大，从而通过市场影响公司运营，因此，公司运营必须时刻密切注意科学技术发展的新动向，了解科技的新发现、新发明、新成果，以便及时将这些科技成果运用到公司经营过程中，提高公司经营的业绩水平。

4. 竞争对手信息

“知己知彼，方能百战不殆”。“知彼”，从某种程度上说便是了解竞争对手，主要是同行的信息。竞争对手信息包括竞争对手的消费渠道、销售策略、广告宣传、销售网络、销售能力、销售收入、储运条件、售后服务、产品的开发能力、技术水平、性能、质量、产量、价值、外观、商标、信誉、未来的竞争优势，以及决策人员和销售人员的专业知识、资历、特长、习惯、技术力量的构成、经营战略思想。战略规则、战略目标、管理体制、组织结构、经营规模和能力，以及经营策略、经营管理模式、经营发展障碍等等。

这主要是分析和研究同行业的公司经营发展变化情况，各竞争对手的潜力，以及有哪些潜在竞争对手或向该类产品转产的公司，有关公司的合并及其对竞争形势的影响等。

巧妙应对打压性降价

企业面临竞争者降价的对策，当企业面临竞争者降价竞销的挑战时，需要分析竞争者降价的目的是什么，能否持久，对本企业的影响有多大，并且要及时作出反应。在市场上处于领导地位的企业面对竞争者的攻击性降价可以采取的应对办法很多：

1. 置之不理。在竞争者降价幅度较小时可采用这种方式。因为企业认为，随之削价会减少利润，而保持价格不变，市场份额损失不大，必要时很容易夺回来。

2. 保持价格不变。如果降价，损失部分利润是必然的。保持原价，虽然对市场占有率有一定的影响，却可以帮助企业日后恢复。当然，维持原价并不是按兵不动，而是要进行其他方面的修整，例如改进产品质量、提高服务水平、加强促销宣传、运用非价格竞争手段来反击对手。很多有经验的企业营销主管认为，这样做比降价更有利。但这种做法有时也会失效，因为随着竞争对手销售量的增加，会引发市场营销信心方面此消彼长的变化，因而相对市场占有率会发生变化。

3. 跟着降价。即跟随竞争者降价，与竞争者保持相同的价格水平。这也是在竞争者降价幅度较大时采用的方法。采用这种方法，一般企业认为，市场对价格非常敏感，而且竞争者降价幅度又较大，如果企业不跟着降价，就会损失太多的市场份额。降价的幅度和极限，要能使销量的增加足以维持企业原有的利润。

4. 提价。这是一种针锋相对的方法，提价的同时要提高产品的质量，并通过各种传播媒介树立优秀品牌的产品形象，与竞争者争夺市场。这种方法利用的是消费者注重品牌的心理。美国的休布里因公司曾经生产一种“斯英语夫”牌伏特加酒，其在美国的伏特加酒市场上的占有率为 23%，但它同时还在受到另一种“沃尔夫施米德”牌伏特加酒的攻击。当后者以每瓶降价 1 美元实施攻击时，休布里因公司并没有跟着对手转，而是将其产品的售价提高了 1 美元，并将由此增加的收入用于广告支出。与此同时，休布里因公司还另行推出了一种“瑞斯卡”牌的新产品与对手的“沃尔夫施米德”牌酒进行竞争，进而，又推出比对手产品更为便宜的产品“鲍波夫”牌伏特加酒。这种策略实施之后不久，对手便大败而归。显然，当市场领导者遇到攻击时，可以通过提高价格，并同时推出一些新品牌的产品来攻击对手，从而为自己的新品牌树立全新的形象。

5. 推出廉价产品进行反击。即在企业原有的产品线中增加低档产品，或另外推出一个廉价品牌，这种对策在对价格敏感的细分市场中十分有效。

当竞争者降价时，企业不可能花大量时间去调查、分析及研究对策。竞争者降价是准备已久，经过反复权衡才决定的，而企业必须在最短时间内作出最佳反应，这就要求企业的营销经理必须具备一定的实践经验。营销主管应预先准备好几种对策方案，一旦遇到竞争者降价的情况，马上按照一定程序进行反击。

站在客户的立场进行推销

美国汽车大王福特说:“成功没有什么秘诀可言，如果非要说有的话，那就是时刻站在别人的立场上。”

客户愿不愿意购买你的产品，他们认为你的产品是否值得去拥有，这些都需要你去引导他们。你不去介绍你的产品，客户是不可能认识到你的产品的价值的，要是他们没有这种意识的话，要他们掏钱购买一件对他们没有任何价值的产品，你说这会有可能吗？

所以，你就要向他们介绍你的产品，围绕着这件产品给他们带来的好处而去引导他们对你的产品产生好感。这样的话，客户掏钱才会心甘情愿。

在销售中，销售人员的开场白可以说决定着销售的成功与失败，因为客户了解销售员就是从销售员的开场白开始的，这也就是第一印象。第一印象好了，在接下来的产品推销过程中就会无往而不利，若是第一印象不好，那么客户就很难接受你的产品。

尽管我们常说不能用第一印象去评判一个人，但事实是我们自觉不自觉地就会用第一印象去评判一个人。所以，客户很多时候都是根据开场白来判断你的，从开场白中他们会决定要不要再给你机会说下去。

因此，开场白在整个销售过程中起着非常重要的作用。

乔·吉拉德是美国一位很成功的推销员。当别人问他成功的经验时，他只说了一句话，让你面对客户时的开场白特别一些。乔·吉拉德就是一个在开场白中非常注意的人，他的绰号就叫做“花招先生”。他拜访客户时，会把一个三分钟的蛋形计时器放在桌上，然后说：

“请您给我三分钟，三分钟一过，当最后一粒沙穿过玻璃瓶之后，如果您不要我再继续讲下去，我就离开。”除蛋形计时器外，他还会用闹钟，20 元面额的钞票及各式各样的花招，使他有足够的时间让客户静静地坐着听他讲话，并对他所卖的产品产生兴趣。

除了用这些器物使他的开场白独特之外，他还会在语言上下工夫。有一次他去拜访一位叫吉姆的客户，“先生，请问您知道世界上最懒的东西是什么？”吉姆摇摇头，表示猜不准。“就是您收藏起来不花的钱，它们本来可以用来购买空调，让您度过一个凉爽的夏天，但是您却让它们躺在银行的保险柜里，它们一直都在偷懒。”

这样的开场白不仅能够吸引客户的注意力，而且还能够带来轻松活泼的谈话气氛，这样一举多得的事，销售员何乐而不为呢？

所以，销售的开场白就像演讲，开场白好，就能吸引听众；开场白不好，听众对你的话也就没有多大兴趣。客户一开始就对你的话失去了兴趣，你怎么能让他在接下来的一段时间内听你讲呢？但是，要想使你的开场白出彩，也是有技巧可循的。可以从以下几个方面入手：

第一，唤起客户的好奇心，第一句话就抓住客户的心。

好的开场白是推销成功的一半。在推销工作中，推销员可以首先唤起客户的好奇心，引起客户的注意和兴趣，然后从中道出推销商品的好处，迅速转入面谈阶段。好奇心是所有人类行为动机中最有力的一种，唤起好奇心的具体办法则可以灵活多样，应尽量做到得心应手，运用自如，不留痕迹。

第二，吸引客户的注意力。

一般的客户都是比较忙的，那么走进他们的办公室，你怎样才能把他们的注意力从他们的工作中转移过来呢？有位销售人员去推销产品，他一进门就自我介绍：“我叫某某，是某某公司的推销员，我可以肯定我的到来不是为你们添麻烦的，而是来与你们一起处理问题的，帮你们赚钱的。”然后他问公司经理：“您对我们公司非常了解吗？”他用这个简单的问题，主导了销售访谈，并获得了客户的全部注意力。

第三，找到和客户有话可说的共同话题。

你去拜访一位陌生的客户，一定要根据他们不同的身份、角色来找到和他们之间的共同话题，这样你才能走近他们。两人说话最怕说不到一块儿，到时候会闹得不欢而散，所以，你要想获得客户的好感，进而拿下客户的订单，那么你就得找到你与客户都有话可讲的话题，这样你们才能有一次愉快的交谈。

第四，找出产品能为客户提供价值的所在。

开场白要达到的目标就是吸引对方的注意力，引起客户的兴趣，使客户乐于与你继续交谈下去。所以在开场白中陈述能给客户带来什么价值就非常重要。可要陈述价值并不是一件容易的事，这不仅仅要求销售人员对自己销售的产品或者服务的价值有研究，并且要突出客户关心的部分。因为，每个人对一件物品的价值是不同的，同样购买一件衣服，有的人考虑的是衣服的款式，有的人考虑的是衣服的质量，有的人考虑的是衣服的品牌，等等，所以，如何找出客户最关注的价值并结合陈述，是开场白的关键部分。

第五，用真诚去打动顾客。

一个精明干练的销售高手，在进行自我介绍时，往往不是单纯地传达自己的意见，而是全力地关心对方。倾听对方的话语，并适时表示赞同，才能获得对方的信赖，而使对方想听你述说。销售就是贩卖信赖感，为了使对方听你的自我介绍，向对方表达你的关心是不可或缺的条件。

第六，用“证人”为你说话，从而获得“第三者”的支持。

客户都有从众心理，你如果告诉他已经有什么人买过你的产品了，那么客户的注意力一下子就会被你吸引过去。

贝特格每卖出一份保险，都会让买主在收据上签名，然后他把这些收据影印一份，放入一本准备好的专门收藏这种收据的小本子里。每次在与客户交谈时，贝特格都会把这个小本子拿出来，然后他找到这个小本子里的一位“证人”，并拨通这位“证人”的电话，这位“证人”有可能是客户的邻居，有可能是客户的朋友，于是贝特格就让客户和“证人”谈，因为贝特格的小本子上也有证人的签名，所以客户也很乐意和这些“证人”交谈。于是，贝特格的生意总是在这些“证人”的帮助下完成的。

第七，不管客户是否购买你的产品，你都要对客户表示感谢。

当销售人员敲开客户的门见到经过预约即将拜访的对象时，马上称呼对方，进行自我介绍并立即表示感谢。目前销售人员普遍的表现是忽视了向客户立即表示感谢这个重要的细节。因为是第一次拜访，给客户留下一个客气、礼貌的形象有利于客户对你迅速产生好感。况且对客户表示感谢也并不会花去你的任何成本，但是带来的效果却是显著的。

卖产品就是卖价值

卖不出产品怎么办？客户没有需求怎么办？

一句话，去创造需求。

如何才能使你的销售业绩大幅度地提升，仅靠被动的销售行吗？只等客户上门行吗？

不行，你要想拿到更多、更大的订单，你就必须主动出击，寻找更多成交的机会。如果没有机会，就要创造机会。所有的销售高手和金牌推销员，都是寻找成交机会和创造交易机会的行家里手。

和尚需要梳子吗？不需要，可是就是有人把梳子卖给了和尚。

非洲赤脚部落的人需要鞋吗？不需要，可是就是有人让这些人穿上了鞋。

布什总统需要斧子吗？不需要，但是就是有人把斧子卖给了总统。

所有的销售员都应该知道，卖产品就是卖价值。一件没有价值的产品要想获得客户的青睐，那是天方夜谭。上面这些话语都是销售员从产品价值的角度来向你展示他们的产品，比起他们向你说“我们的产品美丽、时尚、性能优良”起来，肯定更能打动你的心。

一位推销闹钟的销售员向客户介绍道：

这是我们公司最新生产的多功能闹钟，这种闹钟能够摆在写字台上，让您工作时对时间一目了然。它还具有备忘功能，比如您的家人或者朋友的生日，只要您提前设置好，那么这座闹钟就会在设置好的时间提醒您注意。同时，它还能折叠，非常方便，就是您去旅游，也能折叠起来放在您的包里。并且这种闹钟还有计算功能，拥有了它，您就不需要再买计算器了。此外，这种闹钟还拥有 30 种悦耳的铃声，您可以根据您的喜好随便选择。

有这样的介绍和产品，你会买吗？相信你会买的。

身为销售员，不管你用什么方法去接近客户，也不管你用什么方法消除客户对你的怀疑，最后客户购买的还是你的产品，要是你的产品不能满足客户的需求，不能为客户带来价值，那么客户再怎样地信任你，那也只能是朋友，也不会购买你的产品。

因此，在客户消除了对你的某些疑虑之后，你接下来要做的就是要把你的产品的价值告诉给客户，你必须要让客户知道，购买你的产品或服务能够带给他们哪些好处，相对于其他竞争产品来说，你的产品具有怎样的优势，而这种优势又是正中客户下怀的。

约翰·伍兹说：“如果没有用途、价值或服务等相关的好处，客户是不会购买你的产品的。因而销售人员的工作就是让客户相信，这种产品是绝对不会令他们失望的。”

所以，你要向客户去推销你的产品价值。

“采用先进工艺制造的这款手表，无时无刻不在彰显您的品位。”

“这种设备操作方式极其方便，可以使您在任何时候都迅速而有效地创造效益。”

“这种电脑方便携带到任何地方，您无论是办公用还是出差用都相当轻便。”

从这些方面来引导客户，比起你说一大通产品的特点，要有效得多。

戴维·考珀之所以能成为世界顶级保险营销大师，就因为他有他独到的方法，他向客户推销的就是产品的价值。在推销保险之前，戴维·考珀是做涂料生意的，戴维·考珀知道，客户购买的不是涂料本身，而是涂料带给他们的价值。

一天，一位名叫诺维茨基的客户打电话给他，想从他那里购买一些涂料，戴维·考珀对他说：“诺维茨基先生，您的电话打得非常有价值。我们的涂料，你刷上墙之后，会给你带来一种很奇妙的感觉，它的光亮简直不可想象，恐怕没有哪一种涂料能与它相比。这种涂料的光泽能够保持好几年，而不是几个月。更重要的是，它能保护墙皮，涂上这种涂料，就算几年之后，也会使墙壁光亮如新，不会出现裂痕。”

“恩，那就给我来一些吧。”

戴维·考珀之所以能打动客户，就是因为他推销的是产品的价值，而这种价值却恰好又是客户所需要的。

因此，我们在销售中所要做的就是要把产品对客户的价值推销给客户，这样你才能拿下订单，但是具体要怎样去做呢？

第一，把产品的特点转化为产品对客户的价值。

在销售中，销售员往往会遇到这样的情况：当自己口干舌燥地向客户介绍了一大堆产品的特征之后，客户脸上仍然是一副无动于衷的表情，当你停止介绍向客户询问意见时，他们的回答可能是："那又怎么样？"或者是："这对我来说有什么意义？"

之所以会出现这样的情况，就是因为销售员在介绍产品的时候，没有把产品的特点转化为产品对客户的价值，所以客户就不会对这些特点产生深刻的印象。如果销售员在解说的时候，能够把产品的特征转化为产品对客户的价值，客户就会被这些价值所打动，就算没有打动客户，至少他们也会知道，这种产品是可以令自己的某些需求得到充分满足的。

第二，推销价值也必须有的放矢。

产品之所以为客户所需要，是因为这种产品确实是客户所必须的，如果客户根本就不需要你的产品，那么你的产品再有价值，也不会引起客户的购买兴趣。一位推销笔筒的销售员来到一家科研公司，他对该公司的总经理说："您看这款笔筒的造型多可爱呀！如果把它放在您公司员工的办公桌上，那将是一道多么优美的风景线！我想整个办公室的气氛也会因这个小小的笔筒而变得更加活跃的。而且现在购买的话，我们公司将会优惠 20%。毫不夸张地说这种笔筒是目前市场上难得的真正物美价廉的好产品。"

该公司总经理在耐心地听完销售员的讲述之后说道："对不起，我们公司一向提倡严谨务实的工作作风，而且我们公司一向都从实力雄厚的供应商那里直接采购。所以，我们不需要贵公司的这种价格低廉、造型滑稽的产品。"

选择性跟随战略

选择跟随，指的是跟随者在某些地方紧跟领导者，而在另一方面又自行其是。换句话说，它不是盲目跟随，而是择优跟随，在跟随的同时注意选择自己的独创性，但不与领导者进行直接的竞争。

并非所有的位居第二的公司都会向市场领先者挑战，领先者在一个全面的战役中往往会有更好的持久力，除非挑战者能够发动必胜的攻击，否则最好追随领先者而不要攻击领先者。

“意识平行”形式在资本密集的产品行业，如钢铁、肥料和化工中是常见的。产品差异化和形象差异化的机会更低；服务质量经常相仿；价格敏感性很高，价格战随时都可能爆发。这些行业反对攫取短期市场份额的做法，因为这种战略只会招来报复。大多数公司不互相拉走顾客，它们经常效仿市场领先者，向购买者提供相似的供应品。市场份额显示着高度的稳定性。

市场追随者策略研究的基本过程

首先，了解游戏规则是怎样形成的，将怎么样变化，通常这就是政策研究和环境研究的结论。其次，在知道有关的游戏规则的情况下，根据指数位置、筹码分布和资金特点来推断资金的行为会怎样？特别是市场影响者的行为会怎样？然后决定如何追随，如何利用？

一个市场追随者必须知道如何保持现有的和如何争取有新顾客参加的令人满意的市场份额，每一个追随者要努力给它的目标市场——地点、服务、融资——带来有特色的优势。追随者是挑战者攻击的主要目标，因此，市场追随者必须保持它的低制造成本和高产品质量或服务。当新市场开辟时，它也必须进入。追随战略并非是被动的或是领先者的一个翻版，追随者必须确定一条不会引起竞争性报复的成长路线。

美国艾飞斯出租汽车公司长期以来一直不屈不挠地同市场领导者赫兹出租车公司一争高下，结果年年失败，年年亏本。后来，公司改变了竞争策略，由进攻改为追随。公司制作了一条特别的广告，叫做“屈居第二”。这就一下子缓和了与“第一”之间的矛盾，更重要的是使人看到了它坦率诚实、虚心学习及迎头赶上的态度。在经过连年的赔钱之后，这一年公司赚了120万美元，从此以后，利润滚滚而来。

茅台酒过去一直供不应求，但是到了20世纪80年代后期，茅台酒遇到了“内忧外患”。一方面，全国白酒价格全部开放后，白酒的销售跌入了低谷，茅台酒自然受到影响。另一方面，众多的名牌洋酒涌人国内，大城市的消费者趋之若鹜，这使茅台酒面临更为严峻的局面。贵州茅台酒厂避其锋芒，采取有选择跟随的方针，继与威士忌合作生产之后，又与法国轩尼诗公司签署共同发展合作意向书。茅台酒厂通过与世界酒业领导者联袂的形式，主动向它们学习，把茅台酒的生产工艺与威士忌的生产工艺相结合，生产了“茅台威士忌”，使该产品既有茅台酒的风格，又有威士忌的品味，成为世界两大名酒的完美融合。紧接着茅台酒厂又开始研制开发“茅台白兰地”。这一切标志着作为我国白酒行业的惟一一家国家一级企业，茅台酒厂跨入了一个历史发展的新阶段。

英国戴安娜王妃的穿着可以说是领导世界妇女服饰的新潮流。有人统计过，在1998年2月至7月的160天时间里，她在公开场合露面109次，却至少穿过374套不同样式的服装。于是，有一家时装公司就专门仿制王妃的服装，销量极大。戴安娜穿过一种织有一只小羊的羊毛衫，很快这种毛衣款式风靡英国，厂家销售总额达到100多万美元。戴安娜穿过一种平跟鞋，另一家公司仿制了这种皮鞋，销售总额竟高达6300万美元。

市场追随者还有一种方法是“拿来主义”。当市场领导者开发出新的产品、新的技术与工艺时，追随者迅速将其先前过时的东西拿出来，为我所用，去占领自己的目标市场。这种“拿来主义”并不会招来领导者的报复行为，因为这些“拿来”的东西正是它所要淘汰的。

日本可谓是空调器的生产王国。日本的家用空调器的发展经历了“窗式—壁挂式—窗式”的循环过程。起先使用窗式空调器久了，就感觉到噪音比较大，于是就发明了壁挂式。它和柜式空调原理一样，压缩机放在室外，噪音也随之移到室外，室内只留冷风主机送风口，室内噪音大大降低。然而壁挂机没盛行多久，日本的用户又发现，因室外压缩机与室内主机的连接管过长，加之管口的连接螺丝密封性难以保证，造成氟利昂漫漏现象，几乎每年都要加一次氟利昂，而窗机一次灌满可用十年而无需重加。于是，日本人很快淘汰了壁挂机，研制出省力、低噪音的新一代窗式空调,不仅节省了一次性购买开支,还节约了每年的灌装费用,同时又减少了因氟利昂的渗漏对大自然臭氧层的破坏。

但是，20 世纪 90 年代初，在日本已经基本淘汰了的壁挂式空调变成了中国家用空调的时髦产品。中国的厂家从日本大量购进散件加以组装，上海率先掀起了壁挂式空调热。日本生产厂家则如获至宝，赶紧将自己闲置的壁挂式空调的模具及整条流水线再翻出来运往中国。国内厂家争相效仿与引进，一时间全国掀起了一股壁挂式空调的生产和销售的热潮，至今仍方兴未艾。跑在前面已形成一定生产规模的市场追随者们都尝到了甜头，获益不浅。

市场追随者虽然占有的市场份额比领先者低，但它们可能赚钱，甚至赚更多的钱。它们成功的关键在于主动地细分和集中市场；有效地研究和开发；着重于盈利而不着重于市场份额以及有坚强的管理当局。

总之，占有市场份额不多的企业，只要能成功采取追随策略，就能很好地借鉴市场领导者的长处，节省自己的时间与资源，少走弯路，以有限的资源发挥出最大的效益。这样，不但可以避免被对手淘汰，而且还能踏实、稳固地发展自己。

营销主管的战略调整

作为一名营销主管，不能把全部的精力都投入到眼前的经营上，而应在部署好自己公司的经营战略的同时密切注意竞争对手的经营战略的调整，站得高才能看得远。

首先说一下何为一个战略群体。一个战略群体就是在一个特定目标市场中推行相同战略的一组企业。一个公司需要辨别与自己竞争的那个战略群体。通过竞争对手现行战略的确认，可以了解竞争者现在在做什么和将来能够做什么。在分析竞争对手的未来目标和假设的基础上，进一步分析其现在如何参与竞争，从而决定企业自己的具体行动。竞争者的战略取决于竞争者的竞争目标和在市场中的位置。围绕着竞争者是否具有一个持续一致的战略发展方向、是否长期集中于降低成本、长期致力于产品及服务的差异化，或是否通过市场开发、产品开发来保持战略的一致性等问题开展信息的搜集，经过进一步的分析，确认竞争者的战略。

竞争者之间可能采取各不相同的策略，也可能采取类似的策略。竞争企业采取的竞争策略越相似，市场的竞争程度就越是激烈。因此，企业应不断审视竞争者的策略，并相应调整自己的策略，以变应变。

假定一个公司需进入电视机行业，其战略群体是谁？公司根据产品质量和价格研究发现，主要竞争者有索尼、东芝等由国外生产商组成的第一集团；有长虹、康佳、TCL等主要由国内生产商组成的第二集团；以高路华为代表的国内生产商组成的第三集团。通过对这些战略群体的辨别可以发现一些重要的情况。首先，各战略群体设置的进入障碍的难度不尽相同；其次，如果公司成功地进入一个组别，该组别的成员就成了本公司的主要对手。

一个公司必须不断地观测竞争者的战略，富有活力的竞争者将随着时间的推移而修订其战略。例如，当美国的汽车制造商注重质量时，日本的汽车制造商又转移至知觉质量，即汽车及部件更好看和感觉更好。

在市场竞争中，企业最直接的竞争者是那些用相同战略追逐相同目标市场的企业。例如，一个企业想要进入大型家用电器行业，假定该行业的两个主要战略措施是质量形象和纵向一体化。该企业发现市场上存在四个战略群体：战略群体 A 包括一个竞争者，战略群体 B 包括三个主要竞争者，战略群体 C 包括四个竞争者，战略群体 D 包括两个竞争者。通过分析这些战略群体可以发现一些重要情况：首先，进入壁垒的高度在各战略群体间是有差异的。这家新企业会发现进入群体 D 较容易，因为它在纵向一体化、质量形象以及声誉方面投资较少。相反，企业会发觉进入群体 A 和群体 B 最为艰难。其次，如果企业成功地进入了某一群体，该群体的成员就成了它的主要竞争者。因而企业如果进入群体 B，它就应具有实力与群体 B 的三个企业抗衡。如果它想成功，在进入时就要具备一些竞争优势。

尽管在一个战略群体内部竞争最为激烈，但群体之间同样存在着竞争。首先，一些战略群体可能会出现顾客群体相互交叉的现象。例如采取不同战略的大型电器制造商都可能向公寓承建商兜揽生意。其次，顾客可能看不出它们所提供的产品有什么差异。再次，每个群体可能都想扩大细分市场的范围，特别是企业在规模和实力上都大致相等而且群体间流动壁垒较低时更是如此。

每个竞争者都应当对战略群体进行更全面的分析，除了从质量和一体化两个方面识别一个行业内的战略群体外，企业还可以从其他方面包括技术复杂程度、地域范围、制造方法等识别行业内的战略群体。同时，每一个企业都需要更详尽地了解每个竞争者的产品质量、性能和组合、顾客服务、定价政策、分销覆盖面、销售人员战略、广告和销售促进方案，以及研究与开发、制造、采购、财务和其他战略等等。

市场竞争实践证明，一个企业必须不断地研究其竞争对手的战略，并随时间的变化而修正它们的战略。例如，美国福特汽车公司是早期市场胜利者，因为它成功地实现了低成本生产和销售。然而，由于通用汽车公司对市场有关品种变化的新期望作出恰当的反应，从而超越了福特公司，成为汽车市场的领导者。之后，日本公司生产出能节省汽油的汽车，又取得了市场领先地位。日本公司接着转而生产具有高度可靠性的汽车，当美国汽车制造商正在质量上进行追赶时，日本汽车制造商又转到感觉质量上，即追求在汽车和各种组成部分的感观和感觉上制胜。很显然，企业必须对顾客欲望的变化和竞争者战略的重新设计保持警觉，并满足这些显现的愿望。

第 5 章 产品营销决策部署

产品是市场营销组合首要和基本的要素，企业与市场联系的重要载体，是企业经营的核心。当代社会高科技发展迅速，产品更新换代速度加快，企业的成败越来越与企业能否生产出能够切合消费者需要的产品相联系，产品营销已经成为企业营销的基础。

产品三大属性

产品或服务传递给消费者的利益即产品的核心利益层，主要是通过产品的三大属性提供给消费者的，它们分别是质量、特色和设计。

1．产品质量

质量是产品的一个重要属性，也是产品差异化的一个重要因素。产品品质有两个要素，即水平和一致性。营销人员首先要选定一个可以支持其产品在目标市场中的定位的质量水平，包括产品的整体耐用性、可靠性、精确性、容易操作和维修，以及其他有价值的属性。

除了质量水平之外，高质量指高度的质量一致性，也指无缺陷及提供特定质量水平的一致性。所有厂商都应努力追求高度的质量一致性。譬如，一个普通冰箱的质量水平固然比不上海尔冰箱，但是普通冰箱的质量一致性也可以和海尔冰箱一样好。

质量必须从消费者的角度来评估和确定，也就是说，营销学刻画的是“市场驱动质量”，而不是“工程驱动质量”，即是适用质量，而不是性能质量。专家这样定义产品的质量：产品质量是指符合标准质量，即没有产品缺陷，以及目标性能质量标准的前后一致性。为此，专家特别强调，企业的产品不一定要追求最高质量，但质量必须反映出消费者对其认可和接受的程度。也就是说，凡是对消费者来说没有起到相应作用，或者是对消费者来说没有体现出合理的消费价值的产品质量，无论是符合哪种质量标准的产品，都是无意义的。

2．产品特色

产品特色是产品区别于其他企业产品的工具。大多数的产品都可在原始的产品之外，添加一些额外的特性，以满足不同顾客的需要，增加产品的吸引力。譬如，一部洗衣机除了基本的功能之外，生产商通常可依据顾客的需要提供全自动、半自动等可供顾客选择的特性。专家认为，抢先推出一种有用并有价值的新特色是最有价值的竞争方法之一。

3．产品设计

独特的产品设计也可增加顾客的消费价值。专家认为，不能把设计与式样混为一谈，事实上设计是超过式样的。式样只描述产品的外观，强调让人看起来赏心悦目而已，但不一定会增进产品的功能。在某些情况下，式样甚至可能中看不中用，会削弱产品的功能。但产品设计不但重视产品的外观，也重视产品的用途。良好的设计可以增加产品的美观，使产品更能吸引注意，增强产品的功能，有时还能降低成本，并可向顾客传达较高的产品价值感，让产品在目标市场中具有更大的竞争优势，是产品差异化的重要工具之一。

产品系列和产品组合决策

产品系列决策

产品系列又称产品线，是指技术上和结构上密切相关的一组产品。

专家认为，产品系列决策最主要的是产品系列长度。产品系列长度是指产品系列中产品项目的多寡。如果增加一些产品项目可以提高整个产品系列的利润，可能表示产品系列太短；如果减少一些产品项目可以提高整个产品系列的利润，可能表示产品系列太长。

如何才是产品系列的适宜长度，要看公司的目标而定。如果想要成为一个产品系列齐全的公司，或者要求较高的市场占有率和市场成长率，那么产品系列的长度通常就该长一点，即使有些产品项目未达到适当的利润水平可能也在所不惜。如果公司比较重视短期获利率，或较不在乎公司在产业中的市场占有率，那么产品系列就可短一点，通常只要包括那些较赚钱的产品项目就行了。

另外，产品系列长度也常会因产品生命周期的演进而有所变化。在产品成长阶段，由于市场成长快速，但竞争逐渐激烈，为扩大市场占有率，往往需要增加产品项目，使产品系列增长，一直到成熟期、衰退期以后，由于市场饱和，利润减少，产品项目会逐渐减少，使产品线愈来愈短。

专家提醒企业要注意管理产品系列，对此，他提出了两种增加产品系列长度的方法，产品系列延伸和产品线填补。

1. 产品系列延伸

企业的产品线通常只在某个范围内扩展。产品线延伸意指加长产品线，使其超出现有的范围。

专家指出产品线延伸有向下延伸、向上延伸和双向延伸等 3 种不同的方式。

(1) 向下延伸。企业决定将其产品线向下延伸，在市场上推出比较低端的产品。其原因包括：

①高端产品受到攻击，因此决定以牙还牙，发展较低端的产品。

②发现较低端产品的成长速度较快，因此决定向下延伸。

③企业原先发展高端产品只是要树立品质优良的形象，因此一旦时机成熟，就向下延伸 产品线。

④企业增加一些较低端的产品，以弥补市场防线上的漏洞，避免吸引新的竞争者进入市场。

但是，向下延伸会使企业面临一些风险：

可能会使原来高端产品的市场更加缩小；可能促使竞争者转向高端

和新产品的开发；中间商可能不愿意经营低端的产品。

(2) 向上延伸。企业原来生产低档产品，后来决定增加高档产品。主要原因包括：

①高档产品畅销，销售增长较快，利润高。

②企业估计高档产品市场上的竞争者较弱，易于被击败。

③企业想使自己成为生产种类全面的企业。

采取向上延伸决策也具有一定的风险，表现在：

①可能引起生产高档产品的竞争者进入低档产品市场进行反攻。

②顾客可能不相信企业能生产高档产品。

③企业可能需要培训或物色新的销售人员。

(3) 双向延伸。原先定位于中档产品市场的企业掌握了市场优势以后，决定向产品大类的 上下两个方向延伸，一方面增加高档产品，另一方面增加低档产品，扩大市场阵地。

2. 产品线填补

另一种增加产品系列长度的方法是产品线填补。填补是指在现有的产品系列范围内增加新的产品项目，但专家提醒企业，采取这种方法时，要确定新产品与原有产品明显不同，否则会导致企业产品自相冲突并会使顾客感到迷惑。

产品组合及其评估

产品组合也称产品搭配，是指一特定厂商所销售的所有产品线或产品项目。

专家指出产品组合的四大要件：广度、长度、深度和相关性。

产品组合的广度是指公司拥有的产品线数目，长度是指公司所销售的产品项目的总数，深度是指产品线中每一产品有多少种变形，相关性则是指产品组合中各产品线在最终用途、生产技术、分销渠道或其他方面的关联程度。

产品组合的这 4 个因素有助于公司的产品策略。公司可从四方面来扩展其业务：

(1) 公司可增加新产品线，因而增加产品组合的广度，使新产品线借助公司其他产品线的声誉而有可能兴盛。

(2) 公司可以加长目前的产品线，成为产品线更完整的公司。

(3) 公司可增加各产品的变形，以加深其产品组合。

(4) 公司可追求较关联或较不关联的产品线，这要根据公司是否要在单一领域或在若干领域中建立强有力的声誉而定。

开发新产品及其主要流程

新产品开发的风险是很大的。高层经理可能会不顾市场调研已作出了否定的报告，强力推行他喜爱的产品构思；也可能构思是好的，但是对市场规模估计过高；也可能实际产品并没有达到设计要求；也可能产品在市场上定位错误，没有开展有效的广告活动，或对产品定价过高；有的时候，产品的开发成本高于预计数，或者竞争对手的激烈反击超出事先估计。

一般来讲，成功开发的新产品具有以下特征：

(1) 相对优点突出，新产品相对于市场原有的产品来说具有独特的长处，如性能好、质量高、使用方便、携带容易或价格低廉等等。

(2) 适应性强，新产品必须适应人们的消费习惯和人们对产品的观念。如试制幼教系统用电子琴，就要使产品适用此系统使用者的使用习惯和产品观念。

(3) 利于保护环境，新产品属节能型，或对原材料的消耗很低，或者有利于保护环境，对“三废”、“三害”的消除有效。

(4) 时代感强，新产品能体现时代精神，培植和引发新的需求，形成新的市场。

(5) 多功能化，使新产品具有多种用途，既方便购买者的使用，又能提高购买者的购买兴趣。

(6) 人体工程化，对生活消费品要更多地考虑这一点。

(7) 简易化，尽量在结构和使用方法上使使用者方便和容易维修。

(8) 微型化、轻便化，在保障质量的前提下使产品的体积变小、重量变轻，便于移动。

以上几方面是对企业发展新产品的要求，也标明了今后新产品的发展趋向。

对于企业来说，新产品开发成功的最根本保证主要要做好两个方面：

1. 必须进行细致的市场调查

一项调查表明，相比于竞争者有更高优势的产品成功率为 98%，较占优势者有 58%的成功率，稍占优势者为 18%成功率。可见，一项新产品的开发必须首先仔细地界定和估计目标市场、产品要求和利益，这就需要进行深入细致的市场调查。

2. 要有可靠有效的组织保证公司在处理新产品开发中有以下几种方法：

一种是把新产品开发工作交给它们的产品经理们。这种制度有缺陷。因为产品经理们很少有时间考虑新产品；同时，他们也缺乏开发新产品所需的专有技能和知识。

一种是在公司内部设有属产品经理领导的新产品经理职位。一方面，这个职位使得开发新产品的功能专业化；另一方面，新产品经理的工作局限于他们的产品市场范围的产品改进和产品线的扩展。

一种是组建一个高层管理委员会负责审核新产品。

一种是常设一个新产品部，该部的主管拥有实权并与高层管理当局密切联系。其主要职责包括产生和筛选新构思，指挥和协调研究开发工作，进行实地试销和商品化。

1．提出目标，搜集“构想”

新产品的“构想”是在企业战略基础上开发的。也有人称为“创意”或“设想”。

新产品“构想”从哪里来，主要来源有购买者(包括消费者和工业用户)、专家、批发商、零售商、竞争者、企业的营销人员及各级决策人员。

2．开发概念

产品设想是指企业准备推向市场的可能产品，这种作为企业希望提供给消费者的可能产品的构思必须要经过反复的筛选，优选出好的构思进一步开发，及时剔除那些不能达到预期经营目标或虽能达到目标而企业力所不及的、不经济的产品构思。产品构思的筛选一是要防止误舍，即对好的构思没有认真分析，轻率放弃；二要防止误用，对不好的构思错误地估计该产品的发展前景，轻率采纳。

消费术语表达的精心阐述的构思。消费者不会去购买产品构思，他们要买的是产品概念。一个产品构思可以通过不同的具体化转化成几种产品概念。营销者选用何种产品概念，就必须对有不同偏好的细分市场的规模进行研究。

3.财务分析

这主要是测算、估计新产品的销售量，成本与利润，以及投资收益率等，判断它是否符合企业的目标。这对企业决策十分重要。

有的企业在这阶段就初步拟定了营销组合策略的方案，如产品的结构，目标市场，消费者购买行为及新产品的市场定位；产品的定价，销售渠道策略，短期的销售量的预计及销售费用的预算；预计长期销售量和各个阶段的利润目标及销售策略。这种分析即财务可行性分析。

由于营销环境的不确定性，在财务分析当中，最复杂也是最重要的一部分是风险分析。上述的测算和估计都应该对其可能出现的结果进行预测，可以简单地进行三种估计，乐观、悲观和最可能，采用何种估计则视公司战略而定。

4. 试制生产

这是指新产品在正式投产前的试验性生产。进行试制生产，可以避免因设计和工艺的缺陷未经发现就正式投产所造成的人力、物力和财力上的浪费。试制生产又分为样品试制和小批试制。样品试制是通过一件或几件样品来验证产品的结构、性能、主要工艺以及设计图纸和设计质量的可靠性和合理性，使产品设计基本定型；小批试制是在样品试制完成后，根据成批大量生产的要求，考核产品的工艺、验证图纸的工艺性、工艺文件和工艺装备，然后在生产线上试制出一小批产品来试验和调整所设计的工艺规程和工艺装备，为成批大量生产做好必要的技术准备。

试制的新产品必须通过鉴定，从技术、经济和生产准备等方面，对新产品作出全面评价，以确定可否进行下一阶段试制或成批大量生产。鉴定的内容一般包括：检查工艺产品的结构、性能、工艺性及对产品进行技术经济分析等。

5. 市场试销

这一阶段并非必须的，但对于高风险产品或具有新奇特点的产品，市场试销是必须的。市场试销的目的是了解消费者和经销商对处理、使用和再购买该实际产品有何反应，以及该市场容量有多大。通过市场试销能够获得有价值的信息，如购买者、经销商、营销方案的有效性、市场潜量和其他事项等。

6. 正式销售

新产品决定进入市场后，企业就必须建立或租赁一个全面的生产制造设施。并抓住时机进行推广，把新产品引进市场并达到使消费者普遍接受的目的。这一阶段主要考虑四个方面，一是何时引入，介人时机的好坏影响企业是否能够达到预期的效果. 如有的产品具有季节性，在淡季推出，企业将遭受不必要的损失。二是推向何地，即销售面的问题，是推向单一地区，还是面向区域。三是目标市场的再确定，在新产品开发时所确定的目标市场可能跟实际的购买者不相吻合，此时公司就应对目标市场再重新界定，以寻找最有希望的顾客群体。四是导入策略，这主要指的是公司把新产品引入市场的实施计划，主要是在营销组合中如何搭配，分配营销预算。

产品说明三段论

产品说明的三段论首先是陈述产品的事实状况，其次是对这些事实中具有的性质加以解释说明，最后再阐述它的利益及带给客户的利益。熟悉这种介绍产品的三段论法，能让你的产品说明变得非常有说服力。

产品说明三段论法，看起来非常简单，实际上能把产品介绍得很成功的销售人员，都是经过长期的练习，才养成有效的三段式说明习惯。

1. 事实陈述

所谓事实状况是指产品的原材料、设计、颜色、规格等，用眼睛能观察到的事实状况，也可以说明产品的一些特征。产品本身所有的事实状况或特征，不管你如何说明，都很难激起客户的购买欲望。例如当我们销售一把六角形手柄的槌子时，若我们对客户说：“这把槌子的手柄是六角形，因此是好的槌子。”“不错吧！请买一把！”像这样只停留在介绍产品的性质上是很难把产品销售出去的。

2. 解释说明

为什么六角形手柄的槌子就好呢？这点你要详细地说明出来。经过解释说明的阐述后，构成产品的每个性质或特征，具有的意义或功能，就应很清楚地让客户了解。例如刚才六角形手柄槌子的例子，你应将手柄为六角形的特征转换成“因为手柄是六角形，握起来较牢”等较有意义的话语。

3. 客户利益

接着的最后步骤，要说明利益这部分，也就是在我们向客户陈述了事实及解释——六角形手槌握得较牢后，接下来要强调究竟握得较牢会带给客户哪些利益，哪些好处。例如这个例子可强调握得较牢，客户钉钉子能钉得较准，不会把钉子打歪，同时也较能使得上力，不易疲劳。

说明利益的部分能和你在实践中发掘出来的潜在客户关心的利益点一致，你就能称为一位利益销售者，这是成为顶尖销售人员的唯一途径。

三段论式的产品说明手法，有两个重点。一个是用三段论的说明方法，另一个是你对产品知识要有充分的了解。

三段论手法的步骤，最初说明产品的性质及特性，接下来阐述及解说它的意义，最后才诉说它的长处及优点。这 2 个步骤是展开产品说明的大前提，因此能够列举说明产品特性愈多的销售人员，愈能战胜对手。销售重点是从产品知识引申出来的，因此销售人员平常就应该在对此产品的了解上多下工夫，尽可能深入地发掘、了解产品的性质。

从上面的说明，我们可以得到一个结论，三段论手法威力强的关键点有两个：一个是“竞争力”，即越是能够多列举产品特性的销售人员，越能战胜竞争者；另一个是“销售力”，对第二步骤解释说明及第三步骤客户利益越是能巧妙地阐述的人，越是具有销售力。

演练三段论法时，你必须懂得运用三个连接词。例如在进入第一个步骤（提示产品的性质及特性）后和在进入第二步骤前，可用“因而……”来接着说明产品性质的意义，最后再用“因此……”或“也就是说……”来阐述产品的优点及下结论。三段论在实际销售时的应用较复杂，因此希望你能经常地练习，尽可能地多列举一堡实例，逐项地引申出第二步及第三步，这样必能提高你的说明能力。

充分利用图片讲解法

我们身体上负责接收外界事物的器官，以视觉、听觉、感觉和味觉为主。研究分析显示，在这四个接收器官中，以视觉为最重要。如果销售人员只是凭嘴巴向客户介绍的话，效果是有限的。这不是我们表达得不够好，而是对方接收能力有限罢了。所以图片讲解法很有其存在的必要性。

如果要增加业绩，最有效的方法是以客户的眼睛为主。因为视觉的反应，比之听觉，其接收能力竟达五倍之多。就因为这个原因，电视广告比之报纸广告效力要高出数倍，当然价钱也高得多。

因此，如果要促进客户购买，单是靠嘴是不够的，而且效果也未必大，如果你能够善用图片，效果便会显著地增加。“百闻不如一见”便是这个道理。

运用图片解说与客户交往，是非常有效的。因为客户的心态，最怕被人牵着鼻子走，即是最怕被销售人员指东指西。销售高手，总是让客户发觉产品的好处。所以，图片是胜过说话的。除此之外，善用图片去介绍产品，还有很多好处。

1. 给客户留下深刻印象

根据经验，第一印象是很重要的。如果我们能够在最初的 15 分钟抓住客户的情绪，我们便可以控制他以后的时间。当你运用图片去说明的时候，你的说话是顺畅的、肯定的，同时，又能生动活泼地吸引客户的目光。如果单凭一张嘴说，你的眼神很难集中，甚至是犹豫的，语气不那么肯定，同时节奏又比较难把握，令人难以跟随。

我们的目的是为了达成交易，如果销售过程顺利，客户便会在整个步骤引导下而签定合约或直接就签支票了。如果在销售过程中出现阻滞的话，客户便会借口考虑，他日再来。于是浪费了时间，而且难度又增大。对销售人员来说，最珍贵的就是和客户在一起的时间，晚点睡觉都没关系，就怕客户不给时间，或者给了时间却因为自己的能力而抓不住。

2．增加客户参与感

如果整个销售过程只是你一口气地讲，客户除了应几句之外，则只能呆呆地听你讲，参与的机会太少。但如果使用图片去辅助的话，客户便可以趁着转换图片的时间消化吸收。同时也可以用手指点和提问，积极地参与到你的讲解过程。另一方面，观看图片听讲解的压力小，舒适自然，有利于双方的交流。

3．让客户容易明白

用图片解释的时候，销售人员只是介绍产品，并不是攻击型的销售，让客户感到真实可信。如果客户从感观之中发觉产品是好的，他便会自己向自己解释，“试试也无妨”。但如果只是销售人员单方面介绍产品的话，客户通常会双手抱胸或两只手交叉在一起，表现出一种抗拒的心态。纵使销售人员将产品讲得天花乱坠，客户心中仍会有疑问：“真的有这么好？”于是乎，整个销售过程便大打折扣了。

客户确定购买的过程，实际上是出于感情上的冲动，并不是出于理性的分析。成功的销售人员，最会打动客户的心，让客户产生一种拥有的渴望。失败的销售人员，往往钻牛角尖，误导客户往死胡同里钻。

我们来看这样一个例子：当钢琴最初发明的时候，琴商很渴望打开市场。最初的广告是向客户宣传：原来世界上最好的木材，首先拿来做烟斗，然后再选择去制造钢琴。琴商从木材素质方面来宣传钢琴，当然引不起兴趣。过了一段时间，琴商改变了宣传策略。他们不再宣传木材质料。琴商向消费者解释，钢琴虽然贵，但物有所值。同时，琴商又提供优惠的分期付款办法。顾客研究了分期付款的办法之后，发觉的确是便宜，出很少的钱便可将庞然大物的钢琴搬回家中布置客厅，的确物有所值。不过，客户还是不肯掏腰包。后来琴商找了个宣传方法，他们的广告很简单："将你的女儿玛莉训练成贵妇吧！"广告一出，即时造成了轰动的回应。为什么呢？这是营销高手洞悉人性的秘诀。自此之后，钢琴就不愁销路了。

我们从事销售这一行业，最重要的是明白人性。为什么客户要掏腰包去买东西呢？多数原因是感情上的冲动，而不是理性逻辑的分析。令我们冲动的，是心情；而令我们有理性去逻辑地分析的，是脑袋。脑袋令我们冷静；心情令我们激动。试比较一下，心的位置和钱包的距离长短，不是比脑袋和钱包的距离更短吗？所以，令人冲动的方法，是攻心为上而不是用脑袋的分析计算。

所以，如果你只是用嘴去说，效果总不及用一些辅助工具，图片就是一种非常有效的工具。图片令你有参与感，令你产生冲动。因此，如果你想做好生意，一定要攻心为上，令客户冲动地掏腰包便成功了。至于内容细节如何，可免则免。

例如买人寿保险时，我们只要知道死后有赔偿，哪会研究甲公司红利多，乙公司保费平呢？只有那些见客少、功夫差的销售人员，才终日和客人比较，我们每年的保费比人家少多少。所以，如果你向公司投诉保费太高或红利太少的时候，你要首先问问自己，是否功夫太差，钻人了死胡同还不自知呢。事实上，真正研究价钱的客户，只是少数中的少数，客人买的是价值而不是价钱。

4. 吸引客户注意力

我们与客户会谈最大的困难是抓住客户的心。即使抓住客户的眼睛或耳朵也是枉然的，因为在他的心还在你的目标之外游离之际，天下一流的销售人员也没有办法令他集中精神。年轻的客户，心中多数想着儿女私情；会计师只是想着数字是否出了错；生意人心中想着下一次的生意机会；医生想下一个病人。总之，人人心中都有一个牵挂。如何将客户心中的牵挂排除呢？有一个方法，便是将客户的眼睛抓住。

当我们看到东西的时候，我们心中便会投射出一个印象，令我们集中精神。躺在床上时，我们的意念是天马行空的，因为我们躺在床上是闭着眼睛的，但当我们张开眼睛时，心中的杂念自然会减少。由此可见，控制客户情绪的方法，是多用图片等可以看见的东西去辅导解释。

一般来说，利用图片说明是有效果的，但如何利用呢？方法只有一个，不断地苦练，将自己要讲的话，配合图片演出，直到自己练到出神人化为止。好像开车一般，习惯手挡的司机，对进出挡位一点儿都不感到麻烦，为什么呢？熟能生巧。一个自然流畅的推介方法，对于销售有一定的效果。不过，要达到效果，与其羡慕他人的成功，不如埋头苦练。别人可以，自己为什么不能呢？

产品说明是你发挥高度销售技巧的场合，希望你能争取更多的机会锻炼你的技巧与胆识，唯有更多地练习，你才更有说服力。

包装和标签是产品的视觉语言

美国啤酒市场因为竞争加剧的消费下降，啤酒企业生存变得越来越艰难。加上安豪斯·布希公司和米勒公司等巨头占据的市场份额越来越大，很多规模较小的啤酒企业纷纷出局。 但在这个时候，出产于宾夕法尼亚州的罗林洛克啤酒却取得了成功。开始，由于资金有限，广告预算不足，该公司只得在包装上下工夫，决心把包装变成广告牌。

不久，在美国啤酒市场，一种绿色长颈瓶的啤酒用它独特的外包装吸引了众多的啤酒爱好者。消费者认为它看起来很上档次，有些人以为瓶子上的图案是手绘的，它独特而有趣，跟别的牌子不一样。人们愿意将它摆在桌子的显眼处。啤酒的包装箱上印有放在山泉里的绿瓶子，十分诱人。

这就是罗林洛克啤酒，它的外包装留给人们美好的印象。

虽然，罗林洛克啤酒在生产工艺流程和质量上根本就没有能力同米勒等大的啤酒厂家较劲儿，但它那好看的绿瓶子却让它的一切劣势都被掩盖了。

正是这令人过目不忘的外在形象帮助罗林洛克啤酒在竞争激烈的美国啤酒市场中，从摆脱困境，到站稳了脚跟，最后走上了飞速发展之路。营销专家约翰·夏佩尔是这样评价的："在罗林洛克啤酒的营销策略中，包装策略发挥了关键性的作用。"

我们知道新颖独特的包装可以传达产品的属性和定位，可以引起消费者购买和试用的欲望，可以通过视觉刺激提升产品知名度。

罗林洛克正是看到了这一点，才使得它以其外在的形象在美国市场上站稳了脚跟。当然，仅仅有包装是不够的，但如果没有吸引人的包装，随便罗林洛克啤酒的质量再好，也很快会被米勒等大的啤酒厂商挤到一个无人注意的角落，根本谈不上发展。因此，经营者千万不能忽视包装。

专家认为，越来越激烈的竞争和零售商货架上日渐拥挤杂乱的局面，意味着包装现在必须担负起许多销售职责——从吸引人们的注意到描述产品，再到促成销售。

1. 商品包装

商品包装是指产品的容器和包扎物。商品包装与装潢是实现商品使用价值、吸引消费者欲望、树立产品和企业形象、促进市场竞争、增加商品价值的重要手段，被誉为"不说话的推销员"。专家认为，包装已经成为一项非常重要的产品营销工具，是产品的一部分。

在现代市场经济下，商品包装是一种“视觉语言”，它通过一定的形(状)、色(泽)、质(地)，用理想方式快捷、准确、有效地传达商品信息，沟通消费者、生产者、经销者之间的联系，达成商品交换的目的。因此，应改变传统的商品包装只重视装潢(即重视外表的装饰美化)，而不重视包装功能性表现的设计思想，重视采取商业摄影、高度写真为包装的主要形式，再现商品特性，同时辅之以绘画、高度简化、巧妙夸张的艺术手法，使商品包装获得千差万别的视觉效果。

专家认为，随着市场上产品种类的日益增多，一位顾客在超级市场中每分钟可以见到300种商品，并且他的购买行为有3%是出于一时冲动，包装在此时几乎相当于一个“5秒钟商业广告”。

因此，为新产品设计包装时，企业应考虑到各种因素，从而做出多种决策。

专家指出，设计产品包装首先要做的就是建立包装概念。专家所说的“包装概念”是指企业要确定包装应为产品做些什么，确定新产品包装的主要作用是什么，是产品保护还是介绍产品的使用方式，等等。根据企业不同的包装概念，有以下几种包装策略可供企业选择：

(1) 便于携带，方便使用。消费者购买的是商品的核心利益，即使用价值，因此，商品的包装要首先考虑消费者携带、使用方便。如果产品包装很难打开，消费者怕麻烦就不愿买，结果企业失去大批现有的和潜在的顾客。

为了商品的使用方便，包装要大小适宜。对旅游食品、饮料，应一人一次能用完为宜，对开包后易挥发、易变质且用量又不大的商品，包装不宜太大。为便于携带，有的商品包装应设计成带提手的，比较坚硬结实的包装或盒装。

(2) 要具有审美价值。商品包装也能反映一个企业的生产水平、文化艺术和科学文明水平，因此包装设计要外形新颖，色彩明快，具有装饰性和观赏性，使顾客看后有美的感受。特别是礼品包装，要美观大方，具有较强的艺术性，以增加商品的名贵感，从而达到宣传商品、扩大销售的目的。

⑶ 重复使用包装。重复使用包装是将原包装里的商品用完后，其容器再做别的用途。这种包装策略，一方面可以增加消费品的使用价值，另一方面因包装上有商标，可起到商品营销的作用，引起消费者重复购买。

⑷ 附赠品包装。这种包装方式由于赠品的附加而引起消费者的购买欲望。在儿童消费为主的市场，这一策略效果尤为显著，如在包装盒内附有连环画、人物彩色照片、集字图、小动物模型、小玩具以及赠品券等，极易引起儿童的兴趣，从而形成忠诚的儿童消费群。

2. 标签

标签是指附着或悬挂在产品上和产品包装上的文字、图形、雕刻及印制的说明。为了限制冒名顶替，防止欺蒙顾客，企业通过标签把包装内产品的数量如实地告诉消费者，便于消费者借以进行价值的比较，做出最佳选择。产品标签的内容包括：①制造者或销售者名称和地址；②产品名称；③商标；④成分；⑤品质特点；⑥包装内数量；⑦使用方法及用处、编号；⑧贮藏应注意事项等。

专家提醒企业，制作标签时要注意它能发挥哪些作用，最低限度也要方便消费者识别产品或品牌。另外，企业必须保证它们的标签已包含了所有必要的信息。

新产品的设计与营销

企业必须开发新产品，但很多新产品都不容易成功，为了解决这个问题，专家建议企业认真制订新产品开发计划，并找到系统的新产品开发程序。专家认为，开发新产品首先要解决的问题应该是产品概念的设计，设计产品概念又分为以下几个步骤。

1. 新产品开发

新产品开发过程是从寻求创意开始的，所谓创意就是开发新产品的设想。虽然并不是所有的设想或创意都可变成产品，寻求尽可能多的创意却可为开发新产品提供较多的机会。所以，现代企业都非常重视创意的开发。专家提醒企业，必须系统而不是任意地搜寻创意。新产品创意的主要来源有：顾客、科学家、竞争对手、企业推销人员和经销商、企业高层管理人员、市场研究公司、广告代理商等。此外，企业还可以从大学、咨询公司、同行业的团体协会、有关报刊媒体那里寻求有用的新产品创意。一般说来，企业应当主要靠激发内部人员的热情来寻求创意。这就要求建立各种激励制度，对提出创意的员工给予奖励，而且高层主管人员应当对这种活动表现出充分的重视和关心。

2. 甄别创意

取得足够创意之后，要对这些创意加以评估，研究其可行性，并挑选出可行性较强的创意，这就是创意甄别。创意甄别的目的就是淘汰那些不可行或可行性较低的创意，使公司有限的资源集中于成功机会较大的创意上。甄别创意时，一般要考虑两个因素：一是该创意是否与企业的战略目标相适应，表现为利润目标、销售目标、销售增长目标、形象目标等几个方面；二是企业有无足够的能力开发这种创意，表现为资金能力、技术能力、人力资源、销售能力等。

3. 建立产品概念

产品概念的建立是指将有价值的构思进一步转化为具体的产品形态，这种形态主要是从顾客的角度来观察。它可以用文字、图形、模型等给予体现。同一构思可以转化为多种产品形态。如对某个老年滋补品的构思，可以设计以人参为主要成分，也可以以鹿茸或蜂王浆为主要成分，可以是粉状品，也可以是晶体或液体等状态。在产品构思概念过程中，也会淘汰部分不适宜的构思。

企业在建立产品概念时,要以整体产品概念为基础,从产品核心功能、实体形式、包装、服务等各方面加以考虑。产品构思的概念化，是企业对此构思的解释，也可以看成是顾客心目中对此构思的理解，所以企业在进行这阶段工作时，要以潜在顾客的需求为标准，决定产品应是何种形象，哪些部分要重点突出，以及开发是否要停止在该阶段。

确定了新产品的概念后,新产品就进入开发阶段,在新产品开发之前,企业还应该进行一系列的分析，并制定相应的战略。

1. 制定市场营销战略

形成产品概念之后，需要制定市场营销战略，企业的有关人员要拟定一个将新产品投放市场的初步的市场营销战略报告书。报告书由 3 个部分组成：

(1) 描述目标市场的规模、结构、行为，新产品在目标市场上的定位，头几年的销售额、市场占有率、利润目标等。

(2) 简述新产品的计划价格、分销战略以及第一年的市场营销预算。

(3) 阐述长期销售额和目标利润以及不同时间的市场营销组合。

2. 商业分析

当企业发展了新产品概念和营销战略，就可以对该产品概念作商业吸引力评价——复审销售量、成本和利润预计，以确定它们是否满足企业的目标。

(1) 估计销售量。销售量估计方法取决于它们究竟是属于一次性购买的产品 (如订婚戒指)，还是属于非经常性购买的产品，或经常性购买的产品。

一次性购买的产品，开始时销售量上升，到达高峰，然后当潜在的购货人逐渐减少时销售下降而逐渐趋近于零。

经常性购买的产品，例如消费者和企业购买的非耐用品，开始时，首次购买人数逐渐增加，然后递减到剩下为数较少的购买者 (假设人口固定)。如果该产品使某些顾客深感满意，他们就会成为稳定客户，此时重复购买很快就产生了。这要估计首次销售量、更新销售量和重购销售量。

(2) 估计成本和利润。做好销售预测后，企业就要估计产品开发预期的成本和利润。研究开发部门、制造部门、营销部门和财务部门对这些成本进行估算。

3．产品开发

如果产品概念通过了营业分析，研究与开发部门及工程技术部门就可以把这种产品概念转变成为产品，进入试制阶段。只有在这一阶段，以文字、图表及模型等描述的产品设计才变为实体产品。这一阶段应当搞清楚的问题是，产品概念能否变为技术上和商业上可行的产品。如果不能，除在全过程中取得一些有用副产品即信息情报外，所耗费的资金则全部付诸东流。

4．市场试销

新产品样品经过部分消费者 (或用户) 试用基本满意后，企业通常根据改进后的设计进行小批量试生产，在有选择的目标市场上作检验性的试销。同时，深入调查经销商和顾客，再

进一步改进设计或生产情况。试销不仅能增进企业对新产品销售潜力的了解，而且有助于企业改进市场营销策略。如从市场试销中，观察试用率 (即首次购买的比率) 和再购率 (即重复购买的比率) 的高低，对及时了解新产品能否销售成功有着重要意义。

产品生命周期的营销策略

产品生命周期是指一种产品从投放市场开始经历成长、成熟和衰退阶段，直至被市场淘汰的整个过程。

产品生命周期概念可以用来描述生命周期不同阶段的特点及企业可能采取的竞争性营销策略，有助于策划人员拟定产品生命周期各阶段的营销策略，并促使他们预先设计产品的新用途、新特色，开拓新的细分市场，以延长产品的全部生命周期。

产品生命周期策划同产品策划的其他部分有所不同，因为产品生命周期各阶段呈现出不同的特点，有不同的营销目标，所以作为策划者应当依据各个不同阶段的不同特点，进行有针对性的策略谋划。

1. 介绍期的营销策略 它的特点如下：

首先，从产品方面来看，产品初步研制成功，开始投放市场，产品的结构 和工艺尚未完全定型，产品还有待于进一步完善，此时还不能大批量生产，加 上推销费用高、产品成本高，只有少量创新者才能接受这种产品，因而销售量小，增长缓慢，利润率较低，甚至亏损。销售渠道窄且不够稳定，竞争尚不激烈，很可能只有少数企业出售这种产品甚至可能是独家经营。

其次。从消费者方面来看，产品以全新的形象出现在市场上，这时一般只有少数求新求异的消费者率先购买。对于大多数消费者来说，他们对这种产品的有关信息了解得很少，因而他们只是有关。这种新产品的兴趣，并希望继续了解它、认识它。在他们得到有关产品的比较充足的信息之前，一般不会贸然购买。

基于以上特点，企业在介绍期，一般采取以下策略：

(1) 要把主要精力放在解决人们对产品不认识或不熟悉的问题上，要千方百计使人们熟悉，使自己经营的产品站得住脚。一是这时的产品还立足未稳，要大量地做广告，扩大对该产品的宣传，建立产品信誉。对企业来讲，要建立长期的形象，此时恰当的广告宣传是很重要的。

(2) 利用辅助发展的办法，用本企业的名牌产品或别企业的名牌产品带 一下，提升新产品的社会接受度。

(3) 可以采取试用的办法。这种办法在国外比较普遍。最近我国企业也开始采用这种方法，有的企业由此取得了很大的成功。

(4) 给经营产品的批发、零售或其他类型后续经销企业加大折扣，刺激 中间商的积极性，使中间商卖力气推销。

2. 增长期的营销策略

这是产品打开销路的时期，也是市场需要迅速发展的时期。这个时期的特点是，产品经过试销和改进已基本定型，新产品开始转入大批量生产。广大消费者和用户已开始迅速接受新产品，需求量增加，加上分销渠道已疏通，销售量迅速增长，大批量生产使单位产品的生产成本降低，大量销售使促销费用与销售额的比率降低，从而带来了较高的利润，高利润势必会吸引越来越多的竞争者涌入，使竞争日趋激烈。

该阶段应采取的营销策略应是：

(1) 扩充目标市场。

(2) 广告宣传转向厂牌、商标的宣传，使人们对该产品产生好的印象，产生好感和偏爱。

(3) 增加销售渠道或加强销售渠道。

3. 成熟期的营销策略

这是产品畅销的全盛时期，这时消费者对产品已产生了信赖感，并形成了消费习惯，产品的产量和销量最大，利润最高。消费者对产品的式样、花色、品种、规格的挑选性增加，同行业之间的竞争也达到高潮，市场开始出现饱和，销售量增长速度减慢。这一阶段的营销策略有以下几种：

(1) 千方百计稳定目标市场，让原有的消费者都消费你的产品，提高消费者对本品牌的忠诚度，主要采取稳定目标市场的策略。

(2) 增加产品的系列，使产品多样化，增加花色、规格、档次、扩大目标市场，最少也要维持原市场占有率，改变广告宣传的重点和服务措施。

(3) 要重点宣传企业的信誉。这时的广告宣传和试销阶段的情况不同，不能单纯介绍某种产品。这时市场上同类产品很多，再做那样的宣传稍有失 误便会替别人花了广告费。同时还要加强售后服务工作。

(4) 研制第二代产品，为原有产品的消亡做好准备，这是这一时期企业应当具有的远见。一旦这个产品一蹶不振，马上有新的产品问世。

4. 衰退期的营销策略

这一时期是产品将被市场淘汰，生命周期即将结束的时期。产品销售增长量和利润急剧下降，产品库存开始积压，竞争者相继退出市场。

这一阶段采取什么策略呢？一个比较普遍的办法就是转移，撤出现有市场。有经验的营销人员总结了三个字，叫做："撤"、"转"、"攻"。

"撤"："甩卖"是"撤"的一种，"撤"还要讲究方法和策略。

"转"：包含几层意思：一是转移目标市场，其中包括地域上的"转"。大城市没销路转向中小城市、城镇乃至乡村，有时一种产品在某地区已经无人问津了，但转到另一个地区可能顾客盈门；二是转移产品的用途，实际上是寻找和开发产品的新用途。

"攻"：指的是在撤出旧市场的同时，推出新产品。在这一阶段推出新产品已经属于比较迟了，因为此时企业现金流量不多，不比成熟期有不断的现金流入，因此进行新产品的开发对企业来讲，显得仓促而且往往会力不从心但如能成功推出新产品，也是摆脱旧产品衰退期一个好方法。

经典市场营销理论如上述，往往认为，一个产品的市场的演进要经过四个阶段：出现、成长、成熟和衰退。在市场的成熟阶段，每个市场的进入者都极力争取某个位置，直到全部的细分市场都被竞争者占领并提供服务。事实上，他们继续发展和互相侵入对方的细分市场，在此过程中减少了彼此的利润，市场发展缓慢并分裂为越来越多的细分市场。

但对于产品生命周期理论，营销者既应尊重产品发展的客观规律，又应超越它的限制，充分发挥自身的想像力，于不可能处发现可能，在产品市场重新发现机会。

新产品上市的营销决策

新产品经过试销后，企业营销人员就应该总结经验，进入新产品的正式营销。专家认为，在这一阶段，企业高层管理者应当作以下决策：

1．推出的时间

企业高层管理者要决定在什么时间将新产品投放市场最适宜。例如，如果某种新产品是用来替代老产品的，就应等到老产品的存货被处理掉时再将这种新产品投放市场，以免冲击老产品的销售，造成损失。如果某种新产品的市场需求有高度的季节性，就应在销售季节来临时将这种新产品投放市场。如果这种新产品还存在着可改进处，就不必仓促上市，应等到完善之后再投放市场。

2．推出的地点

企业高层管理者要决定在什么地方（某一地区、某些地区、全国市场或国际市场）推出新产品最适宜。能够把新产品在全国市场上投放的企业是不多见的。一般是先在主要地区的市场推出，以便占有市场，取得立足点，然后再扩大到其他地区。因此，企业特别是中小企业须制订一个市场投放计划。在制订市场投放计划时，应当找出最有吸引力的市场先投放。选择市场时要考察这样几个方面：市场潜力；企业在该地区的声誉；投放成本；该地区调查资料的质量高低；对其他地区的影响力以及竞争渗透能力。此外，竞争情况也十分重要，它同样可以影响到新产品商业化的成功。

3. 推出的目标

企业高层管理者要把分销和促销目标面向最优秀的顾客群。这样做的目的是要利用最优秀的顾客群带动一般顾客，以最快的速度、最少的费用，扩大新产品的市场占有率。企业高层管理者可以根据市场试验的结果发现最优秀顾客群。对新上市的产品来讲，最优秀的顾客群一般应具备以下特征：他们是早期采用者；他们是大量使用者；他们是观念倡导者或舆论领袖，并能为该产品做正面宣传。当然，完全具备这几个特征的顾客为数很少，企业可以根据这些标准为不同的顾客群打分，从而找出最优秀的顾客群。

4. 推出的方法

企业应决定要在市场营销组合各因素之间分配营销预算，确定各项营销活动的顺序，有计划地开展营销活动。

同时，专家也提醒企业为了使产品更快进入市场，应适时放弃这种产品开发程序。如“随身听”的问世就是非程序性开发的例子。开发一种能随身携带和听磁带的录音机的构思是索尼公司的董事长提出来的，但企业的有关人员都认为这是一个没有开发价值的设想。他们认为，人们听惯了立体声后，对这种只有一个声道的录音机一定不感兴趣，没有人愿意购买。但在公司董事长、总裁坚持要开发并表示由他们承担后果的情况下，企业开发出了这个产品，投入市场后取得了出人意料的成功。如果按照程序化的开发程序，这个构思肯定只有被淘汰出局，现在是否有“随身听”这种产品也未可知。

第 6 章 营销策划之价格大作战

市场营销价格是最具科学性与策略性的问题。营销专家指出，市场营销价格的制定既是科学又是艺术，这是对价格策略最生动的描述。企业的市场营销价格的制定要以经济学的价格理论为基础，在了解商品价格形成及其变化规律的基础上才能制定出适当的价格，但它又不能拘泥于此，而应顺应市场的变化，灵活多变地进行。因此价格的经济分析是基础，价格策略应既源于它，但同时还要高于它。

流通费用、税金、利润价格分析

流通费用

流通费用是商品经营者在流通领域支付的物质费用和劳动报酬的总和。任何品从生产领域到消费领域都必须经过流通过程，从事流通领域内的经营活动就必须人必要的人力、物力和财力，因而流通费用的实质是为组织商品流通所消耗的物化动和活劳动的货币表现，具体说就是商品经营者从事商品购进、运输、保管、销售等动所支出的各项费用。工业企业在把商品出售给商业企业之前发生的流通费用已人了生产成本，成为工业企业价格的组成部分，这里指的流通费用是商业企业发生流通费用，它是商业价格的组成部分。

现行商品流通企业财务把流通费用的内容分为三个部分：

一是经营费用。指企业在整个经营环节发生的各种费用。如运输费、装卸费、整理费、包装费、保险费、保管费、检验费、中转费、商品损耗、经营人员工资、广告费、进出口商品佣金厦福利费等。

二是管理费用。指企业行政管理部门为管理和组织商品经营活动而产生的费用。包括由企业统一负担的管理人员工资及职工福利费、职工待业保险费、业务招待费、技术开发费、董事会费、工会经费、职工教育费、折旧费、修理费等等。

三是财务费用。指企业为筹集资金而发生的各项费用，如利息支出、银行手续费等。

税金

税金是国家按法律规定对经济单位和个人无偿征收的实物的货币。

它是国家凭借政治权力，参与国民收入分配和再分配，以取得财富的一种手段。它具有强制性和无偿性的特点，任何纳税人必须依法纳税，否则即是违法行为。同时国家征收的税金形成财政收入，归国家支配，不再直接归还纳税人。

税金从不同的角度看有不同的分类，从税金与价格的关系看，税金分为价外税和价内税两大类。

价外税是指对生产经营者收益征收的税金，纳税人缴纳的税金不能计入价格，即不能通过计入价格转嫁出去，而是由纳税人自己负担。价外税是国家对创造利润的再分配，属于直接税性质。如工商企业所得税、个人所得税等。

价内税是指按商品流转额计征的税金。这种税从形式上是由纳税人缴纳，但它可以计入价格并通过价格转嫁给消费者或用户，它属于间接性质的税。如增值税、消费税、营业税、资源税等。

价格中所包括的税金是指的价内税税金。根据我国现行税制列举以下主要税金加以分析。

(1) 增值税。按现行税制规定，增值税不计入价格，单独计算，但实际操作中增值税核算与价格有密切关系。增值税是以产品新增价值额为征税对象的一种税。纳税人是指在我国境内从事销售货物或者提供加工、修理修配劳动以及进口货物的单位和个人，从范围上看，包括工业、商业和部分服务业及外贸进口。

增值税的计算方法是：应纳税额＝销项税额－进项税额

(2) 消费税。消费税是对生产和进口某些特殊消费品的单位和个人征收的税。应纳消费税的商品包括：烟、酒、鞭炮、礼花、贵重首饰、化妆品、小轿车、摩托车等十大类。

(3) 营业税。营业税是对销售劳务、转让无形资产或销售不动产的单位和个人征收的一种税。征税范围包括交通运输业、建筑业、金融保险业、邮政电信业、文化体育业、娱乐业、服务业、转让无形资产、销售不动产等。

(4) 资源税。资源税是对开发采掘矿产品和盐资源的单位和个人征收的一种税。征税的产品包括矿产品 (原油、天然气、煤炭等) 和盐。资源税实行从量定额征收，根据课税数量和纳税定额计算。

利润

价格中的利润是商品销售价格与生产成本、流通费用和税金之间的差额。利润是体现生产经营活动成果的重要经济指标，也是企业发展的源泉。

价格中的利润分为生产利润和商业利润等。生产利润具体分为工业利润和农业纯收益，商业利润分为批发利润和零售利润。

商品价格中利润的确定。价格中利润的确定，从企业自身角度看应考虑以下因素：

第一，企业所面临的市场状态；

第二，企业产品的自身条件，在市场上有无优势，企业营销组合的力度；

第三，竞争对手同种商品的利润水平；

第四，同行业内利润平均水平，以及国家对利润水平的限制。

影响价格的主要因素

市场需求状况

一般情况下，商品的成本影响商品的价格，而商品的价格影响商品的需求。经济学原理告诉我们，如果其因素保持不变，消费者对某一商品需求量的变化与这一商品价格变化的方向相反，如果商品的价格下跌，需求量就上升，而商品的价格上涨时，需求量就相应下降，这就是所谓的需求规律。需求规律反映了商品需求量变化与商品价格变化之间的一般关系，是企业决定自己的市场行为特别是制定价格时所必须考虑的一个重要因素。所谓企业的“薄利多销”就实践了这一道理。又如某一时期市场上某商品的需求量增加时，适当地提价可以获得较多的利润，反之，适宜采取降价措施。企业在制定商品价格时，市场需求状况常常是主要参考因素。

成本因素

成本因素是影响产品定价最基本、最重要的因素。一般情况下，成本因素决定产品的最低价。价格策略的目的，就是为了避免亏损或取得收益的最大化。通常来说，企业成本有固定成本、变动成本、边际成本和机会成本几种形式。

(一) 全部成本

固定成本和变动成本之和被称为全部成本。当企业制定价格或调整价格时，必须考虑一定生产和销售水平下所需的全部成本。

(1) 固定成本：是指不随生产和销售收入的变化而变化的成本，如厂房、设备、固定资产折旧、管理人员工资等。

(2) 变动成本：是指随着生产水平的变化而变化的成本，如原材料、动力、燃料、生产工人工资及直接管理费用等。

(二) 边际成本

边际成本，是指每增加或减少一个单位产量所造成的成本变动数。一般来说，边际成本的变动与固定成本无关，在产量增加初期，边际成本呈下降趋势，低于平均成本，导致平均成本下降；当超过一定限度时则高于平均成本，引起平均成本上升。

(三) 机会成本

机会成本，是指企业为完成某一项经营活动而不得不放弃另外一项经营活动的机会，被放弃的另一项经营活动所应取得的收益，即为某一项经营活动的机会成本。

企业在具体定价时以何种成本为依据，是定价决策的重要内容。企业在核定产品成本时，应该以社会平均成本作为参考标准，这样既有利于使市场价格体系建立在价值的基础上，也有利于促使生产者不断改善经营管理，提高劳动生产率，降低劳动消耗，争取让个别成本低于社会成本。

需求因素

市场需求对价格的制定有着重要影响。需求与价格的关系，可以通过市场需求潜力与需求价格弹性来反映。产品的最高价格取决于需求因素。

(一)市场供求关系

若商品的供应量一定，当需求量增加时，价格会上升；反之则下降。如果某种商品的需求量一定，当供给量增加时，价格会下降；反之会上升。在其他条件都不变的情况下，商品价格越高，需求就表现出减少趋势；反之则增加。因此，企业所制定的价格将会影响企业产品的销售，进而影响企业销售目标的实现。

(二)需求价格弹性

需求价格弹性，是指因价格变动而引起需求的相互变动率。影响需求价格弹性的主要因素有：

(1)顾客对产品的需求强度：必需品，弹性小；非必需品，弹性大；

(2)顾客对产品的偏好强度：偏好强，弹性小；偏好弱，弹性大；

(3)可替代程度：替代品数量多，功能接近，替代效果好，则弹性大；

(4)购买商品的费用占总支出的比重：比重大的弹性大，比重小的弹性。

消费者购买心理因素

顾客的消费行为是影响企业定价的另一个重要因素。不同类型的消

费 者由于其购买目的不同，对价格的敏感程度也不同。

（一）消费者的价格心理

1. 消费者的质量价格心理

一般来说，消费者往往把产品价格看成是产品的质量指数。在价格质量规律的作用下，经常用价格的高低作为判断产品质量好坏的标准。

2. 消费者的价格折射心理

不同的消费者使用不同的产品，产品及品牌与消费者身份之间有一定的相关性。因此，消费者往往把所购产品的价格高低看成是自己社会地位、名誉与声望的折射和尺度。

3. 消费者的价值观念

不同的消费者具有不同的文化素质、不同的思想觉悟、不同的收入和不同的社会地位等，这很容易形成不同的消费标准和价值标准。即便是同一种产品，不同的消费者对其需求价格弹性也不同。企业在定价时，必须考虑这种由价值观念不同而带来的价格弹性上的差异。

（二）中间商的价格心理

中间商的购买目的是盈利，所看重的首先是产品有没有销路，其次是产品的利润空间。只要消费者能够接受，他们的利益主要反映在进与销的差价上。因此，他们与供货商讨价还价的目的，不是为了帮助消费者讨得一个较低的价位，而主要是通过差价来获得相应利润。

（三）集团消费者的价格心理

集团消费者由于代表组织从事采购，因此他们对产品的价格因素考虑较少，更关心的则是产品所表现出来的属性和利益、购买总金额预算、职权范围、规章制度和批办手续之间的差距等等。

竞争者因素

竞争者的价格和可能的价格反应，对企业的价格决策有着极其重要的作用。影响企业定价策略的重要外部因素，是竞争对手的成本、价格及竞争对手对该企业可能会做出的反应。

若企业向市场所提供的产品与竞争对手的产品属于无差别产品，那么竞争对手的价格对企业定价必然产生某种约束。企业定价只有低于竞争对手的价格，企业才能赢得价格竞争力。若企业的产品与竞争对手的产品相比属于差异产品，而且企业的产品所表现出来的优点非常明显，那么就可以制定比竞争对手更高的价格。相应地，若企业产品的质量比竞争对手的产品质量差，则只能选择低价策略。

由于竞争影响定价，企业必须充分了解竞争对手的情况，即主要竞争对手来自于何方、主要竞争对手的实力如何、主要竞争对手的定价策略等。

国家的法律法规和政策因素

任何国家都有自己的经济政策和相关法律法规，对市场物价的高低都有相应的调整和限制措施。同时，各国还利用生产、市场、金融、货币、关税等手段间接调节价格。在进行国际贸易时，各国政府对价格的限制更为明显，企业应了解所在国对输入货物时的限制，并作为自己制定价格的依据。

在国际市场中，垄断组织经常采用各种手段对价格进行调节。他们利用竞争，通过限制或扩大产品生产和销售，巧妙地利用库存和其他方式，造成为己所需的供求关系，以此来调节价格。

成本导向定价法

所谓成本导向定价法，是指企业以产品成本为基础，侧重于成本因素而不注重需求和竞争因素的一种定价方法。由于企业所采用的成本项目和需求利润的指标不同，成本导向定价法又可细分为成本加成定价法、目标收益定价法、损益平衡定价法和边际贡献定价法四种。

(一) 成本加成定价法

成本加上定价法是一种比较常用的以成本为中心的定价方法。其特点是在成本上加一个标准加价百分比，也就是通常所说的加成。标准加成公式为：

$$P=C(1+R)$$

其中：P——单位产品的价格；C——单位产品成本；R——成本加成率。

成本加成定价法是现代企业最常用的定价方法之一，其优点在于：

(1) 由于计算成本比估计需求更有把握，一旦企业采用成本导向作为定价策略，可以在一定程度上简化定价工作。

(2) 如果同行业的加成比例接近，制定出来的价格就会相差不多，企业相互之间的竞争和摩擦就不会太激烈。

(3) 相对来说，成本加成定价对买卖双方更加公平合理。

(二) 目标收益定价法

目标收益定价法，是根据企业的总成本和计划总销售量，并在此基础上，把价格定在能补偿所需成本费用并完成一定成本利润率的水平上。这种方法的实质，是将利润看作成本的一部分来定价。具体方法为：企业先确定预期的销售量，然后推算出在这个预期销售量下的总成本，接下来根据企业的营销目标和市场条件制定企业的目标收益率，最后计算出产品的价格。目标收益法是一种简便易行的方法，其优点在于：

(1) 计算方便；

(2) 目标明确；

(3) 可预计企业的利润。

(三) 损益平衡定价法

损益平衡定价法，也叫保本定价法，是运用盈亏平衡原理确定价格的一种办法。即在假定企业生产的产品全部可销的条件下，确保企业既不亏损也不盈利的最低产品价格。其计算公式为：

单位产品售价 = 固定成本 / 保本点的销售量 + 单位产品的变动成本

采用损益平衡定价法的优点在于：

(1) 可以在较大范围内灵活掌握价格水平；

(2) 比较容易操作。

(四) 边际贡献定价法

这种定价方法也称边际成本定价法，仅仅计算可变成本，不计算固定成本，再在变动成本的基础上加上预期的边际贡献。边际贡献是指企业增加一个产品的销售，所获得的收入减去边际成本的数目。

其计算公式为：

边际贡献 = 价格－单位可变成本

从上式可以推出单位产品价格的计算公式：

价格 = 单位可变成本 + 边际贡献

这种定价方法的优点在于：

(1) 易于各产品之间合理分摊可变成本；

(2) 该方法定价一般低于总成本加成法，能大大提高产品的竞争力；

(3) 根据各种产品边际贡献的大小安排企业的产品线，易于实现最佳产品组合。

需求导向定价法

所谓需求导向定价法，是指企业主要根据市场上对产品的需求强度和消费者对产品价值的理解程度为基础进行定价的一种定价方法。需求导向定价法比较注重需求因素，而相对不注重成本和竞争因素对定价的影响。

(一) 理解价值定价法

理解价值定价法，又叫觉察价值定价法，是根据消费者所理解的某种商品的价值或者说是消费者对产品价值的认识程度，来确定产品价格的一种定价方法。

企业在利用理解价值定价法时，主要是利用市场营销组合中的非价格因素向买方进行示范，使他们对商品形成一种较高的坐标观念，然后根据这种观念制定价格。

(二) 需求差异定价法

需求差异定价法是同一产品面对不同顾客需求而采用不同价格的定价方法。在这里，同一产品的价格差异，并不是由于产品成本的不同而引起，而主要由消费者需求的差异性所决定。事实上，这种价格差异的基础是顾客需求、顾客的购买心理、产品样式、地区差别以及时间差别等。

采用这种方法定价，一般是以该产品的历史定价为基础，根据市场需求变化的具体情况，在一定幅度内变动价格。这种方法通常有四种实施方式：

(1) 对不同的消费者，可以给予不同的价格；

(2) 不同地理位置，价格各不相同；

(3) 对式样不同的产品，制定不同的价格；

(4) 因季节、时间的不同而制定不同的价格。

(三) 习惯定价法

这是企业依据长期被消费者接受和承认并已成为习惯的价格对产品进行定价。一些产品在长期经营过程中，消费者已经接受了其属性和价格水平，凡是符合这种标准的，自然容易被消费者接受；反之，则会引起消费者的排斥。

经营此类产品的企业，不能轻易改变价格。减价会引起消费者对产品质量的怀疑，而涨价又会影响产品的销路。

(四) 可销价格倒推法

这是以消费者对商品价值的感受及理解程度为基础确定其可接受价格的定价方法。企业一般在以下两种情况下采用这种定价法：

(1) 为了满足在价格方面与现有类似产品竞争的需要；

(2) 对新产品推出先确定可销价格，然后反向推算出各环节的可销价格。

竞争导向定价法

所谓竞争导向定价法，是指主要以竞争对手的价格为定价依据，相对来说并不注重成本和需求因素的一种定价方法。

(一) 竞争参照定价法

竞争参照定价法，是指企业在制定价格时参照竞争对手的价格，并以其为基础来考虑本企业产品价格的一种定价方法。通常有以下三种形式：

(1) 本企业产品的价格与竞争对手的产品价格基本相同；

(2) 高于竞争对手的价格定价；

(3) 低于竞争对手的价格定价。

(二) 流行水平定价法

流行水平定价法，又称随行就市定价法，实践当中最为常见。它是指企业以本行业平均价格水平作为企业定价标准的一种定价方法。采用这种方法定价的企业，可以在一定程度上降低风险。采用这种方法可以在一定程度上缓解企业之间的相互竞争和排挤，对于中小企业比较有利。

但是，采用这种方法并不意味着产品价格在任何情况下都要与竞争者保持一致。事实上，生产同一产品的不同企业，由于企业内部诸多因素的影响，产品质量、服务水平等不可能完全相同，因此，在产品定价上还是有一定差别的。如果企业的产品质量优、服务好、顾客满意度高，又能得到顾客的认可，不妨采用高价策略。

(三) 密封投标定价法

一般是指在商品和劳务交易中，采用投标招标方式，由买主在多个卖主的出价中择优成交的一种定价方法。该方法是一种比较典型的竞争定价方式，大多在工程招投标时采用。采用这种方法，主要有三个步骤：

1. 招标

由买方公布招标内容，提出征求商品或劳务的具体条件，引导卖方按照招标内容和对产品或劳务的要求参加投标。

2. 投标

卖方根据招标公告的内容和要求，结合自己的条件综合考虑成本、盈利以及竞争者可能的报价，要求买方在规定的截止日期内将愿意承担的价格密封提出。

3. 开标

买方在招标期限内，要积极认真地选标，全面地审查卖方的投标报价、技术力量、工作性质、工程质量、生产经验、资本大小、信誉高低等，以此权衡选择承包商，并到期开标。

产品价格营销策略

新产品定价策略

新产品定价的难点，在于无法确定消费者对于新产品的理解价值。

如果定价过高，难以被消费者接受，新产品进入市场就会遇到波折；如果定价过低，则会影响企业效益。

常见的新产品定价策略，有撇脂定价、渗透定价和适中定价三种。

(一)撇脂定价策略

该策略就是在新产品上市之初即定出高价，在短期内获取厚利，尽快收回投资。这一定价策略就如从牛奶中撇取所含的奶油一样，取其精华，因此称为“撇脂定价”策略。通常，撇脂定价策略的主要对象是全新产品、受专利保护的产品、需求价格弹性小的产品、流行产品、未来市场形势难以预测的产品等。撇脂定价的优点，主要有以下几个：

(1) 企业能够在新产品上市之初迅速收回投资，减少投资风险；

(2) 企业利用求新求奇的心理，通过制定较高的价格，以提高产品身份，创造高价、优质、名牌的印象；

(3) 先制定较高的价格，待其新产品进入成熟期后拥有较大的调价余地，不仅可以通过逐步降价保持企业的竞争力，而且可以从现有的目标市场上吸引潜在需求者，甚至可以争取到低收入阶层和对价格比较敏感的顾客；

(4) 利用高价可以限制需求的过快增长，缓解产品供不应求的状况；

(5) 可以利用高价获取的高额利润进行投资，逐步扩大生产规模，使之与需求状况相适应。

采用撇脂定价策略，一般应满足以下条件：

(1) 产品的需求价格弹性小；

(2) 新产品具有明显优势，拥有专利权或技术秘密，竞争者在短期内无法推出类似产品；

(3) 新产品对顾客有很大吸引引力；

(4) 市场需要量大，或企业的生产能力有限，短期内不能满足要求。

(二) 渗透定价策略

这是与撇脂定价截然相反的一种定价策略，即在新产品上市之初将价格定得较低，吸引大量的购买者，扩大市场占有率。利用渗透定价的前提条件有：

(1) 新产品的需求价格弹性较大；

(2) 新产品存在着规模经济效益。

低价产生的好处有：

(1) 低价可以使产品尽快为市场所接受，并借助大批量销售来降低成本，获得长期稳定的市场地位；

(2) 微利阻止了竞争者的进入，增强了自身的市场竞争力。

(三) 适中定价策略

适中定价策略既不是利用价格来获取高额利润，也不是让价格制约占领市场。适中定价策略尽量降低价格在营销手段中的地位，重视其他更有力或更有成本效率的手段。采用适中定价策略的条件是：

(1) 当不存在适合于撇脂定价或渗透定价的环境时；

(2) 为了保持产品线定价策略的一致性。

虽然与撇脂定价或渗透定价法相比，适中定价法缺乏主动进攻性，但适中定价可以与竞争者的定价不一致。与撇脂价格和渗透价格类似，适中价格也要参考产品的经济价值。当大多数潜在购买者认为产品的价值与价格相当时，纵使价格再高也属适中价格。

系列产品定价策略

系列产品通常是指在消费上具有替代性或互补性的一组产品。企业可以利用产品之间的替代关系或互补关系，制定相应的价格策略。

(一) 替代品定价策略

替代品是指用途基本相同，可相互替代的产品。由于产品之间存在替代关系，消费者在选购商品时往往注重产品价格。因此，企业在对产品定价时需要综合考虑，或者有意抬高或降低某种产品的价格，以便将消费者引向企业真正需要销售的产品上，这是采用替代品定价策略的主要原则。

(二) 补品定价策略

互补品定价策略，又叫产品组合定价策略，是指企业为了扩大销售，对同时生产或经营的两种或两种以上相互关联、相互补充的商品统一进行定价，以促进销售的一种定价策略。在互补品中，价值大且使用寿命相对较长的产品为主件，而价值小且使用寿命相对较短的产品为辅件。

通常，企业对主件采用低价位策略，而对辅件采用高价位策略。采用这种定价策略的企业，其主导产品必须具有一定的知名度和市场竞争力。否则，不但不能促进辅件的销售，还可能让竞争对手从中抓住机会，给企业带来不良后果。

(三) 分级定价策略

分级定价策略是指企业将所属产品按某种标准分为若干等级，实行不同等级不同价位的一种定价策略。

采用分级定价策略的好处是：可以满足不同层次的消费者，消费者的选择余地比较大。采用分级定价，还可以使企业在一定程度上扩大市场份额和销售量。

心理定价策略

心理定价策略旨在鼓励人们做出感情购买而不是理性购买。心理定价策略主要是零售商针对消费者心理而采取的价格策略。

(一) 整数定价策略

整数定价是有意将商品的价格定为整数，以显示商品的高品质和高质量。这是一种针对消费者求名和自尊心理所采取的定价策略。这种定价策略往往用在礼品类商品的定价上。

(二) 声望定价策略

声望定价是指将产品定价人为地定在一个高价位上，以此提高声望和质量形象。声望定价的购买者，不在乎价格的高低，而在于商品是否能显示其身份和地位，商品的品牌和价格能够达到其炫耀的目的。

(三) 奇数定价策略

奇数定价又称非偶数定价。很多现象表明，对于日用品，奇数价格比偶数价格更有吸引力。偶数价格常常给消费者一种不平衡的印象，使他们认为产品质量高，价格昂贵。

(四) 尾数定价策略

尾数定价又称非整数定价。对于日用品，消费者习惯上乐于接受和喜欢尾数价格，而不喜欢整数价格。

(五) 招徕定价策略

招徕定价又称特价商品定价，是一种有意将少数商品降价以招徕吸引顾客的定价方式。商品的价格一旦低于市价，就会引起消费者的注意，毕竟消费者都有一种求廉心理。

(六) 最小单位定价策略

最小定价策略是指企业把同种商品按不同的数量包装，以最小包装单位量制定基数价格，销售时，参考最小包装单位的基数价格与所购数量收取款项。一般情况下，包装越小，实际的单位数量商品的价格越高；包装越大，实际的单位数量商品的价格越低。

折扣定价策略

企业为了报答顾客的某些购买行为，常常会采用折扣形式给消费者让利。也就是说，企业会对其基本价格进行调整，这些价格调整被称为折扣或折让。

(一) 现金折扣策略

现金折扣是对及时付清账款的消费者的一种价格折扣。现金折扣的主要目的，是为了改善现金周转情况，减少欠款及坏账损失。

(二) 数量折扣策略

数量折扣是指企业对大量购买的顾客所给予的一种折扣。一般情况下，顾客购买数量越大，企业给予的折扣也就越大。数量折扣又分累计数量折扣与非累计数量折扣两种。

累计数量折扣是指顾客在规定的一定时期内，购买商品达到一定数量或一定金额时，企业按照总量大小分别给予不同的折扣；非累计折扣是指规定顾客一次性购买某种商品达到一定数量或一定金额时，企业给予相应的折扣优惠。

(三) 交易折扣策略

交易折扣策略，又称商业折扣或功能折扣，是企业根据各类中间商在市场营销中担负的不同功能所给予的不同折扣。企业采取该策略的目的，是为了扩大再生产，争取更多的利润，或是为了占领更广泛的市场，利用中间商努力推销产品。

交易折扣的多少，随行业与产品的不同而不同。相同的行业与产品，要视中间商所承担商业责任的多少而定。如果中间商提供运输、促销、资金融通等功能，对其折扣就较多；否则，折扣将随功能的减少而减少。一般而言，给予批发商的折扣较大，给予零售商的折扣较少。

(四) 季节折扣策略

季节折扣是企业向某些购买非时令商品或服务的消费者所提供的一种折扣。企业采用季节折扣，可以加快产品流通和资金周转，减轻库存费用，减少时间风险。

(五) 折让策略

折让，又叫津贴或补贴，是企业对做出额外贡献者的一种价格补偿。折让在实践中有推广折让、免费服务折让和特约优惠折让三种形式。

薄利多销和厚利限销定价策略

(一) 薄利多销定价策略

薄利多销定价策略是企业为增加利润总额，有意识地降低产品价格的一种定价策略。实施薄利多销策略的好处在于：

(1) 虽然单位产品利润低于平常水平，但由于销售价格降低，产品销量迅速增加，多销促进多产，多产推动单位商品成本的下降；

(2) 企业纳税后的销售收入增量大于成本费用增量，不仅弥补了单位商品利润量减少的损失，而且增加了企业的总利润；

(3) 有利于企业扩大市场份额和提高整体竞争力；

(4) 不仅可以使消费者以比较理想的价格买到产品，而且可以实现企业的利润最大化。

薄利多销策略一般适用于社会需求量大、资源较丰富、生产技术和工艺易于掌握、生产有潜力、供给与需求弹性较大的商品。

(二) 厚利限销定价策略

厚利限销定价策略是指企业对资源稀缺、严重供不应求的商品实行厚利、限制销量、抑制需求、调节供给、获取高额利润的一种定价策略。厚利限销定价策略是垄断资本获取高额垄断利润时普遍采用的一种定价策略。处于垄断地位的大企业，凭借一定的资源、技术优势对市场进行垄断，控制供给，调节需求，谋求高额利润。但由于高利润必然导致更加激烈的竞争，因此从长远来看，并不能真正实现利润最大化。

差别定价策略

所谓差别定价，也叫价格歧视，就是企业按照两种或两种以上不反映成本费用的差异价格来销售某种产品或劳务。差别定价主要有四种形式：

(一) 顾客差别定价

即企业按照不同的价格把同一种产品或劳务卖给不同的顾客。例如，某汽车经销商按照目标价格把某种型号汽车卖给顾客 A，同时按照较低价格把同一种型号汽车卖给顾客 B。这种价格歧视表明，顾客的需求强度和商品知识有所不同。

(二) 产品形式差别定价

即企业对不同型号或形式的产品分别制定不同的价格，但不同型号或形式产品的价格之间的差额与成本费用之间的差额并不成比例。

(三) 产品部位差别定价

即企业对于处在不同位置的产品或服务分别制定不同的价格，即使这些产品或服务的成本费用没有任何差异。

(四) 销售时间差别定价

即企业对于不同季节、不同时期甚至不同时间段的产品或服务，分别制定不同的价格。

产品组合定价策略

产品组合是指一个企业所生产经营的全部产品线和产品项目的组合。对于生产经营多种产品的企业来说，定价必然着眼于整个产品组合而不是单个产品的利润最大化。由于各种产品之间存在需求和成本上的联系，有时还存在替代、竞争关系，实际上定价难度相当大。

(一) 产品线定价

通常，企业开发出来的是产品大类，即产品线，而不是单一产品。当企业生产的系列产品存在需求和成本的内在关联性时，为了充分发挥这种内在关联性的积极效应，需要采用产品线定价策略。

(1) 确定某种产品价格为最低价格，它在产品线中充当招徕价格，吸引消费者购买产品线中的其他产品；

(2) 确定产品线中某种产品为最高价格，它在产品线中充当品牌质量象征和收回投资的角色；

(3) 产品线中的其他产品也分别依据其在产品线中的角色而制定不同的价格。

若是由多家企业生产经营，则共同协商确定互补品价格。选用互补定价策略时，企业应根据市场状况，合理组合互补品价格，使产品有利于销售，发挥企业多种产品的整体组合效应。

(二) 系列产品定价

有时企业向顾客提供一系列相关的产品和服务，如一家宾馆，既可提供住宿、餐饮服务，又可提供娱乐、健身服务，那么，不妨考虑降低住宿、餐饮的价格，以吸引顾客，同时将娱乐、健身的价格提高，以获取利润。

(三) 互补产品定价

互补产品是指两种或两种以上功能互相依赖、需要配合使用的商品。具体的做法如下：把价值高而购买频率低的主件价格定得低些，而对与之配合使用的价值低且购买频率高的易耗品价格则适当定得高些。

调高和调低产品价格策略

(一) 调高产品价格策略

在市场竞争过程中，企业为了适应市场环境和自身条件的变化，对原有的产品或服务的价格进行调整，使其与环境的变化相适应。一般来说，企业采取提价战略的主要原因有：

1. 成本增长

价格上涨的一个主要原因是成本膨胀。成本上升使利润减少，使企业不得不进行价格调整。由于预计未来继续发生通货膨胀，因此企业提价的幅度往往高于成本的增长。

2. 产品供不应求

企业在无法提供顾客所需要的全部产品时，往往采用提价战略或对顾客实行产品配额，甚至可以同时使用两种方法。

3. 产品品辉声誉

品牌声誉提高，是指产品已经在市场上确立了一定的质量信誉，对消费者具有相当的吸引力。

4. 企业采用渗透定价

企业处于成熟期时，由于生产能力、市场份额、销售渠道等都已经达到了一定程度，可以通过提价增加利润或排挤竞争对手。

事实上，企业在采用提高价格策略时，既可采用直接升价的方式，也可采用间接升价的方式。

(二) 调低产品价格策略

调低产品价格策略，是企业为了适应市场环境和内部条件的变化，把原有产品的价格调低。企业进行产品降价的情况包括：

(1) 企业生产能力过剩，此时通过增加销售力量、改进产品或采取其他措施难以达到扩大再生产的目的，只好用攻击性减价的方法提高销售量；

(2) 企业面临激烈的价格竞争，市场份额有所下降，不得不削价竞销；

(3) 企业的成本费用比竞争对手低，通过降价可以迅速扩大市场份额。

在实践中，降价给企业带来一定实惠的同时，也会带来一些风险，它们主要体现在：

(1) 可能让消费者误认为企业产品质量低于售价高的竞争者的产品质量；

(2) 低价可能会买到一时的市场占有率，但买不到顾客的忠诚度，顾客会转向另一个价格更低的企业；

(3) 竞争对手具备深厚的现金储备，他们也会采取降价措施并持续更长的时间。

企业商品定价程序

企业商品价格的制定需全面考虑，一般可以分为六个步骤，即确定企业定价目标、测定市场需求、估算商品成本、分析竞争状况、选择定价方法、确定最后价格。

第一步：确定定价目标

企业价格的制定是一种有计划有步骤的活动，是实现企业营销目标和总体战略的具体工作。因此，必须首先明确企业的定价目标。企业的定价目标可有多种。

一是投资收益率目标。企业定价要以达到其预期的收益率为目标。二是市场占有率目标。把保持和提高企业的市场占有率（或市场份额）作为一定时期的定价目标。三是价格稳定目标，避免价格战的发生。四是防止竞争目标，具有优越条件的企业制定价格阻止竞争者的进入。五是利润最大化目标，以追求企业长期的总利润最大化为目标。六是度过困难目标，或称维持生存目标。七是社会形象目标，以塑造一定的市场形象为目标。

第二步：估计需求

商品价格与市场需求一般情况下是成反比关系的。价格会影响需求，在正常情况下，市场需求会按照和价格相反的方向变动。价格提高，市场需求就会减少。企业商品的价格会影响需求，需求的变化影响企业的产品销售以至企业营销目标的实现。因此，估计市场需求状况是制定价格的重要工作。

1. 估计需求的价格弹性

对需求的估计，首先要估计需求的价格弹性，了解市场需求对价格变动的反应。

需求的价格弹性可用公式表示：

需求的价格弹性 = 需求变化百分比 / 价格变动百分比

如果某商品的价格有变动，但市场需求没什么变化，叫做需求无弹性；商品价格有变动，而需求的变化很大，叫做需求有弹性。当需求的价格弹性 >1 时，表明价格变动率小于需求量变动率，此产品富于需求弹性，或称为弹性大；当需求的价格弹性＝1时，表明价格变动率同需求量的变动率一致，此产品具有一般需求弹性；当需求的价格弹性 <1 时，表明价格的变动率大于需求量的变动率，此产品缺乏需求弹性。

2. 估计需求弹性的影响

商品需求弹性的不同对企业的定价有不同的影响。要注意以下几方面。

(1) 不同产品的需求弹性不同，企业的定价应不同。

当商品富于需求弹性时，商品价格稍微下降一点，销售量就会显著增加，企业的总收入也会增加；相反，稍微提一点价，销售量就会明显下降，企业的总收入也会减少。价格变动方向同总收入的变动方向成反比。对于这类商品，企业采取低价销售有利。

当商品具有一般需求弹性时，价格变动幅度与销售量变动幅度大小一致，方向相反，总收入不变。对于这类商品，企业不宜采用价格手段进行竞争。

在商品缺乏需求弹性情况下，商品价格下降很多，销售量也只有较少的增加，企业总收入减少；相反，价格提高很多，销售量也只有较小的减少。价格的变动趋势同总收入的变动趋势方向相同。对于这类商品采用低价达不到销售量增加和效益提高的目的，而有限制的较高的定价对企业有利。

(2) 同一产品在不同时期内或不同的价格区段需求弹性有所不同，企业也应采用不同的定价。

对需求价格弹性还必须估计其在不同的销售时期和处于不同的价格区段上的情况。许多商品弹性不是始终如一的，如某商品单价在 30 ~ 50 元这个价格区段里需求弹性 >1，而在 15 ~ 30 元这个区段中需求弹性 <1，企业要具体测定各区段的需求弹性，以决定正确的方法并找出理想定价点。

(3) 不同的消费者对同一产品的需求弹性有所不同。

有时需求强度不同的消费者对同种产品的需求弹性不一样，要认真加以区别，制定不同的方法。这正是差别定价理论的基础。

3. 企业估计需求要注意“反常”现象

在用需求规律分析消费者需求及变化时，发现有这样的例外，即在一定条件下，商品的价格上涨，消费者的需求量反而增加，价格一下跌，消费者的需求量反而减少。这种“反常”现象主要可以归结为两大类。

一类是所谓的吉芬商品。19 世纪英国经济学家罗伯特 · 吉芬爵士最先发现，人们对某些商品的需求表现为例外的上升的需求曲线。在需求曲线的某一部分，商品价格的上升导致一个较大的而不是较小的商品需求量，这种类型的商品被称之为低档商品或吉芬商品。如当时爱尔兰穷人吃的土豆是吉芬商品的一个典型例子。如果土豆价格上升，意味着穷人的实际收入减少，将迫使穷人减少较昂贵食物 (如肉类) 的消费，以致有可能购买更多的土豆来弥补食物的不足；反之，土豆价格下跌，意味着穷人实际收入增加，他们将有可能少吃些土豆，以购买一点较贵的食物。深入的经济分析可以证明，导致吉芬商品的需求曲线反向上升的原因是由于此类商品的收入效应的作用与替代效应的作用方向相反，而且收入效应的作用大于替代效应的作用。

另一类是市场营销学中心理定价策略的运用。研究发现，消费者的购买行为与消费者心理密切相关。消费者根据自己以往的购买经验认为，质量好的商品的价格总是要比质量差的商品价格高。因此，在消费者的心目中，价格高的商品就是质量好的商品。而且，人们通常认为，消费者享用的商品档次的高低反映着消费者经济地位和社会地位的高低。高档商品在一定程度上成了一个人经济地位和社会声望的象征。正是由于这种心理因素的作用，使消费者在某些情况下趋向于选购价格较高的商品。这样，有些商品的价格定得较高，对这些商品的需求量就越大；如果定得较低，对这些商品的需求量反而会下降。企业可以利用消费者对商品价格的这种心理反应，制定较高的商品价格。从而不仅从较高的价格中获得较大的单位产品销售利润，而且可以以高价吸引更多的顾客，以扩大市场份额，从增长的销售量中获取丰厚的销售总利润。适用“心理定价策略”的商品的需求曲线也是一条斜率大于零、向右上方倾斜的曲线。

不过，不同于吉芬商品，导致适用“心理定价策略”的商品的需求曲线向右上方倾斜的原因不是商品价格变动的收入效用，而是消费者对商品价格变化的特殊心理因素。

第三步：估算成本

企业在制定商品价格时，要进行成本估算，这对任何企业都不能例外。企业商品价格的上限取决于市场需求及有关限制因素，而最低价格不能低于商品的经营成本费用，这是企业价格的下限(这里不包括短期的、由于某种原因个别品种的价格低于成本费用的例外情况)，低于这个限度，企业无法维持再生产和继续经营。因此，制定价格要在企业目标已定、市场需求已摸清的情况下作产品的成本估算。

企业的成本包括两种：一种是固定成本，指在一定时期不随企业产量变化而变化的成本费用。例如固定资产的折旧费，产品设计费、租金、利息、管理费用等。它不能计人某阶段的某项产品之中，而是以多种费用的方式分别计人各种产品之中。另一种是变动成本，或称可变成本、直接成本，指随着企业的产品产量和销售收入变化的成本，如原材料、辅助材料、生产用燃料等。这部分成本随产品产量的变动成正比例变化，它可直接计人各种具体产品之中。

第四步：分析竞争状况

企业价格的制定除取决于需求状况、成本状况之外，还受着市场竞争状况的强烈影响。对竞争状况的分析，包括三个方面的内容。

1. 分析企业竞争地位

企业及其产品在市场上的竞争地位对最后制定价格有重要的意义，要在企业的主要市场和竞争能力方面做出基本的估计。列出企业目前处于何种状况，并在分析过程中考虑有关显要的非商品竞争能力，如服务质量、渠道状况、定价方式等。

2. 协调企业的定价方向

企业要通过各种公开发表的财务资料或其他资料中，或者从以购物者身份索要的价目表中了解竞争对手的产品价格，以使本企业价格制定更主动。这方面工作要考虑到竞争企业的定价目标及主要策略。

3. 估计竞争企业的反应

企业要把即将可能采用的价格及策略排列出来，进行试分析，估计和预测采用某些具体价格和策略可能引起的主要竞争企业及同行业的反应。企业的营销情报信息系统要提供有关竞争企业的材料，如财务、技术、管理方面的优势和劣势，非价格因素的长处与缺点，现行的营销策略以及对竞争的反应的历史资料，使企业的有关决策人员知己知彼，以制定相应的策略和采用适当的方法。

第五步：选择定价方法

企业定价方法的选定是前四个步骤工作的具体体现。常用的定价方法有以下几种。

1. 成本加成定价法

成本加成定价法是一种以成本为中心的定价方法，也是最传统的、最普遍的定价方式。具体做法是按照产品成本加一定的利润定价，如生产企业以生产成本为基础，商业零售企业则以进货成本为基础。此方法的优点在于所定价格能保证企业全部成本得到补偿，企业成本材料自己掌握，计算方便，同时在成本没有大的波动的情况下，有利于价格的稳定，并给消费者一种可靠的“将本求利”的印象。其缺点在于不能反映市场需求状况。成本加成法包含完全成本加成和边际成本加成法。

2. 竞争导向定价法

竞争导向定价法是以竞争为中心的、以竞争对手的定价为依据的定价方法。这里简单介绍几种定价方法：随行就市定价法，是指企业根据同行业企业的价格水平定价；追随定价法，是企业以同行业主导企业的价格为标准制定本企业的商品价格；盈亏平衡定价法，是运用损益平衡原理实行的一种保本定价方法。

3. 需求导向定价法

需求导向定价法是以消费者的需求为中心的企业定价方法。它不是根据产品的成本，也不是单纯考虑竞争状况的企业定价，而是根据消费者对商品的需求强度和对商品价值的认识程度来制定企业价格。主要有两种：一种是企业根据购买者或消费者对商品及其价格的认识程度和感觉定价，这种定价方法要求企业搞清消费者对商品的价值的判断；另一种是企业根据需求中的差异而进行差别定价。这种定价方法之所以能够实行，是因为在现实生活当中，消费者对同样的产品有不同的需求，其需求弹性是不同的。

第六步：确定最后价格

确定最后价格是企业制定价格的最后一个步骤。在最后确定价格时，必须考虑是否遵循这样四项原则：一是商品价格的制定与企业预期的定价目标的一致性，有利于企业总的战略目标的实现；二是商品价格的制定符合国家政策法令的有关规定；三是商品价格的制定符合消费者整体及长远利益；四是商品价格的制定与企业市场营销组合中的非价格因素是协调一致、互相配合，为达到企业营销目标服务的。

定价管理制度

(一) 估价

第一条估价要求

(1) 本公司估价活动必须遵守本制度之规定；

(2) 新产品、改良产品应由制造部门、设计部门或其他部门累计成本后，再予以慎重地估价；

(3) 估价的方式，必须经有关专家予以确认后方可择定；

(4) 销售经理必须仔细看估价单。

第二条掌握情报

(1) 估价单提出以前，必须尽量正确地收集顾客及竞争对手 (有估价竞争时) 的情报；

(2) 要积极地使用各种手段来收集情报；

(3) 必须慎重考虑有无洽谈的必要及洽谈的方式。

第三条估价单的回收

(1) 估价单提出后，必须保证正确而迅速的反馈；

(2) 根据估价单的存根，进行定期或重点研讨。

(二) 订货价格

第四条本部分旨在为营销人员接受订货过程中的价格决策确定明确的规范。

第五条本公司的标准品、新产品和特殊产品的成本及销售价格的确定，由成本研究委员会负责。

第六条成本办公室根据成本研究委员会确定的价格水平编制成本表和销售价格表，并负责检查营销人员交付的订货单所列示的价格是否正确。

第七条订货价格的决定权可分为两类：

(1) 由营销人员自行决定；

(2) 由总经理决定，或由成本研究委员会审定。

第八条营销人员在确定订货价格时，需兼顾本公司和客户的利益及业务关系，避免任何一方受到损失。

第九条在接受订货时，应认真调查客户的支付能力，以免货款无法收回。

第十条营销人员依据自己的判断，能够自行决定订货价格的范围包括：

(1) 以公司统一确定的价格接受订货；

(2) 订货额在 ×× 万元至 ×× 万元之间，且降价幅度为——%的标准品订货；

(3) 订货额在 ×× 万元以内，且降价幅度为——%的标准品订货。

第十一条订货单由营销人员交给成本办公室审核后，报销售主管核准。

第十二条营销人员在第七条规定范围内进行折价销售时，应填制“折价销售传票”，一式四份。

第十三条折价销售传票处理

(1) 折价销售传票，由营销人员手存，以作折价销售凭证之用；

(2) 折价销售传票，由营销人员交付客户；

(3) 折价销售通知单，由营销人员交付财务部；

(4) 折价销售统计单，由销售主管转交事务部作统计资料之用。

第十四条特价处理下列各项营销人员无权自行决定订货价格，需由总经理或成本研究委员会审议决定。

(1) 非标准品折价销售；

(2) 特别订货品；

(3) 因产品质量问题要求降价销售；

(4) 因交货时间迟延而要求降价销售；

(5) 因大批量订货而要求降价销售；

(6) 外购产品；

(7) 新产品订货；

(8) 其他与上述各项相关的情况。

第十五条订货价格的决定

在特别价格各项中，营销人员需向成本办公室提交订货单，并经销售主管审查。销售主管审定订货单内容后，属前面四项内容的交总经理决定订货价格，属后面四项内容的交成本研究委员会确定订货价格。

(三) 成本研究委员会

第十六条为准确地确定本公司产品价格，特设立成本研究委员会，委员会由下列成员构成：总经理 (主任)、常务董事 (副主任)、销售主管 (委员)、财务主管 (委员)、采购主管 (委员)、制造主管 (委员)。

第十七条会议的召开

(1) 例会每月固定时间召开；

(2) 临时会议在需要紧急确定订货价格时召开。

企业特殊定价营销策略

由于市场竞争的日益激烈，厂商的价格策略不断翻新，由于消费者对价格一般还是较为敏感，因此在定价方式上的创新同样可以起到促进销售的作用。在这一节中我们将介绍几种西方厂商所使甩的特殊定价方式。

花样百出的降价形式

当国内的厂商还停留在打折，大肆宣传跳楼价、吐血价的时候，国外的厂商已经在降价形式上不断地出新出奇，收到了奇效；

美国一家地下自动降价商店采用这样的一种方式，这家商店陈列的每一件商品，不仅标有价格，而且还标有首次陈列的日期，自开始陈列的12天内，按原价出售，若这件商品未能卖出，则从第13天起自动降价25%，再过6天仍未卖出，再降低到原来的50%，这样直至将商品送到慈善机构处理，这样的变相降价方式大大吸引了顾客，这家商店每天的营业额高达30万美元。

瑞士一家商店采取了一种所谓的“转灯”降价，商店老板雇几位口齿清楚的男士或身着艳丽服装的女士，他们推着红灯，手执麦克风，从一个铺位走到另一个铺位，介绍特价商品的范围、价格和降价钟点。时间一到红灯便开始闪烁，特价开始生效。所有商品在标价基础上再降50%。这一做法也起到了非常好的促销效果。

日本老板则更为精明，他们针对消费者在通货膨胀下的防卫心理。并不采用打折策略，令消费者感到货币的购买力不如从前，而是采用“100元买110元商品”的偷梁换柱推销术。这种推销术其实打折的程度比100元商品卖90元更低，而且可以让消费者形成一种货币升值的错觉。一家百货公司在采用这种定价策略后，其第一个月的营业额即增加2亿日元。

无形定价

这种定价方式指的是企业对产品事先并不给出一个明确的价格，而由消费者与厂商共同决定。

这种定价方式可以细分成两种，一种是讨价还价形式，一种是自由付款形式。

1. 讨价还价方式

这种方式给予了消费者参与的积极性，提高了消费者对本企业商品的兴趣。我国有些国有零售企业陡然兴起一股“面议”之风。面议的对象主要是一些工薪族。消费者从讨价还价中，既可以得到价格上的实惠，又能得到一种心理上的满足。这些国有零售企业实行这种定价方式后，吸引了大量的消费者入店采购。

2. 自由付款形式

即由消费者自选定价，自由付款。奥瑞特科贸公司是南京出现的首家自行定价商店。店家把商品的进价、运费及市场参考价一一标出，而商品零售价则由顾客做主。消费者记录下商品所标的进价和运费之后，一般在此基础上自行决定再加 10 元、50 元或是 100 元不等，便可将商品买走。

3. 一视同仁定价形式

不同的商品有不同的价格是营销的一般规律，但对于一些花色品种繁多的商品，零售商如果根据不同品种、式样分别定价，就必然出现一个庞杂的价格系列，这样会使消费者在挑选商品时犹豫不决，很难做出购买决定。

出于这一原因，不少企业在进行定价时，将产品进行了归类整理，属于同类即便不属于同种产品也给予同样的价格，不仅如此，有些企业甚至将此种定价方式推到极至，不论什么产品，定价都一样。

日本有一种“百元商店”每天吸引着大批消费者，成为日本目前最风光的产业。“百元商店”里，货架上品种繁多，文具、玩具、化妆品、电器、日用百货、各类服装，可谓琳琅满目，应有尽有。所有的商品都统一卖 100 日元。这种“百元商店”的生命力极强，在日本竞争激烈的市场上扎下根来，并得到发展。

影响促销组合的因素有哪些

一般来说，企业在将促销预算分配到各种促销工具或在确定促销组合时，需要考虑以下一些因素：

(一)产品类型

产品类型，是指产品属于消费品还是产业用品。从现代市场营销发展史来看，消费品与产业用品的促销组合是有区别的。广告一直是消费品的主要促销工具，而人员推销则是产业用品的主要促销工具。销售促进在这两类市场上具有同等的重要性。

(二)促销目标

确定最佳促销组合，还需要考虑促销目标。相同的促销工具用于不同的促销目标，其成本效益会有所不同。比如，尽管经营产业用品的企业花在人员推销上的钱远远高于广告费用支出，但是所有促销目标都靠人员推销这一种促销工具去实现也不切实际。

(三)产品生命周期阶段

在产品生命周期的不同阶段，促销支出的效果各不相同。在产品生命周期的介绍期和成熟期，促销是一个十分重要的市场营销组合因素。由于新产品初上市时消费者对其不认识、不了解，必须通过促销活动来吸引广大消费者的注意力。在整个产品的生命周期中，企业所应采取的促销组合，依各个阶段的不同而有所不同。总的来看，在引入期和成熟期，促销活动十分重要；而在成长期和衰退期，则可以降低促销费用支出，缩小促销规模，以保证足够的利润收入。

1. 产品引入期

当产品处于产品生命周期的引入期时，需要提高知名度。采用广告和公关宣传方式可以获得最佳效果，当然销售促进也有一定的作用。

2. 产品成长期

在产品成长期，企业的促销目标应有一个战略性的转变，促销重点应从一般性介绍转向着重宣传企业产品的特色，树立品牌形象，使消费者逐渐形成对本企业产品的偏好。因此，在这一阶段，社交渠道沟通方式开始产生明显的效果，口头传播越来越重要。如果企业想继续提高市场占有率，就必须加强原来的促销工作。如果企业想取得更多利润，则宜于用人员推销来取代广告和销售促进的主导地位，以降低成本费用。

3. 产品成熟期

在产品成熟期，竞争对手日益增多，为了与竞争对手相抗衡，保持已有的市场占有率，企业必须增加促销费用，但一般都会削减广告预算。因为在这个时期，大多数目标顾客已经对产品有所了解或者发现了现有产品的新用途，而销售促进手段又逐渐起着重要的作用。在这种情况下，加强促销能促使顾客了解产品，诱发购买兴趣。运用赠品等促销工具比单纯的广告活动更为有效，因为这时的顾客只需提醒式广告即可。

4. 产品衰退期

在产品衰退期，企业应把促销规模降到最低限度，以保证足够的利润收入。在这一阶段，广告仅仅起到提示作用，只用少量广告活动来保持顾客的记忆即可。公关宣传活动可以全面停止，人员推销也可以减至最小规模。但是，销售促进的某些活动可以继续展开。

第7章 分销渠道的建立规范化

销售渠道，指产品从制造商向最终消费者转移时所经由的通道，由商品所有权从制造商转移到最终消费者所经的组织机构构成。广义的销售渠道包括介入某个生产商的产品的生产、分销和消费的所有企业及个人，包括供应商、制造商、中间代理商、辅助商和最终使用者。

营销中间商的作用

中间商对消费者的作用

在传统消费者市场中，中间商对消费者提供各种明确的和隐含的服务。

首先，可帮助消费者搜索和评价，消费者再根据自己的判断和标准选择合适的零售店进行购物。另一方面，中间商通过对质量控制和产品评估，为消费者提供适当的服务，如跳蚤市场、折扣商店、专卖店等多种不同的零售服务。中间商提供的不同类型的评价和搜索标准服务，可以方便消费者进行产品选择和组合。

其次，帮助定位需求和选择适当产品。由于信息不对称，消费者不可能对产品有很多知识和判断能力，需要中间商提供增值服务，帮助消费者进行决策。如许多硬件销售商在展示不同硬件的同时，为顾客讲解有关知识并根据顾客需求和承受能力提供选择意见。因此中间商不但提供产品信息，还需要帮助顾客识别自己的特定需求。

第三，可降低消费者风险。由于消费者不可能了解所有的有关产品的信息，购买的产品与自己的需求会存在差异，因而在交易中，消费者面临许多潜在风险，中间商通过自己的产品专业知识和经验，可以帮助消费者合理选择和使用产品。

第四，提供产品包装运送服务。许多中间商为消费者提供便捷服务，降低消费者因购买产品而支付的交通成本。显然一个离消费者家只有两公里远的超市与有 20 公里远的超市提供服务的差别很大。最典型的例子是美国联邦快递公司，它利用信息技术辅助公司为顾客提供快速邮寄服务，成为专业运送服务中间商。

中间商对生产者的作用

中间商可以帮助生产者获取和传播产品信息、了解产品使用情况。生产者在告知消费者产品信息时，经常要依赖于各种各样中间商包括零售店、目录邮寄公司、广告代理。

中间商还可以帮助生产者促销，影响消费者的购买决策。中间商有很多途径来影响消费者的购买行为，比如产品布置摆放、广告宣传以及特别折扣等。生产者为推销其产品一般都与零售商建立起紧密的合作关系，使零售商在影响消费者时，自己的产品能处于有利位置。

中间商可以为生产者提供消费者信息。由于直接与消费者进行交易，中间商拥有消费者对产品的评价和购买情况等大量数据和信息，特别是 POS 系统在零售业的使用，使得零售商收集了大量有关产品购买行为和需求的有用信息，而这恰好是生产者所缺乏和需要的。

由于消费者千差万别，难免出现欺诈和偷盗行为，中间商作为专业机构可以替生产者分担此类风险，而生产者与中间商的交易由于规范和规模化，风险很低。

此外，中间商还可协调消费者和生产者双方的需求。当消费者与生产者需求产生矛盾时，中间商必须在两者之间进行协调以使双方均可以接受，如生产者希望多展示介绍其产品，提高产品知名度和拓展市场；而消费者则希望多展示自己需要的部分产品，其他产品予以忽略，以节省搜索寻找的费用。因而，中间商不仅需降低交易费用，还需提供其他诸多附加服务和社会功能。

现代销售渠道分析

渠道系统的一体化

传统的销售渠道是一种高度松散的、通过临时契约结合的网络。现代销售渠道逐渐向稳定紧密结合的方向发展，主要表现为以下形式。

1. 垂直营销系统

垂直营销系统是生产者、批发商和零售商组成的统一联合体。通过产权结合方式和特约代营关系组成市场效果目标和业绩目标一致的实体。垂直营销系统在美国已成为消费者市场的主要营销系统模式，占全部消费者市场经营额的70%～80%。根据其成员间的所有权关系及控制程度不同，可分成3种类型，具体为：一是公司式垂直营销系统，即一家公司在单一所有根下将生产与分销结合在一起，所有者可以是大工业公司或大零售公司。如美国以零售业著称的西尔斯公司，其货源的50%来自该公司握有股权的生产企业。二是管理式垂直营销系统，由有实力、规模、品牌优势的企业出面组织、建立的稳定协作关系的营销系统。如柯达、吉列、宝洁等公司都能获得经销商在产品陈列、货架空间和促销方面的积极合作。三是契约式垂直营销系统，指产权独立的企业在不同的生产和分配水平上组成的以契约为基础的营销系统。包括批发商倡办的自愿连锁组织、零售商合作组织、特许经营组织。

2. 水平营销系统

指两个或多个公司联合开发营销机会，通过横向联合，共同承担的营销系统。

3. 多渠道营销系统

多渠道的零售组织也称为商业联合集团，这种营销系统之间既有合作又有竞争，可以扩大企业的市场占有率。

渠道系统的数字化与网络化

1. 构建以网络技术为基础的“直通渠道”

随着计算机信息技术的高度发展，尤其是随着国际互联网应用的普及，电子商务成为 21 世纪人类贸易活动的主要方式。电子商务的迅猛发展，使全球贸易和营销进入一个全新的时代，即“没有 EDI(电子数据交换)就没有订单”的网络营销时代。企业必须利用和适应知识经济时代所提供的技术优势、信息优势和网络优势，实现贸易方式的根本改变，借助电子商务系统尤其是网络系统，使参加交易的各渠道成员以及银行、税务、海关等部门密切结合，共同从事网络环境下的电子商务。

2. 构建以网络技术为基础的“直通渠道”

电子商务既包括企业与企业之间的贸易，同时也包括企业与消费者之间的贸易。随着各种现代化通讯设施的普及，尤其是居民中拥有电脑的人数以及上网的人数不断增加，通过各种电子媒介，直接连接生产者和消费者的“直通渠道”将日趋成为渠道模式中的主体。渠道模式的这种变化，既为生产企业的发展带来机遇，同时也为消费者购物带来方便。企业在对原有渠道进行改造的同时，加快建设起以网络技术为基础，以跨时空、交互式、拟人化、高效率为特征的“直通渠道”，以适应终端消费者快速、便捷并富有个性的消费需求。

分销渠道的选择

商品因素

(1) 价值大小。一般而言，商品单个价值越小，营销渠道越多，路线越长。反之，单价越高，路线越短，渠道越少。

(2) 体积与重量。体积过大或过重的商品应选择直接或中间商较少的间接渠道。

(3) 时尚性。对式样、款式变化快的商品，应多利用直接营销渠道，避免不必要的损失。

(4) 技术性和售后服务。具有高度技术性或需要经常服务与保养的商品，营销渠道要短。

(5) 产品数量。产品数量大往往要通过中间商销售，以扩大销售面。

(6) 产品市场寿命周期。产品在市场寿命周期的不同阶段，对营销渠道的选择是不同的，如在衰退期的产品就要压缩营销渠道。

(7) 新产品。为了较快地把新产品投入市场、占领市场，生产企业应组织推销力量，直接向消费者推销或利用原有营销路线展销。

市场因素

(1) 潜在顾客的状况。如果潜在顾客分布面广，市场范围大，就要利用长渠道，广为推销。

(2) 市场的地区性。目标市场聚集的地区，营销渠道的结构可以短些，一般地区则采用传统性营销路线即经批发与零售商销售。

(3) 消费者购买习惯。顾客对各类消费品购买习惯，如最易接受的价格，购买场所的偏好，对服务的要求等均直接影响分销路线。

(4) 商品的季节性。具有季节性的商品应采取较长的分销路线，要充分发挥批发商的作用，则渠道便长。

(5) 竞争性商品。同类商品一般应采取同样的分销路线，较易占领市场。

(6) 销售量的大小。如果一次销售量大，可以直接供货，营销渠道就短；一次销售量少就要多次批售，渠道则会长些。在研究市场因素时，还要注意商品的用途，商品的定位，这对选择营销渠道结构都是重要的。

消费者的因素

一般地说，制造商要尽量避免和竞争者使用一样的分销渠道。如果竞争者使用和控制着传统的渠道，制造商就应当使用其他不同的渠道或途径推销其产品。另一方面，由于受消费者的购买模式的影响，有些产品的制造商不得不使用竞争者所使用的渠道。

例如，消费者购买食品往往要比较厂牌、价格等，因此，食品制造商就必须将其产品摆在那些经营其竞争者的产品的零售商店里出售，这就是说，不得不使用竞争者所使用的渠道。由于消费者对不同的消费品有不同的购买习惯，这也会影响分销渠道的选择。消费品中的便利品，如香烟、火柴、肥皂、牙膏、大部分杂货、一般糖果、报纸杂志等，消费者很多，因而其市场很大，而且消费者对这种消费品的购买次数很频繁，希望随时随地买到这种消费品，很方便。所以，制造商只能通过批发商和为数众多的中小零售商转卖给广大消费者。

因此，便利品分销渠道是“较长而宽”的消费品中的特殊品 (如名牌男西服等)，因为消费者在习惯上愿意多花时间和精力去物色这种特殊的消费品，所以特殊品的制造商 (即名牌产品制造商) 一般只通过少数几个精心挑选的零售商去推销其产品，甚至在一个地区只通过一家零售商经销其产品，因此特殊品的分销渠道是“较短而窄”的。

此外，一般消费品的购买次数多，每次购买数量小；而工业消费品用户一般都是购买次数少，如设备要若干年才买一次，制造商所需要的原材料、零件等都是根据合同一年购买一次或几年购买一次，每次购买量大。这就决定了制造商可以把产品直接销售给产业用户，而一般不能将产品直接销售给消费者，因为制造商多次、小批量销售会增加成本，不合算。

制造商本身的因素

主要指制造商本身的产品组合情况：某公司的“产品种类”有多少，如日本三菱汽车公司同时生产客车、小汽车、货车、摩托车四种产品；每种产品中有多少型号规格。某公司“产品种类”的多少，表明该公司的“产品组合”的宽度；而各种产品的型号规格数目的平均数，则表明该公司的“产品组合”的深度。

因此，如果制造商的“产品组合”的宽度和深度大(即产品的种类、型号规格多)，制造商可能直接销售给各零售商，这种分销渠道是“较短而宽”的；反之，如果制造商的“产品组合”的宽度和深度小(即产品的种类、型号规格少)，制造商只能通过批发商、许多零售商转卖给最后消费者，这种分销渠道是“较长而宽”的。

环境因素

影响渠道结构和行为的环境因素既多又复杂，但可概括为如下四种，即社会文化环境、经济环境、竞争环境和政府环境。

(1)社会文化环境，包括一个国家或地区的思想意识形态、道德规范、社会风气、社会习俗、生活方式、民族特性等许多因素，与之相联系的概念可以具体到消费者的时尚爱好和其他与市场营销有关的一切社会行为。

(2)经济环境，是指一个国家或地区的经济制度和经济活动水平，它包括经济制度的效率和生产率，与之相联系的概念可以具体到人口分布、资源分销，经济周期、通货膨胀、科学技术发展水平等等。经济环境对渠道的构成有重大影响，例如，生产太集中，人口分布面广，分销渠道就长。

(3) 竞争环境，是指其他企业对某分销渠道及其成员施加的经济压力，也就是使该渠道的成员面临被夺去市场的压力。竞争会影响渠道行为。

任何一个渠道成员在面临竞争时有两种基本选择：一是跟竞争对手进行一样的业务活动，但必须比竞争对手做得更好；二是可以作出与竞争对手不同的业务行为。

渠道级别及渠道组织

建立分销商的级别

分销渠道的作用很大，企业应正确规划分销渠道。

专家把分销渠道分为了 4 个等级：零级渠道、一级渠道、二级渠道和三级渠道。

零级渠道 (直接分销) 由将产品直接提供给目标接受者的机构组成，这种直接推销一般通过挨家挨户、邮寄形式或自己的销路进行；一级渠道有一个分配中介，比如零售药店；二级渠道包括两个中介：经销商和零售商；三级渠道有 3 个中介：经销商、批发商和零售商。

四大分销渠道

上述分渠道的级别即各渠道成员之间的关系不是一成不变的，一般来讲，分销渠道系统有 4 种类型。

(1) 直接渠道系统。传统的直接营销是指上门推销。随着科技的发展，特别是社会信息化，直接渠道系统内容日益丰富，比如直邮广告、电话直销、电视直销、邮购直销、网络直销、会议直销等。尤其是互联网的商用化开发和普及，工商企业在网上设立网址，开设电子商场(网上商场)，进行网上销售已成为一种具有广阔发展前景的最新的直销商业形态，称之为直复营销。对此，我们将在后面提到。

(2) 垂直渠道系统。垂直渠道系统近年来最重要的发展趋势是一改传统的销售渠道中生产者、批发商和零售商互相压制，为着各自利益讨价还价，各行其是，忽视渠道整体和利益的状态，而由生产者，批发商和零售商组成一种统一的联合体。不管在联合体中由谁处于支配地位，但彼此形成了统一的兼顾整体利益的系统。其基本特征在于专业化管理和集中执行的网络组织，有利于消除渠道成员之间的冲突，能够有计划地取得规模经济和最佳的市场效果。垂直渠道系统主要有 3 种类型：

①公司垂直渠道系统。它是指由一家公司拥有和统一管理若干个制造商和中间商，控制整个渠道，同时开展生产、批发和零售业务。

②管理式垂直渠道系统。它是由一个规模大、实力强的企业出而组织的，由它来管理和协调生产和销售的各个环节。名牌制造商有能力从零售商那里得到强有力的贸易合作和支持。

③契约式垂直渠道系统。它是由各自独立的公司在不同的制造商和中间商为了获得其单独经销时所不能取得的经济效益而以契约形式为基础组成的一种联合体，包括特许经营系统、批发商倡办的自愿连锁组织、零售商合作组织等。

(3) 水平渠道系统。水平渠道系统是指由同一层次上的两个或两个以上的公司为共同开拓新的市场机会而联合开发的一个营销机构。当一个企业无力单独进行开发或承担风险时，或相互合作有利于优势互补，能产生协同效应时，企业间就谋求这种合作。企业间的联合行动可以是暂时的，也可以是永久的，还可以创立一个专门的营销公司，这被称为共生营销。

(4) 多渠道系统。多渠道系统是指通过两条或两条以上的渠道将产品送到同一个或不同的目标市场。建立多渠道营销系统，可以增加市场覆盖面，降低渠道成本，更好地满足顾客需要，扩大产品销售，提高经济效益。但多渠道营销也有可能产生渠道冲突，因此，企业实行多渠道营销必须加强渠道的控制与协调，使多渠道系统健康发展。

分销渠道冲突管理

渠道冲突类型大体上有四种：不同品牌的同一渠道之争、同一品牌的同层级渠道间冲突、渠道上下游冲突、不同渠道间的冲突。

冲突解决办法

(1) 目标管理

当企业面临对手竞争时，树立超级目标是团结渠道各成员的根本。超级目标是指渠道成员共同努力，以达到单个所不能实现的目标，其内容包括渠道生存、市场份额、高品质和顾客满意。从根本上讲，超级目标是单个企业不能承担，只能通过合作才能实现的目标。一般只有当渠道一直受到威胁时，共同实现超级目标才会有助于冲突的解决，才有建立超级目标的必要。

对于垂直性冲突，一种有效的处理方法是在两个或两个以上的渠道层次上实行人员互换。例如，让企业的一些销售人员去部分经销商处工作一段时间，经销商负责人去企业制定有关经销商政策的领域内工作一段时间。经过互换人员，可以培养彼此设身处地为对方考虑问题的能力，便于在确定共同目标的基础上处理一些垂直性冲突。

(2) 沟通

通过劝说来解决冲突其实就是在利用领导力。从本质上来说，劝说是为存在冲突的渠道成员提供沟通机会，强调通过劝说来影响其行为而非信息共享，是为了减少有关职能分工引起的冲突。既然大家已通过超级目标结成利益共同体，劝说可帮助成员解决有关各自的领域、功能和对顾客的不同理解的问题。劝说的重要性在于使各成员履行自己曾经做出的关于超级目标的承诺。

(3) 协商谈判

谈判的目标在于停止成员间的冲突。妥协也许会避免冲突爆发，但不能解决导致冲突的根本原因。只要压力继续存在，终究会导致冲突产生。其突，谈判是渠道成员讨价还价的一个方法。在谈判过程中，每个成员会放弃一些东西，从而避免冲突发生，但利用谈判或劝说要看成员的沟通能力。事实上，用上述方法解决冲突时，需要每一位成员形成一个独立的战略方法以确保能解决问题。

(4) 诉讼

冲突有时要通过政府来解决，诉诸法律也是借助外力来解决问题的方法。采用诉讼也就意味道渠道中的领导力不起作用，即通过谈判、劝说等途径已没有效果。

(5) 退出

解决冲突的最后一种方法就是退出该营销渠道。事实上，退出某一营销渠道是解决冲突的普遍方法。一个试图退出渠道的企业应该要么为自己留条后路，要么愿意改变其根本不能实现的业务目标。若一个公司想继续从事原行业，必须有其他可供选择的渠道。对于该公司而言，可供选择的渠道成本至少不应比当前大，或者它愿意花更大的成本避免现有矛盾。当这些方法都不能奏效的时候，渠道变革不可避免。

有效防止窜货

窜货的绝大部分原因是由于企业在渠道管理上存在漏洞。因此，为避免或降低窜货的产生，企业应从渠道管理人手，加强宏观调控。

(1) 在市场上，不管是本区域，还是外区域都不要留下空白或虚覆盖，如果当地代理商能力比较弱，就给其他代理商有可乘之机，从而形成恶性循环。

(2) 要分析代理商的销售模式及因此产生的运作成本，为代理商提供适当的利润空间。利润低和利润太高都不是好事儿，价格一旦波动，要平息下来是非常困难的，周期很长。价格的波动比供应链中货量的波动周期更长，振幅更大。

(3) 销售压力对销量是有帮助的，但太大的压力就会造成不正常销售。有些企业为了完成任务，不是以开源为手段，而是采用蓄水池原理，这样自然是非常危险的；企业要加强与市场调研机构的合作，强化市场预测能力，以制定合理的销售目标。

(4) 正确运用激励措施。涉及现金的返利等激励措施容易引起砸价的销售恶果。因此销售奖励应该采取多项指标进行综合考评，除了销售量外，还要考虑其他一些因素，例如价格控制、销量增长率、销售盈利率等。返利最好不用现金，多用货品以及其他实物。促销费用要尽量控制在企业手中。

(5) 通过协议约束渠道成员的市场行为。强化用销售合同来约束渠道成员的市场行为。在合同中明确加入“禁止跨区销售”等条款，将渠道成员的销售活动严格限定在自己的市场辖区之内。在合同中明确级差价格体系，如果可能，在全国市场尽可能执行统一的价格政策，并严格禁止超限定范围浮动。将年终奖励与是否窜货行为结合起来考核，使返利不仅成为一种奖励手段，而且也成为一种警示工具。

销售渠道之批发商

批发商是位于商业流通起点的中间环节。批发商从生产厂家购进商品，然后转售给其他批发商、零售商、产业用户或各种非赢利组织。相对于零售商，批发商有以下特点：

(1) 批发业务主要是大批量采购，大批量销售，业务量大，业务覆盖的市场区域也大。

(2) 由于不直接面对个人消费者，所以批发商所处地理位置是否接近商业中。并不十分重要，而交通便利、通讯条件更为重要。

(3) 批发商的客户均属于产业市场，因此批发商的促销方式主要依靠人员的推销，很少做广告。

(4) 批发商在其专营的产品线内，通常同时经销多家同类企业相互竞争的产品，包括全国所有品牌、厂家和进口品牌的高中低档产品。一般而言，生产企业不能指望一家批发商专营某一家企业的产品。

批发商的类型

对批发商可以从不同的角度分类。按经营商品范围分类有：

(1) 普通商品批发商。其经营的商品范围较广，包括纺织品、文化用品、小五金、小电器、洗涤化妆品。批发对象主要是小百货店、杂货店、五金店、小电器店，是最接近零售商的批发商。

(2) 大类商品批发商。这类批发商专营某大类商品，经营该类商品的花色、品种、品牌、规格齐全，如糖酒、纺织品批发商。

(3) 专业批发商。该类批发商的专业化程度较高，专营某类商品中的某个品种。这类批发商最接近生产企业，是第一道大宗货物单一品种的批发商。他们将不同企业的同类产品集中起来，再按不同地区的客户需要批发出去。他们经营的商品品种范围虽然单一，但业务活动范围和市场覆盖面却大，通常是全国性、甚至是世界级批发商。如石油、木材、谷物批发商。

按所承担的职能和提供的服务多少可分为两类：

(1) 完全职能的批发商。即不仅从事商品的买进卖出，还承担商品的运输、存储、编配，还要向生产商或零售商提供融资活动。

(2) 有限职能批发商。为减少经营资金的占用和降低风险，这类批发商只承担典型批发商的一部分职能。有先收取客户的订单再向生产商订货的承销批发商；有由客户上门挑货提货并用现金结算的现购批发商；还有货架直接设在零售商店内自己管理送货、上架、持有存货和融资的货架批发商等等。

按经营地理范围划分，有从事国际贸易进出口的批发商、在全国范围从事商品批发经营的全国批发商、在局部从事批发交易的区域批发商。

对批发商的选择

生产商在选择批发商时，应根据自身产品特点、市场分布范围及财务状况等条件，制定对批发商的选择标准。

(1) 首先要考虑批发商业务范围的地理分布区域与企业目标区域是否一致。大多数企业在推出某种商品时，首先是在有限的市场上销售成功，因而应选择区域批发商而不是全国性的批发商。

(2) 其次，生产企业要考虑批发商所经营商品的范围及其顾客群的分布是否与本企业产品的目标顾客一致。如普通洗发水生产商选择普通商品批发商，因为其顾客范围分布广，属于便利品，可在小百货店或超市出售；高档有特殊功效的洗发水生产商则选择专业批发商。

(3) 批发商的市场营销能力。主要指批发商的业务联系面是否宽、人员素质是否高、促销能力是否强以及经营规模是否大，这些因素都决定产品的价值实现。

(4) 批发商掌握和反馈市场信息的能力。生产企业通常不直接接触最终用户，但又十分需要来自用户的信息反馈，来调整产品及营销策略组合。

因此，企业往往倾向于拥有专业市场供求信息和顾客反馈信息的批发商。

(5) 批发商的合作精神和能力。生产企业总希望选择那些乐于合作的批发商作为销售渠道。

销售渠道之经纪人、代理商和信托商

代理商和经纪人与商业批发商的本质区别在于他们对商品没有所有权，他们只是代理买卖双方牵线搭桥，代表一方签订合同，并以赚取佣金为目的，因此又称作为居间商人。

代理商的经营范围一般较窄，专业性较强，承担的职能是协助完成商品所有权的转移，不涉及商业批发商所承担的实体分销、融资、风险承担等职能。但代理商凭借其专业的市场、商品知识，行业内广泛的客户联系，迅速获取信息的能力以及强有力的谈判、推销能力，为社会所需，亦为企业开拓市场所需。可见，制造商的代理商更像是其推销员。

根据在约定的地区是否享有专营权可分为独家代理商(在约定地区一定时期内，对某些产品享有独家代理权)，一般代理商(不享有独家专营权，被代理人在同一地区委托多个代理商，自己也可以直接销售)。

制造商代理主要适用以下情况：

（1）小企业、新企业或企业产品十分有限，自己没有力量雇佣外勤推销人员。

（2）大企业在开发新的地区市场时，因不确定因素较多，一般也可先雇佣代理商，待销路打开，再派自己的推销人员或设立销售办事处。若潜在购买者数量有限，可仍委托代理商推销。

销售代理商

销售代理商通常被授权销售制造商盼全部产品，并对交易条件、销售价格有较大的影响，其销售推销范围一般不受地区限制，一般一个制造商只能使用一个销售代理商，而不得委托其他代理商或自己设置推销机构。制造商使用代理商实际是将全部的营销工作委托给销售代理商，后者成为该商品的全权代理。企业一般在那些需要集中精力解决生产和技术问题或自感营销力量有限时寻求销售代理商。销售代理商通常规模很大，不仅负责推销，还负责广告促销，参加国内外展销，调查市场需求变化，向生产企业提出产品设计、款式、定价等方面的建议。

采购代理商

采购代理商根据协议为委托人采购、收货、验货、储运及运交货物。例如服装市场上通常有大量常驻采购员，他们专为小城市的零售商采购适销的服装产品。

佣金商

佣金商在欧洲多从事生鲜农产品的代销业务，他们在批发市场上有自己的货位和仓库，可替代委托人储存、保管货物，并有责任代替委托人发现潜在顾客，以较好的价格交易。

进口和出口代理商

专门替委托人从国外寻找供需来源或向国外推销产品。

信托商

信托商是接受他人委托，以自己名义购销或寄售物品，并获取报酬的法人机构。具体形式一般有信托公司、寄售商店(以寄售的形式接受顾客委托，代办转让出售。主要是耐用消费品信托)、贸易货栈(在买卖之间起代理作用，即代客买卖、代购、代销，同时也兼其他服务功能，如代存、代运)、拍卖行。

销售渠道之商店零售商

零售商由从事零售经营的企业和个人组成，它直接面对个人消费者市场，是销售渠道的出口，商品流通的最后环节。零售商面对的顾客十分分散，其经营形式也十分多样化。

改革开放前，我国的零售商根据商品经营范围可分为百货商店，专业商店、副食品及分散于居民住宅区的杂货店。20 世纪 80 年代后，西方国家的主要的零售经营形式被大量引进，与我国原有的零售经营形式相结合。

1. 百货商店

百货商店有多个商品部组成，经营商品品种多、范围广。传统百货商店以经营高级软性商品为主，如服装、纺织品、化妆品，后来增加了诸如小五金、家具用品、体育用品、家用电器等硬性商品。

百货商店的规模一般较大，经营的每大类商品的花色品种齐全，内部装饰华丽，讲究商品陈列与橱窗布置。百货商店一般有较多的售货服务员，可提供商品咨询，提供广泛的服务。

制造商选择百货商店作为销售渠道时，首先考察百货商店在当地消费者心目中的形象是否与本企业产品的形象一致。其次，要考察该百货商店销售商品的品种、顾客情况、设施、门面、职工素质及所处地点。

2. 综合商店

综合商店实质是规模较小的百货店，只是每大类商品中的品种较少，档次较低，提供的服务项目较少。

3. 折扣商店

折扣商店是二战后发展起来的零售方式，其突出的特点是以比一般商店便宜得多的价格大量销售商品。为达到低价的目的，折扣商店采用以下措施：连锁经营、位置远离市区、简易装修、自助购货。如美国最大的连锁公司沃尔玛，有分店 6900 多个，其中在美国就有 4000 多家。近年来由于竞争激烈，折扣商店扩大经营范围、提供更多服务，并向专业商店发展。

4. 专营商店

专营商店的特点是经营单一大类，花色、品种规格齐全的商店。

5. 便利商店

接近居民生活区的小型商店。营业时间长，以销售方便品、应急品等周转快的商品和服务为主。近年来以特许加盟的形式迅速扩展。

6. 超级市场

超级市场是一种综合型食品零售商店。超级市场开创消费者自我服务的零售经营方式，并以大规模、快周转、低价格、低成本为其经营特色。现在超级市场的发展趋势是面积更大，品种更多，并扩展到其他行业如体育用具、药店、玩具等。

7. 仓储商店或批发俱乐部

仓储商店的最大特点是成包装出售，加价率更低。仓储商店鼓励大批量购物，将个人和小零售商一起作为目标顾客。

销售渠道之无门市零售

无门市零售是近年来在西方国家发展较快的零售方式，有人预言，在本世纪，无门市零售将占到零售总额的 1 / 3。

1. 上门推销

上门推销是营销人员直接上门，挨家挨户逐个办公室推销或举行家庭销售会。例如在化妆品市场上的雅芳公司就是典范。其特点是利用朋友、邻居、亲戚等关系，以减少阻力，增加亲和力，采用非专职的推销员业余推销。

2. 自动售货机

自动售货机现在已普遍运用于出售饮料、报刊、糖果、香烟等。它最大的优点是方便，24 小时工作，分布广泛，但机器设备昂贵，也可能被损坏，不便退货。

3．直复式营销

直复式营销是一种为了在任何地方产生可度量的反应和达成协议而使用一种或多种广告媒体相互作用的市场营销系统。简而言之，它是指使用多种媒体向消费者宣传商品，传递信息，然后通过互联网、电话、或信函给予订货答复，订购货物通过邮寄送抵顾客，用信用卡或支票方式付款。直复式营销的“直”是指消费者能直接对经营者的促销作用作出答复，欲购商品时可以马上订货。直复式营销一般利用互联网、广播、电视、电话等媒体向消费者实施促销。营销方式包括发送网上营销、邮寄广告、邮寄商品目录、电话营销、电视营销等等。

4．邮购目录

现在的消费者几乎可从邮购上买到任何一种东西，从最普遍的书籍、音乐和马球衫，到无奇不有的伦敦计程车、英国乡间领地或镶满钻石的胸罩等，都有可能。美国每年约有 130 亿份目录会被邮寄出去，照这个数字算起来，全美国的每一个男性、女性和小孩平均都会收到 51 份目录。一般来说，一户家庭每 4 到 5 天就会接到新的邮购目录。尽管女性占了邮购人口的大多数，男性的邮购人口在最近几年来也有愈来愈多的趋势。因为改变中的人口结构促使男性所要负担的购物责任愈来愈大，所以经由邮购来进行购物似乎比到商场买东西要来得经济有效多了。

成功的目录，它的创造和设计都是在市场上有高度区隔性的。西尔斯的目录业绩曾经滑落过，于是它以特殊精品的精选集取代以前那种厚厚一册的目录做法，将目标市场瞄准在特定的市场区隔上。某些类型的零售商也发现了邮购的销售效果比较好。

举例来说，电脑制造商就发现，通过邮购方式将电脑贩售给在家使用电脑的人或是小型企业的使用者，效果相当不错。就美国的电脑市场来说，几乎有 1 / 5 的个人电脑是通过邮购出售的，消费者若是经由邮购方式买到电脑，可省下大约 20%的经销商费用。有些邮购电脑公司甚至还提供一年以内的电脑免费维修服务；30 天内的全额退款保证；以及专门解决疑难问题的免付费电话号码。

邮购目录业就像直接邮件公司一样，也对高涨的邮资和纸张成本叫苦连天。为了削减这方面的支出，美国邮购商人正设法试用新的快递服务，成本只要邮政服务的九五折到八五折之间。这类替代性的快递方式通常会雇请专人把用塑胶纸包好的目录挂在收件人的门把上，这种做法的好处多多：可以掌控送达时间、没有法律可以约束送交的内容是什么，并减少邮购目录在邮箱里塞满的情形。

5. 电话营销

电话营销就是利用电话直接向消费者兜售商品。它包括了拨出的推销电话以及拨入的电话，也就是 800 免付费电话或 900 开头的付费电话。

拨出的电话营销是一种蛮具吸引力的直接营销技巧，因为邮资不断的提高，但长途电话费却日益地降低。另外，销售成本的不断提高也迫使营销经理开始利用电话营销的做法。营销经理在寻找方法控制成本的同时，也注意到应该如何快速地找到潜在顾客群，不要和太过严肃的买主扯太多以及和定期购买的顾客保持密切的友善关系。同时，他们也会为即将成交的业绩，进行比较长时间的电话沟通。

6. 电子零售

电子零售包括了 24 小时播放的在家购物电视网，以及通过电脑的网上购物。

7. 电视购物

电视购物是直接回应营销中很特殊的一种形式。这些节目会展示商品，收视者可拨免付费电话直接向厂商以信用卡的方式订货。随着忠诚顾客群的扩大，电视购物已快速成长为数十亿美元的消费市场了。事实上，电视购物可以将销售讯息传达到拥有电视机的每一户家庭里。

最有名的电视购物网站就是家庭购物网以及 Qvc 网——品质、价值、便利。电视购物网现在则推出了更新的服务，来吸引经济上更富裕的观众群。而且有许多传统零售商，如梅西百货公司、诺德史壮和史宾吉尔等，也都开始实验进行它们自己的电视网。电视购物更席卷了整个全球市场。

这些业者预见到家庭购物电视网将会在未来的互动式和多重媒体服务中，扮演一个非常重要的角色。而未来的家庭购物服务也会把消费者的电视转变成一台智慧型的电脑和现金收银机，可让消费者从中观赏付费电影和体育节目、进行电视购物以及其他类似活动。事实上，美国佛罗里达州的收视户现在已经可以从电视上浏览某一家超级市场两万种以上的商品目录，以及某药房所卖的7500种药品项目。只要使用遥控器，就可以轮替观赏这些商品，找出其中的指示用法或了解其中的成分。

8. 互联网网上购物

网上零售就是以个人电脑上网浏览购物网站、网上购物，这样一种双向互动式的服务。它可为顾客提供各式各样的资讯，包括新闻、天气、证券资讯、运动消息和购物新知等。使用者通常可以每月付费的方式，“订阅”这些资讯，并得到购物上的服务。他们经由电脑“进入”网上服务中；或者，零售商也可以开发并配销自己的商品目录光碟，专门用于个人电脑上。

销售渠道之零售经营

对于通过零售方式推销产品的企业来说，除了了解零售经营形式外，还应了解零售企业的战略选择特点和未来发展趋势。

1. 零售企业的战略组合

销售比较独特的商品和位居最好的商业地段远远不是现代零售商经营战略的全部，这是因为，大规模和集中化的生产，交通的发达便利，使得各个商店经营的商品种类、品牌突破了地域限制，相差无几，同时商业繁华区的概念也日趋模糊。现代零售商的经营决策实际上已成为一个多方位因素的组合，并力求组合中凸显自己的特色。

零售战略组合的因素主要有：目标顾客(区域、收入水平)、经营商品品种的宽深度、商品品质的高低、为顾客提供服务(完全服务或顾客自我服务)、购物环境、促销与广告、商品订价(高加价低销量或者低加价高销量)、地点选择(地点的位置、网点数量)。

确定战略组合后，进一步是制定差异化策略，包括产品差异化、服务差异化。例如有些企业经营全国性品牌为主，有些经营自有品牌；除了售前、售后服务，还提供各种附加的特色服务如免费停车、分期付款等。

2. 现代零售业的发展

现代零售业的发展呈现以下主要趋势：

在组织管理上，传统的独立零售商日益被连锁经营和特许经营所代替。

新的零售方式不断出现，由于竞争的加剧，每一种经营形式生命周期越来越短。经营战略相互渗透，经营范围突破传统范围。如超市经营处方药，百货店经营超市和汽车零配件。

在顾客购物方式上，不断倾向于自我服务、开架售货。这要求制造企业增加广告并改进包装，以便于消费者认识和挑选商品。

存货管理和售货管理计算机化，商品条码化，实行了科学管理，提高了经营效率。零售企业品牌迅速发展。使用自己品牌的零售商对生产商实际上已形成竞争的关系，制造商在利用零售商销售产品时，应对使用谁的商品品牌作出决策。

总之，对生产企业来说，尤其是那些以消费者为目标的企业，了解中间商的分类，其各自不同的经营特色及未来发展趋势，对组建自己的销售网络系统是十分必要的。

销售渠道之连锁商店

连锁商店是由同一公司所有并统一经营管理，包括两个或以上的商店。这些商店有相类似的商品大类，实行集中采购和销售，甚至有相似的建筑风格和标志。在世界零售行业中排名第一的美国沃尔玛公司，在全美有3000多家连锁店，在世界其他各地的连锁店有近2000家。

真正意义的连锁商店是由单一资本经营，是一个权力集中的大资本，对企业的各方面实行高度统一的管理，包括采购、人事、财务、广告、定价，分店只负责组织分店的销售和提供服务。在实际发展中还有其他形式，如自愿连锁和特许连锁。自愿连锁是由批发企业牵头，成员在保持资本独立前提下自愿组织的零售集团，成员店在资产上独立，人事上自主，在经营上也有很大的自主权，但所经营的商品必须大部分或全部从总部或同盟的批发企业进货。特许连锁是由企业将自己开发的商品、服务、营销技巧，以特许形式授予加盟店在规定的区域内的经销权，加盟店则需交纳一定的营业使用费。关于特许形式以下还有详述。

连锁商店的优势在于以下方面：

(1) 销售规模大，可大量进货，充分利用数量折扣和较低的单位定价和运输成本。

(2) 集中管理，连锁公司内部实行专业分工，雇佣优秀专业人员。在总体策划、存货、配送、定价、促销等决策方面实行科学管理。

(3) 结合批发与零售功能，尽可能直接对国内外制造商订货。

(4) 统一做广告，可使各分店均受益，费用分摊后，达到促销的经济有效，同时还可以利用自己的声誉扩展市场。

(5) 连锁经营将分散的赢利集中使用，投资于设施和管理的现代化，如建立现代化的配送中心、信息中心，租用通信卫星网的线路。

(6) 各分店可以有一定的自由，如商品构成的地方特色，一定幅度的灵活定价。

总之，连锁商店的优势来源于它的规模。它突破了传统零售商业因顾客和市场分散而单店规模发展的局限，通过集中达到规模。规模不但带来强大的讨价还价能力，从而可以压低进价成本，而且获取经营中的规模效益，如设备的现代化，人员的分工，费用的分摊等。

连锁商店的巨大采购与销售能力和规划的管理，特别适合大型、成熟的制造商，尤其是产品相对标准化而销售面较广的企业，两者之间甚至可通过计算机网络实现自行订货。中小企业也可以利用连锁商店的品牌扩展市场，同时连锁店在熟悉消费者的需求基础上，自行确定产品的设计、品质、价格和数量，按计划组织中小生产企业进行生产，然后收购。对农业生产者来说，连锁店强大的食品销售能力，可以加快生鲜易腐农业、畜牧业、渔业产品的周转，减少损耗，扩大销售。

连锁商店在我国的发展大致从 20 世纪 90 年代初开始，此后得到迅猛发展。现有连锁商店的经营形式主要有超级市场、方便店、百货商店、平价商店 (类似折扣商店)、餐饮店、专卖店和服务行业的干洗、彩扩、维修等连锁店。连锁经营可通过科学化、规划化、集中化管理，提高我国商业、服务业的管理水平和经营效率。

此外，发展连锁业也是一条使我国分散的中小商业形成规模经济的道路。对制造企业来说，认清这一发展趋势，开发适合连锁经营方式的商品，与连锁商业集团建立稳定的供货关系，将有助于为本企业产品建立有效的销售渠道。

销售渠道之特许经营

特许经营是广义连锁经营的一种，但又有所区别。特许经营是指特许授予人与被特许授予人之间通过协议授予受许人使用特许人已经开发出来的品牌、商号、经营技术或经营模式的权利。为此，受许人必须先付一笔首期特许费，此后每年按销售收入的一定百分比支付特许费。受许人一般是零售商，特许人可以是制造商、批发商、服务公司。特许经营涉及的行业很多，包括汽车经销商、加油站、餐饮业等。

特许经营是当今零售和服务行业最具有潜力和效率的经营组织方式，特别适合那些规模小且分散的零售和服务业。与其他的经营方式相比，其独特之处在于：特许经营系统的核心是特许权的转让，特许人与被特许人之间关系由协议规定，但人事财务是独立的，双方没有代理或隶属关系，各受许人之间相互独立没有横向联系；特许人在特许期间向受许人提供必要的信息、技术、知识、训练，受许人在特定的期间、特定的区域享有特许人商号、产品和经营技术权利，同时须按协议规定从事经营活动并交纳管理费。

特许经营可分两种类型：

(1) 产品和商标特许经营。在这种形式中，特许人通常是制造商，同意授权受许人对特许产品进行商业开发。在美国最典型的是汽车制造商，石油公司授权的加油站，以及可口可乐等饮料公司。

(2) 经营模式特许经营。这种形式的特许人与受许人之间的关系更为密切，受许人不仅被授权使用特许人的商号，还有全套的经营方式的指导和帮助，包括商店选址、产品和职务的质量控制，人员培训、广告、财务系统和商品供应等。这种特许经营形式常见于餐馆、旅店、洗衣店及照片冲洗等，麦当劳是这一模式最成功的例子。

特许经营对特许人来说有以下好处：

(1) 以较小资本便可获得业务的较大扩张，自己不必维持庞大的管理机构，承担的风险较小。

(2) 受许人是自己企业的所有者，因而能更投入地经营，而且作为当地人能熟知当地的兴趣偏好，这有利于特许人事业的发展。

(3) 通过协议，特许人可要求受许人遵守有关经营规定，保证服务质量。另一方面，特许人面临的风险是：

(1) 若受许人未按合同规定严格保证服务和产品的质量标准，特许人的商誉会受到影响。

(2) 由于两者独立的利益关系，从而产生摩擦，这要求特许人必须善于处理人际关系。

(3) 受许人可能会隐瞒销售收入以减少支付特许费。

(4) 成功的受许人可能产生独立的想法，成为以后的竞争对手。

对受许人来说，他可以从特许经销关系中得到以下好处：在自己独立经营的同时得到经营方面的知识、经验和关系，享受已有品牌及相应的广告宣传所带来的利润，并得到特许人在专业方面的指导、培训采购等服务，这些对新企业尤为重要。受许人面临的潜在问题是：同一地区受许人之间的竞争，特许人由于扩张太快而服务、产品供应能力和促销跟不上，或者受许人有时会感到特许人的干预太多，无法发挥自己的才能。

从整体来看，特许经营主要适合小企业和市场分散的服务业。对小私人资本来说，特许经营减少了独立开业的失败风险；对市场分散的服务业，一家具有良好商誉和经营技术的企业要接近尽可能广的消费者，特许经营是最快捷也是最经济的方法。

对消费者来说，特许经营可使特许人的优质产品或服务更容易得到，并使产品的标准、质量得到保证。例如美国麦当劳的汉堡包，中国东来顺的涮羊肉、全聚德的北京烤鸭。

销售渠道成员关系管理

生产企业的销售渠道管理的一个重点是处理与各网络成员的关系。

1．建立销售渠道资料库

企业要注意与渠道成员进行双向沟通，注意收集、整理各销售渠道成员的信息资料，分别为他们建立资料库。凡是与销售渠道成员有关的信息，如市场覆盖面、营销额、商品构成、价格、广告、资本、声誉、竞争地位等都可收集，并分别为每一个成员建立一份档案，作为评估和管理销售渠道成员的依据。

2．密切与中间商的关系

传统的处理中间商关系的方法是以自己为中心，采取胡萝卜加大棒的两面手法，如高利润、补贴与推迟交货、终止供货的方法，从长远来看，这种合作方式也不稳固。如何建立与中间商长期稳定的合作关系？只有在加深对中间商的了解基础上，建立一套有计划、实行专业化管理、垂直的市场营销系统，把生产企业与中间商牢牢地结合在一起。

了解中间商的需要和对生产企业的愿望，包括在价格、交货情况、促销、市场调研、培训和售后服务方面所需要的合作。在此基础上，确定双方的合作目标、存货水平、广告、促销和培训方案。

3．激励中间商

通过对中间商的有效激励可达到对销售渠道成员的有效控制和管理，所有激励中间商的方式归纳起来有三种：

(1) 评奖，通过设置目标奖、成本奖、合作奖、付款奖的方式激励中间商。

(2) 竞赛，通过在营销网络内开展销售竞赛、服务竞赛、促销竞赛，调动成员的经营积极性。

(3) 地位提升，如评选最佳经销商，或由一般经销商提升为特约经销商，或提升为地区、全国总代理等。

4. 冲突管理

一方面要采取措施预防冲突。在营销网络中获取领导地位，取得信任和尊重；网络成员之间加强沟通，协同工作；在生产企业决策时，必须考虑中间商的利益，以适当的方式帮助中间商，以利开展工作；预先进行损失投保。

另一方面妥善处理冲突。冲突产生后，营销网络领袖有责任制定明确的解决方案，采取有效的协调方式，控制局势，避免事态的恶化。当事的双方应头脑冷静，共同对问题调查，澄清事实，明确责任，探讨解决的办法。

实体分配管理

实体分配即通常所说的“物流”，指商品从供应方到需求方的物理空间移动，包括存货、送货等环节。实体分配管理包括：

1. 存货控制

存货控制的方法是在科学预测商家的订货时间和数量的基础上，调整企业的生产，确定其库存数量。

首先是商家订货时间预测。虽然经验是决定订货时间的常用方式，但以下公式为确定订货时间提供重要依据。

安全订货点 = 订货前置时间 × 使用率

安全订货点是发出订单时，商家为了防止商品脱销需要维持的最低存货量。订货前置时间是自订单发出以后到收到货物所需要的平均时间。

使用率是在某一段时间内，顾客每天购买数量。

其次是商家订购数量的预测。商家在确定订购数量时主要考虑订货成本和存货成本。定货成本是从发订单到收到货、验货发生的订货处理费用。存货成本包括仓储费、资本成本、税金保险费、折旧与废品损失。

再次是服务水平。企业制定存货水平时，要考虑到提供给客户的服务是否令其满意，保证客户的订单及时处理。企业在制定服务水平时应考虑的因素有：信任度、沟通情况、事先通知、送货时间、财务问题、商家对企业的服务期望及竞争状况。

最后是存货水平控制。

在确定以上要素后，一方面企业可以帮助客户建立科学的存货制度，尽量使客户的成本降低。例如发达国家正推行的 EOS 系统就是一种用于零售商盘点和处理订货的管理设备。另一方面预测客户订货时间和订货数量，适时地调整生产，控制库存量。

2. 配送

配送是按照用户的要求．在物流据点进行分货、配货工作，并将货物交给收货人的过程。它要求在完全配货的基础上，完全按照客户的要求，包括种类、品种搭配，数量、时间等要求进行运送，是“配”和“送”的有机结合。

从服务方式上讲，配送是一种“门对门”的方式，将货物从配运中心送到客户的仓库或家中。由于现代消费的“多样化、个性化”，配送要求是“多品种、少批量”。企业在满足客户的要求基础上，为了降低经营成本，要求将小批量的订货转为大批量商品集合，充分利用运输能力。于是产生了“共同配运”的方式，也就是几个企业联合起来，共同组建和使用一个配运中心，共同制定配运计划，使用配运车辆，共同对某一地区的用户进行配送。

3. 销售渠道信息管理

有战略眼光的企业都非常注意利用销售渠道收集信息。例如：

日本的三菱商社，在 128 个国家建立了 124 个分支机构，雇员 3700 多名，总部每天从各分支机构收到的电报 4 万多份，电话 6 万多次，邮件 3 万多份。

首先是信息的收集。企业利用销售渠道收集以下信息：市场信息，包括竞争产品和竞争者信息；用户需求及售后评价信息；有关未来产品变化方向及开发信息、与未来企业目标市场的发展与扩大有关的市场开发信息；有关顾客私人背景的档案信息；销售渠道成员的经营实力和经营特征信息。

信息收集要做到快、真、新、廉。收集的方法一般有以下几种：

固定反馈制度. 利用计算机网络和现代通信工具及时接受反馈信息，

如我国以经营绸布闻名的“谦祥益”，早在 1919 年就建立了“一天一封挂号信”。

（1）调查表，专门为深入研究某一问题而设计，以收集全面、具体的信息。

（2）销售会议，利用企业举办的各种订货会、展览会、洽谈会、展销会、座谈会等形式收集第一手资料。

（3）联谊活动，经常举办一些由企业管理人员、销售人员和营销成员的代表参加的旅游活动、联谊会、舞会和研讨会。

其次是信息整理、分析与使用。整理信息就是使信息系统化、条理化，便于储存与分析。企业搜集到的信息往往是鱼目混珠、真假难辨，剔除其中错误、片面或虚假的信息是整理的第一步。其次是将性质相同的资料按一定的标准进行归类、编号整理。然后，对经过整理的资料进行定量和定性的分析，揭示信息背后的规律。最后利用分析的结果用于管理实体分配、评价或调整销售渠道戒员、以及调整营销整体策略。

如何挑选适合中间商

为了实现企业的市场营销目标，各企业都须招募合格的中间商来从事渠道分销活动，从而成为企业产品分销渠道的一个成员。

选择条件：

1. 中间商的市场范围

市场是选择中间商最关键的因素。首先要考虑预先定的中间商的经营范围所包括的地区和产品的预计销售地区是否一致。其次，中间商的销售对象是否是生产商所希望的潜在顾客，这是个最根本的条件。因为生产商都希望中间商能打入自己已确定的目标市场，并最终说服消费者购买自己的产品。

2. 中间商的产品政策

中间商承销产品种类及其组合情况是中间商产品政策的具体体现。选择时一要看中间商有多少“产品线”（即供应来源），二要看各种经销产品的组合关系，是竞争产品还是促销产品。

3. 中间商的地理区位优势

区位优势即位置优势。选择零售中间商最理想的区位应该是顾客流量较大的地点。批发中间商的选择则要考虑他所处的位置是否有利于产品的批量储存与运输。通常以交通枢纽为宜。

4. 中间商的产品知识

许多中间商被规模巨大、而且有名牌产品的生产商选中，往往是因为他们对销售某种产品有专门的经验。选择对产品销售有专门经验的中间商会很快地打开销路。因此生产企业应根据产品的特征选择有经验的中间商。

5. 预期合作程度

中间商与生产企业合作得好会积极主动地推销企业的产品，对双方都有益处。有些中间商希望生产企业也参与促销，扩大市场需求，并相信这样会获得更高的利润。生产企业应根据产品销售的需要确定与中间商合作的具体方式，然后再选择最理想的合作中间商。

6．中间商的财务状况及管理水平

中间商能否按时结算，包括在必要时预付货款，这取决于其财力的大小。整个企业销售管理是否规范、高效，关系着中间商营销的成败，而这些都与生产企业的发展休戚相关。

7．中间商的促销政策和技术

采用何种方式推销商品及运用选定的促销手段的能力直接影响销售规模。有些产品广告促销比较合适，而有些产品则适合销售人员推销。有的产品需要有效的储存，有的产品则应快速运输。要考虑到中间商是否愿意承担一定的促销费用以及有没有必要的物质、技术基础和相应的人才。

8．中间商的综合服务能力

现代商业经营服务项目甚多，选择中间商要看综合服务能力如何，有些产品需要中间商向顾客提供售后服务，有些产品在销售中要提供技术指导或财务帮助。合适的中间商所能提供的综合服务项目与服务能力应与企业产品销售所需要的服务要求相一致。

第 8 章 营销主管的职责描述与职能范围

作为一个主管，你必须掌握一定的专业知识和专业能力，随着你的管理职位的不断提升，专业能力的重要性将逐渐减少。作为基层的主管，个人的专业能力将非常的重要，你要达到的程度是，能直接指导你的下属的实务工作，能够代理你下属的实务工作。

如何成就一个优秀的主管

正确地把握市场

营销主管应当做到对需求预测、销售效率分析、趋向变动分析、季节变动分析、相关关系分析、市场占有率分析、购买动机分析、竞争者分析等驾轻就熟。

能对工作业绩提出保证

很多公司的营销主管有权利要求自己的薪水，尤其是美国，他们用实力去保证业绩，也用这项保证去要求自己的报酬。他们认为营销主管必须自己宣布自己的目标，自己对那个目标负起责任，并争取相应的报酬。

能根据事实作判断

营销主管对员工作出判断，不应是听员工说了什么，而应是看员工做了什么。如果部下提交的报告是“大概……”之类的词语，一定要确定一下事情的究竟，决不能让这类模棱两可，语气暧昧的报告去左右判断。

有良好的人际关系

在某种程度上说，一个营销主管能否在社会上立足，不仅是看他能做什么，而更重要的是看他有多少朋友。良好的人际关系可以表现出一个人的社会活动能力。

能简化各种复杂问题

一个成功的销售主管应该能够把握重点，解决疑难，却又让遇到困难的人觉得事 情原来是这么简单。

建立相应的工作规范

销售部的工作是一项很系统的工程，各个环节都紧密相连，所以，应该让所有的 工作都标准化，以使员工有章可循，减少工作混乱。

能设身处地了解员工

对部下的真实工作情况不了解的营销主管是不合格的。在制定一个工作计划时，如果对各部分工作完成的难度和所需条件不了解，很难保证计划的实施效果。

善于自我激励

许多人都有这种错觉，认为成功一定是被某事激励后所产生的一种行动。其实不然，强烈的动机往往是在行动之后才激发出来的。请记住："赢家不等待感觉，他可以用行动去创造感觉。"

要赢得大家的支持

玩弄权术所造成的成功只是暂时的，一个营销主管要争取的是真正的支持者，同事、上级以及更重要的部下的支持。而这些人是否真正支持你，则完全看你待人的态度。

具有恒心与毅力

通往营销主管成功之路，充满着无数坎坷和陷阱，最后的输赢往往取决于你的恒心和毅力。坚定的信心和顽强的毅力能让你不断披荆斩棘而终获全胜。然而恒心和毅力意味着不断的牺牲，这种付出能使一个平凡的人成为不平凡的人。"愚公移山"便是明证。

促进销售，创造利益

营销主管应该站在顾客的立场，把顾客的一切需要都考虑周到，并提供顾客所需要的服务。换句话说，只有做到系统化营销，才可能创造更大的利润。

总结过去的成功的经验，把成功的秘诀告诉部属

虽然失败的分析有时是必要的，但过分介意过去的失败会打击自己

的自信心，影响当前工作的开展。营销主管不妨多分析过去的成功，并记着把总结的经验写下来，教给自己的部下。

能够正确对待失败

失败并不可怕，关键在于失败后怎么做。俗话说："失败是成功之母"。但应切记的是：失败并非一定是成功之母，两者之间并没有必然的母子关系。

作为营销主管，工作中不可能没有失败，关键还在于如何化失败为动力，下面有儿种方法：

(1) 诚恳而客观地审视周围形势，不要归咎于别人，而应反省自己。

(2) 分析失败的过程和原因，拟定计划，采取必要措施，以求改正。

(3) 在重新尝试之前，想象自己圆满完成工作的情景。

具体写下今后几年的目标

一个人不懂得争取的话，成功不会凭空而来。营销主管应该将自己的目标具体地 (可能的话，应该使用数字) 写下来。如在一年内、两年内、五年内所要达到的工作业绩。此外，还应清楚地列出对自己的财力、地位、知名度、交友范围，以及其他有关自己所要求的目标，每年朝着那个目标全力以赴地去奋斗。

营销主管的自我衡量

如何衡量自己是否是一名合格的营销主管呢？下面列出了七组供测试的问题，你可以通过对这些问题的回答 (是肯定，还是否定) 来进行自我检测。

第一组

①是否不知道自己产品的市场占有率，从而作不出需要预测呢？

②是否不知道自己产品的季节变动因素，从而使生产计划变得混乱？

③是否抓不住市场实态，而用强迫推销的方法去销售呢？

④是否对过去的败因分析不够，而重复着过去的失败呢？

以上四个问题若选择“是”占多数或全部选择“是”说明不能把握市场。

第二组

①没有适当的销售目标，随意分配销售比率。

②对于销售目标，没有赋予销售员充分的推销动机。

③没有适当的利润，卖得越多越赔钱。

④每个月的营业额是否过分不规则。

以上四个问题若选择“是”占多数或全部选择“是”说明销售目标有错误。

第三组

①营业额增加很少，患了慢性营养不良症。

②销售促进活动虽然花了很多钱，却一点也看不出效果。

③销售促进的构想已经枯竭了吗？

④不知如何选择用量少的流通成本，去促进物品和服务流通的营销渠道吗？

⑤广告费花很多，广告效果却一点也看不出来。

以上五个问题若选择“是”占多数或全部选择“是”说明销售战略错误。

第四组

①对于每一种商品的特性了解不足，不知如何去访问推销，以致业绩低落。

②尚未想出应付顾客反对意见的话语。

③是否有太多推销能力太低的销售员。

④对购买心理的研究不足吗？

⑤为处理顾客的诉怨和不满而过度忙碌吗？

⑥推销员为没有商谈能力而苦恼吗？

以上六个问题若回答“是”占多数或全部选择“是”，说明销售人员的能力不足与缺乏。

第五组

①销售部门士气低落，推销员倦怠吗？

②人员的流动率过高吗？

③采用的推销员适当吗？

④人事配置适得其所吗？

⑤有些推销员为人际关系而苦恼吗？

以上五个问题，若大部分选择“是”或全部选择“是”，说明推销员斗志不足。

第六组

①销售部门与生产部门的协调是否不良？会议是否占有太多的时间？

②是否对推销员管理不善？是否不做日报表，推销员一出门就把事情搞砸？

③上司想要教育下属，下属又想改变上司，以致双方互相牵制同床异梦。

④销售业务过度复杂，以致计算和情报都停滞而不流畅。

⑤组织内部派系斗争激烈，上下左右缺乏信赖感，以致人人心情都不开朗吗？

如果以上五个问题回答“是”占多数或全部选择“是”，说明销售活动管理有误。

第七组

①货款回收困难，呆账过多？

②赊账管理与资金管理从不一目了然吗？

③每个推销员的销售效率没有被计算出来吗？

④预定目标与实际业绩从不做比较吗？

如果以上四个问题回答“是”占多数或全部选择“是”，那么数字管理有问题。

营销主管的管理准则

销售方针的确立与贯彻

(1) 销售方针的内容。

①销售方针是营销主管在自己所辖的业务范围以内，制定促销及营运方面的方针。

②销售方针分为长期方针 (3 ～ 5 年) 及短期方针 (1 年以内) 两种；营销主管所决定的属于短期方针。

③销售方针的确立，应以公司经营的目的为基础。

(2) 销售方针的定立。

①明确公司业务的经营目标，依据董事长与直属上司的政策，制定适合的销售方针。

②销售部对于各方面的问题，如：市场开发、利润的提高、广告宣传、回收管理等等，都必须制定方针。

③配合当年的营运重点及公司的经营方针来制定销售方针。

(3) 销售方针的贯彻。

①除了以口头发表说明之外，还要发布文件，以期方针能正确并彻底地实施。

②尽量避免自己 (上司) 认为有关人员 (属下及其他人) 已经明白，而实际上并未彻底了解的情形发生。

③销售方针公布后，仍需反复地加以说明。

销售计划的要点

(1) 销售计划的内容。

①营销主管所拟定的销售计划，不能仅包括以销售额为主体的预算数值和计划的实施步骤。

②应包括销售组织、商品、消费者、售价、销售方法、促销(包括广告和宣传、销售预算等)在内的广义计划。

(2) 拟定销售计划时应注意的事项。

①配合已拟定的销售方针与政策来制定计划。

②拟定销售计划时，不能只注重特定的部门(或个人)。

③销售计划的拟定必须以主管为中心、全体销售人员均参与为原则。

④勿简单地沿用前期的计划或制定习惯性的计划，必须要拟定新计划，确立努力的新目标才行。

(3) 销售计划的实施与管理。

①主管对于销售计划的彻底实施，必须负完全的责任。

②拟定计划后，要确实施行，并达成目标，计划才有意义。所以，销售计划的实施与管理必须彻底。

③计划切勿随便修正，除非遇到情势的突变，或尽了一切努力，仍无法达成目标时，方可更改。

销售部内部组织的营运要点

(1) 销售组织与业务效率。

①销售部内的组织和推销人员的关系、组织的编成方式和业务效率及销售有密切的关系。

②营销主管对于自己所辖部门的组织形态和有效率的营运，应经常留意。

③不可忽略组织管理的研究。

(2) 组织营运的重点。

①销售组织有效率地营运，首要关键在于营销主管的努力，尤以营销主管的领导能力发挥最为重要。

②对于推销人员，要训练其团队精神。

③在销售组织里，要特别注意：

销售的分配与配置；任命、报告系统；责任与权限的明确划分。

(3) 权限内组织的修正。

①销售组织的大纲，应由董事会或董事长裁决营销主管的权责。

②在营销主管的权限内，应视环境的变化而修正组织，使之具有适应性；对于组织的合理化，也需立即着手进行。

适当人选的配置

(1) 适当人选的配置。

①并非每个人都适合做市场的开发工作，故要选用挑战欲望较强的人员担任此项工作。

②以兼职的性质来从事市场开发，是收不到效果的；故组织需重新编制，设立专门的部门及配置适当人选。

③公司内若无适当人选，可向外寻求。

④行动必须勤勉而积极，并要有耐性。

(2) 营销主管应有的态度。

①营销主管应身为表率，去应付更强的竞争者。

②当部属求援时，要即时行动。

③若市场开拓的情况未见好转 (或趋向不利)，要经常与部属接触，对部属工作进行指导。

促进销售的重点

(1) 一般的重点。

①公司及销售部门必须具有综合性促销计划和实施方法。

②在决定销售方针、销售政策前，必须进行综合性调整。

③企划、计划的事项必须在不失时效的条件下确实施行。

(2) 直销部门应注意的事项。

①不要做出与自己公司的营业和销售实情不合的推销方法。

②倘若销售不佳，不可只责备推销员(直销部门)，应视为大家共同的责任，而加以反省与检讨。

③不可太固执于自己的企划，应随着情势的变化，迅速修正企划。

(3) 销售部门应注意事项。

①关于销售的促进，不可完全依赖销售企划部门。

②让各科实行独自的销售计划。

③综合性的、基本性的销售计划所需情报和构想应由销售经理提供。

④销售部门是否能够提高销售，这完全是主管的责任。

宣传、广告的要诀

(1) 宣传、广告政策。

①应将宣传、广告政策当做与市场开发有密切关系的政策。

②根据营业与销售的基本政策、销售战略环境来制定宣传、广告政策。

③有关宣传、广告方面，应同业务部门的干部召开研讨会商讨，及时调整政策。

(2) 宣传、广告业务的管理。

①宣传、广告业务的管理应由宣传科或销售促进科、销售企划科等专任管理，并且能够实施专门化管理。

②宣传、广告预算要在年度计划中，依广告主题、内容、方法编列预算。

③当销售各部门一起研商时，不要以个人的构想，或外行人的技术为凭借，应尽量采用专家的意见。

(3) 借助公司外的机构、专家时应注意的问题。

①不要因过去的人际关系、惯例等而随便签约。

②应保持自主性，不可尧全依赖他人。

③签约时，应提出自己的意见、期望及条件。

④对于每一次的广告主题，都要充分地洽商、研究。

展示会、旅行招待会的实施要诀

(1) 共同要点。

①企划时，不要完全依赖以下做法。

高层上司的构想；经理的构想；特定部下的意见；过去计划的惯例；同行业的做法。

②要特别重视利润。

利润的算法可以采用以下两种方法：

个别计算各展示会、旅行招待会的利润；综合计算一定期间内所有的展示会、旅行招待会的利润。

③尽早定立计划。计划前应充分地调查、分析、研讨。

④会场上要用和谐的态度，主动地招待顾客。

(2) 展示会的要诀。

①不可依照销售经理的喜好来选择展示会的商品。

②销售经理应亲临租用的会场察看。

③销售经理要亲自邀请主要的客户莅临。

(3) 旅行招待会的要诀。

①事前要确知参加者的姓名、人数，并特别留意参加者是否携带家眷或同伴。

②分配房间时，销售经理应成为中心人物，尽量使气氛热闹。

销售统计的处理要诀

(1) 统计内容的决定。

①作太多的销售统计徒劳而无功，故只要把必要的加以统计并迅速正确地做好即可。

②应以销售经理为中心，与有关人员共同协议，确定何种统计才是

必要的。

③适时检查统计内容，就会发觉有些统计是不必要的。

(2) 统计的方法。

①尽量节省手续及时间。

②有效地利用电子计算机及其他计算机器。

③利用其他部门(如财务、企划、制造部门)所作的统计资料。

④当同一销售部门的各单位作同样的统计时,应由一个单位做好后，再送给有关的单位。

(3) 统计资料的有效运用。

①统计的结果往往与经验或直觉不尽相符，故不可轻视统计。

②有效运用统计对于销售促进方面最为重要。销售经理与全体有关人员应对统计资料予以重视，并运用于销售业务上。

销售主管的职责

(1) 有些营销主管并不了解自己的职责。

①要全面地、正确地了解营销主管的职责。

②站在当事人(营销主管)的上司或部下的立场来看，就会发现销售主管常做出不适合自己职位的工作或事务来。

(2) 把握的原则。

①营销主管对自己应做哪些事情需进行计划安排。

②应依自己公司的组织、职务规定等把握销售主管的责任范围。

③需视情况的变化，判断什么事最重要，什么事应先处理。

(3) 不能偏爱于自己的喜好。

①营销主管切勿专注于自己喜欢的事务，而忽略其他事务(例如专注于销售活动，而忘却对属下的管辖责任)。

②往往自己不拿手或讨厌的事情，正是管理者应尽的职责。

管理者的配置方法

(1) 分担的工作要适当。

①每个部门的业务分担，可依分担规定等实施，重要的是销售主管本身应分担何种工作。

②个人的业务分担，量的方面不可过多或过少，质的方面应求适合。

(2) 把握实际情况。

①身为销售主管，应该知道自己的部属负责何种工作。

②最好能制作一张图表，以了解各部属的工作情形。

③人数多时，定期地做个人职务分析与工作分担调查法。

(3) 重点应放在重要的工作上。

①个人的分担工作，应从最重要、不可缺的工作开始。

②管理者不要因工作太多，或工作忙碌，而忽略了工作的分担。

③销售业务的重要性依内外情势的变化而有所不同，故不可把分担的工作，固定让一个人处理。

权限委任的方法

(1) 权限的内容。

①权限委任一般是根据职位划分的。

②权限的区分：

共同权限；个别权限；职务间共同的；因职务不同而有所不同的。

(2) 权限规则的决定。

①对主管以上的人员，按公司的权限规定 (虽然有些事情没有规定) 执行。

②主管以下，即股长、主任及一般员工，也需明确规定其责任权限。

③营销主管应在可能的范围内，决定自己部属的责任与权限。

(3) 委任的要诀。

①若欲将工作的决定及处理委任给部属，应视部属的能力来处理。

②各部属能力的判断，应公正客观地把握。

③应有计划地逐步将一些事情委任给部属，否则，部属永远不会提高真正的能力。

营销主管命令部属的方法

(1) 命令系统的确立与遵守。

①命令系统是联络组织上下的系统，但有些组织并未明确地设立此种系统，致使指示、命令贯彻不力。

②原则上，命令系统应将命令依序逐级下达，若有特殊情况，需直接命令时，应将命令告诉受命者的直属上司。

(2) 命令的内容要明确。

①命令的内容应具体、简洁、易于了解。有时，自己认为易于了解，但对方(受命者)可能并不明了。

②下达命令时，切勿加上希望、注意事项或抱怨等。

(3) 要确定受命者是否完全了解。

①最好让对方复述一次，以确认他是否了解。

②一定要让受命者带着备忘录，以便把内容记下来。

(4) 经过结果的追踪。

①不要以为命令下达，就算了事。

②若受命者未提出报告，应主动地追踪、观察其结果。

营销主管接受部属报告的方法

(1) 报告制度的确立。

①应于事前决定提出报告的对象、事情、时间及方式。

②一定要让部属遵守报告制度。对于不遵守者，应加以强调(或反复地说)，促使其履行。

(2) 接受报告时。

①应让提出报告者先说出结论，若有时间，应尽量听其说明经过。

②口头报告时，接受者需保持热心倾听的表情及态度。

③对于书面报告，应审阅。

④不管是口头或书面报告，若部属的报告不得要领时应教导他。

(3) 安抚、指导与支援。

①部属完成报告后，身为上司，应视情加以安抚与激励。

②必要时，身为上司，应作指导，若认为部属需要支援时，应立即行动。

营销主管褒奖部属的方法

(1) 褒奖的重要性。

基于下列理由，用人时，褒奖是不可缺少的。

①褒奖后，部属会产生信心。信心就是力量，褒奖会使其深具信心。

②受到褒奖，心境自然愉快，碰到困难的事，也不觉得苦。

③受褒奖后，会增加对上司的信赖感。

(2) 褒奖的要诀。

①褒奖就是承认对方优秀、工作出色。

②褒奖时：要了解值得褒奖的事实；若固执自我，将看不见他人的优点，更谈不上说出褒奖的话了。

(3) 不可奉承。

①奉承与褒奖在意义上不同。奉承是夸大其辞，或任意褒奖。

②奉承之事，偶而为之，并无大害，但常常如此，会使: 部属变得无能; 对上司失去信赖感。

营销主管告诫及责备部属的方法

(1) 告诫及责备的必要性。

①褒奖会使人内心舒适，是用人不可或缺的；但培养部属，告诫及责备也是必要的。

②部属受了上司的告诫、责备后，就会自我反省，因而会有所进步。

③若用会损及对方的自尊心、面子的方法，是不会有效果的 (如在

他人面前指责等)。

(2) 注意事项。

①一般应保持褒奖三次，指责一次的比例。

②先褒奖，再提出告诫。

③告诫、责备的时间越短越好。

④要选择对方在心理上能够接受的时候。

营销主管管理部属的方法

(1) 把握应注意的重点。

①要正确了解管辖部门的全体部属的情形,先决条件是留意各细节。

②营销主管若对重要的事情不甚留意必会遭致部属怀疑，而失去权威。

(2) 管理的方法。

①根据数值。应注重计划、预估与实际数值的差异。

②根据报告。从口头、书面报告,掌握各问题的内容及重点,以便管理。

③根据会议、检讨会等。若营销经理经常不在公司内，这种方法最为有效。

④根据观察。在室内，可静坐观察；在室外，则应以巡视、巡回等方法观察。

(3) 自我管理为原则。

①只有在上司监督下,才会努力工作的人,实在太没有敬业精神了。

②要培养不管上司在不在，都会尽力工作的人，以创造良好的工作气氛。

营销主管与上司关系的注意事项

(1) 把握上司的方针。

①销售主管的上司是高阶层人士，故营销主管需要正确地把握其上司的方针与想法。

②若对上司的方针不了解，便要主动地请示。

(2) 指示与命令的接受法。

①接受时，需力求明确，若有不明了处，应以礼貌的态度请示。

②要以愉快、热心、诚恳的态度接受。

③重要的事要记录在备忘录里。

(3) 报告、联络的要诀。

①需依规定实行报告、联络。

②报告时，应先提出结论，对经过的说明，要配合上司的询问及时间的限制。

③书面报告应站在审阅者的立场来实施。

(4) 告诫、责备的接受法。

①对告诫、责备应虚心地接受，不可当场辩解。

②若上司的告诫有明显的错误，应另外找时机，委婉地说明。

营销主管本身若能恰当地实行上述各点，对部属也能保持上司应有的正确态度。

营销主管与其他部门的联络与协调

(1) 特别重要的联络、协商。

①销售业务内容特别复杂或重要的事件。

②销售业务需要和其他部门共同协调处理时。

③互相间存在着误会或双方步调不一致时。

④事件的处理，对其他部门有很深的关联性时。

(2) 联络、协调方法。

①利用会议。应视事件的重要性，经常召开。

②利用电话、文书等。事件的内容特别重要时，经常使用电话、文书等。

③应采取主动的态度。主动作访问，或接受对方的访问。

(3) 应采取主动的态度。

①不可嫌麻烦，应主动与其他部门联络、洽商。

②不要存着“对方应该会与我联络”的想法。

销售业务的改善与合理化

(1) 营销主管应保持正确的观念。

①对该如何有效地处理自己所管部门的业务，应深切地表示希望改善。

②除有正确的观念外，也不可忽视或压抑部属的改善意见、构想、提案等。

(2) 改善与合理化的手续。

①决定改善合理化的对象(尽量把重点放在效果大的事项上)。

②相关业务的实态与调查分析(调查越广泛，越能清楚地了解实态)。

③改善合理化的案件的检讨与决定，需有充分的人员和时间。

④案件的实施与修正应迅速地执行(使用新方法，发生障碍时，应除去障碍，修正案件)。

(3) 改善与合理化的范围。

①对全公司的事务或特定的事项，若有专门负责合理化的部门时，除了此一部门应处理的事务外，其余的问题均归自己所管的部门负责。

②只要是营销主管的责任权限内的事务，均不可忽视。

营销主管执行职务的方法

(1) 视部属是自己的镜子。

①欲了解领导者的才能如何，观察他的部属便可一目了然。营销主管应记住这一点，并以之为处事、行动的准则。

②若有不能充分发挥能力或不能主动办事的部属，营销主管应视之为自己的责任。

(2) 身为营销主管要以身作则。

①必须身为表率，部属才会服从。

②上司是部下的模范，若上司经常迟到，就不能对迟到者提出告诫。

③干部要怀有先忧后乐的态度。

(3) 经常反省。

①虽然自己认为没有错，但若站在别人角度，就会发觉自己的言行或对事务的处理，有很多有待改进之处。

②若能经常自我反省，就可发现自己的缺点。这时，应有坦率接受的勇气，并立即改正。

自我启发的要诀

(1) 自我启发的重要性。

①自我启发对所有的人都是必要的，对身为销售业务领导者的经理，更是重要的事。

②人大多有好逸恶劳的本性，即使销售经理也不例外。

(2) 自我启发的方法。

①工作方面。对自己的工作，若全力以赴，自然就会进步。

②生活方面。若能适当地安排自己的生活，使之更充实，也是一种自我启发。

③要做各种努力，学习、阅读、听取他人的意见、自我学习、参加研习会、参观等，都可以增加见闻。只要努力，学习的方法是无穷的。

营销主管的管理技巧

销售人员的激励

激励部属士气是衡量营销主管能力的条件之一。激励销售人员的方法多种多样，主要有目标激励，竞赛激励，荣誉激励等。

授权

所谓授权就是指上级授给下属一定的权力，使下属在一定的监督之下，有相当的自主权和行动权。在销售工作中也经常使用授权这种方式，可以从两个方面去理解授权。

(1) 为何要逐级授权。

对于一个营销主管来说，其能力、精力和时间都是有限度的，现代心理学研究证明：对于大多数人来说，同时思考两个以上问题时，思维效率大大降低。而销售主管的日常工作千头万绪，往往要处理大量纷繁复杂的问题，当然这其中也有一些是相对简单而且不那么重要的，在这种时候，销售主管就应该考虑授权，将一些简单的日常问题交由下属处理，并授予下属处理这些问题所需的权力。这样可以大大地提高工作效率，从而让营销主管能有更多的精力和时间去处理一些更t要的例外问题，便于统筹整个销售全局，而下属也因此得到了锻炼的机会。

(2) 授权技巧。

合理适当授权能收到上述的良好效果，但在授权过程中有些细节问题需要注意，这就要求营销主管具有更老练的授权技巧。

首先，选定合适的授权对象。由于不同的下属在家庭背景、受教育程度、社会经历、工作经验以及天赋方面的差异，导致他们在工作能力方面的强弱不同。按照授权的谨慎性原则，营销主管必须对下属的特点、性格、能力等各方面进行分析，从中选出工作能力强，意志坚强并适合所授工作的下属，对其进行授权。

其次，赋予一件完整的任务并提供完整的相关训练。授权时，授权者必须向被授权的下属明确所授事项的任务目标及权责范围。一般来说所授的任务通常都是一件完整的任务，这样被授权者更能看清任务的全部，更好地处理任务的各个方面，免受掣肘。同时，由于被授权者(下属)的工作与所授任务(原属于营销主管的)有相异之处，为使其能更好地、更有把握地完成所授任务，营销主管必须给被授权者提供完整的相关训练。

再次，所授权的工作，必须能有利于提升该下属的专业涵养。上面已经进过，授权具有栽培下属的功能，所以，授权的意义不仅仅是完成任务这么简单。从这个角度出发，营销主管对所授权的工作也有要做适当地选择。另外，还必须拟订一套考核方案，这是为评价和控制的需要。根据这套方案，如果被授权的下属不能承担职责时，应明智地及时收回职权。同样，如果下属完成所授权的工作成效卓越，就应给予肯定和表扬甚至奖励，让其有更强的自信心。

营销主管的管理原则

管理原则为基层管理的决策和行为提供基本准则。

管理原则与管理过程有何联系？法国人费伊尔是第一位把管理理解为一个独立的管理过程、具有几个独特职能、建立在某些原则基础上的专家。费伊尔于 1916 年发表的著作引导人们普遍接受了管理过程的观念。他的管理原则被人们普遍认为是实施管理过程的应用准则。

管理原则由众多实际操作准则构成，包含了管理活动的最基本内容。以下是一些对基层营销主管最具价值的原则：

1. 工作应该进行分工以保证每个人都能完成特定的部分。比如说制作帆船：第一个人制作船身，第二个人焊接，第三个人制作船帆。再比如办公室的工作：一个人负责登记定单，另一个人打印信件，第三个人填写信件。费伊尔把这种想法称之为工作分工和专业化。

2. 管理者必须拥有发布命令和指示的权力，但也必须承担工作做得不好的责任。比如一个基层营销主管有权要求一名业务人员开发新市场，但如果业务员没有完成任务，责任就要由主管负责。由于受“官本位”影响，同时也由于大家对管理的认识不足，在中国企业中，人们对权力的理解具有很大的片面性：责任意识不强，对权力的欲望远远高于对责任的认识。事实上，不是权力等于责任，而是责任等于权力。如果不承担责任而拥有权力，那么权力无异于灾难。

3. 管理者要致力于建立员工对自己的信心，并且最终让这种信心转化为对自己的忠诚。换言之，如果你想从员工那儿得到忠诚与合作，你自己首先要忠诚并且乐于与人合作。

4. 一个人只能有一个上司。费伊尔把这称做统一领导。实践证明：如果一位员工听命于几个上司，混乱和冲突就将无法避免。

5. 每个组织只能有一个主要计划和一套压倒一切的目标。比如公司的整体信誉就是准时发货，当供应部门以低价从不可靠的供应商那里购买的原材料造成生产部门的产出不能按时完成时，统一指挥就被打乱了。

6. 为遵守统一指挥的原则，所有个人，尤其是管理者，必须把组织利益置于其个人利益之上。费伊尔解释说，如果有职权的人都各自为政，组织中的其他人就要受到伤害。

7. 工资和奖金应该体现出每个人的努力状况，体现出每个人对组织目标的贡献大小。这是很重要的。费伊尔认为员工应该按个人价值获取报酬，而不是按照倾向于给员工施加恩惠的管理者的想象。同时，员工福利也必须得到重视。福利水平取决于企业的发展速度和盈利水平。工资待遇和奖金是个人能力和个人贡献的报酬，而福利则是员工应该从企业发展中得到的好处。

8. 命令和指示应该按照从较高层管理者到较低层管理者的连锁领导方式运行。费伊尔还说到，正式的交流和抱怨应该以同样渠道反馈到上层。实践证明，允许和鼓励不同部门之间相互交流工作信息是很好的想法。当一位经理越过业务主管向员工发布命令或一位员工去主管的上司那儿表达不满时，真正的问题就出现了。

9. 员工们受到的待遇应该是平等和公正的。费伊尔把这称为公平。当主管让一名员工休息而挑剔另一名员工时，就会引起员工间的不满和冲突。

10. 管理者应该在员工中鼓励创造性。费伊尔建议："对一个整体来说，鼓励这种能力是很重要的。为让下属得到这种满足感，管理者必须能够牺牲自己的某些虚荣心。其他事情也是一样，能够认可某些下属的创造性的管理者要远远高于那些不能做到这一点的管理者。"

最没有出息、最无所作为的主管就是那些与下属争功的主管，他们或者将下属的创意据为己有，或者将共同的认识视为自己的发明，掩盖下属任何突出的表现。主管首先是一种境界，他最大的成就首先不是业绩，而是让平凡的下属或者产生不平凡的业绩，或者产生不同凡响的创意，"他是一个乐于看到下属优秀的人"。

营销主管的目标计划

目标的制定要先于计划。因为计划是达成目标的方法，目标就是目的，目标在先计划在后。从逻辑上讲，你必须首先决定你想去哪里以及要求你的单位实现什么任务，这就是你的目标。你应该仔细地、系统化地确立自己的目标。确立目标可以按照下列七个步骤来进行：

1. 考虑一下整个公司的目标，不要只考虑自己本区域的目标。思考一下公司和自己区域的消费者需求和愿望。

2. 评价一下你部门的优点和弱点，分析一下这些优点和弱点在实现公司目标和在为公司消费者服务方面将如何帮助你或阻碍你。

3. 不要在早期就匆匆下结论。相反，让你的头脑随时转向新的机会，例如，思考提高业绩或减少费用的方法。不要把自己限制在上一年的目标和当初如何实现上。如果你能预测到什么事情会改变你明年的处境，这将会帮助你把精力集中到未来几个月更有意义的目标上。

4. 与那些将不得不帮你一起完成计划的人和能够给你支持的人进行协商。参与制定目标的员工更愿意为实现目标做贡献。比如，参与协商的相关部门或人员会提醒你注意潜在的危险，他们将告诉你哪些是他们全力支持的目标。

5. 选择一套合理的目标。这种目标应该符合两个条件：一是为组织的目标做出一份贡献；二是对你的区域来说切实可行。

6. 对区域目标进行等级安排。就是说，把最重要的部分摆在前面，把不重要的放在后面。

7. 密切注意限制因素。考虑一下公司或其他部门对你的区域可能存在的限制条件。你的区域不可能在真空里生存，在制定计划时应考虑一下现实条件。

一般说来，你自己编制的或由别人为你编制的目标都是在不久的将来要达到的目的。这些目标将约束你的区域的业绩、工作质量和允许的费用。通常，还包括一些与员工相关的，例如，部门出勤率、人员调整等方面的目标。这些目标常常是定量的(数字或人民币来表示)而不是定性的。

在多数公司，你和自己管理的区域市场实现目标的方式，会成为你将得到什么样的提升或被推荐做何种工作的决定性因素。这就是为什么说要达到目标，重要的是制定详细计划的主要原因。

为了使目标制定得更能激发人们的兴趣，就必须使目标成为员工要努力去做的事，而不仅仅是员工想做的事。下述几个重要准则可以使你的目标更有效：

1. 业绩表。比如当你制定一个目标时，你应该说“每天要取得100

份定单”，而不是“我们要提高工作效率”。前者是业绩，即目标，后者是希望的结果，即一种愿望。

2. 明晰性。目标应该在条件、可能达到的业绩数字方面表述清楚。

3. 时间规定。目标业绩必须与一定的时间相联系，例如，“平均每天回款 10 万元”，“全月销售 2 万件”。

营销主管的计划编制过程

目标确定后,就进入了计划编制过程。有效的计划产生于明晰的目标。但这些计划依赖于系统的计划编制过程，正如你在确立目标时所做的一样。一般而言，计划的编制过程包括六个步骤：

1. 制定一个核心计划。这个计划和重心应该落在你的主要目标上。例如，公司的目标是推广新产品，你的部门的核心计划就应该把这个目标放在第一位。

2. 编制辅助计划。这个计划需要你考虑如何使你的部门的每项活动都服从于核心计划。

3. 把你们所能做的每件事情都规定出具体的数量和时间。当员工们知道他们应该完成的数量时，计划才能顺利进行。既然计划都是指将来——明天、下周或下月要做的事情，那么时间和日期的要求也是最根本的。

4. 分配工作任务。计划是为大家制定的，贯彻每一部分计划的职责应该落实到每个人身上。

5. 向所有相关的人解释计划。计划既然要由大家分担，那么就应该向大家说明计划的理论依据及目标的合理性，这样员工会更愿意合作。

6. 定期检查你的计划。环境和条件是不断变化的，你应该定期检查你的计划，看看它是否也需要做些调整，导入PDCA循环(计划—执行—检查—完善后继续行动)。

尽管计划应该是坚定的、严肃的、清晰的，以便相关的人都能明白并严格执行，但计划不能太教条以至于你不能根据不可预料的环境变化来调整它。一个好的计划应该具有容许适当选择的弹性。比如某个品种因为竞争原因不能如数完成，就应该通过扩大其他品种销量的办法来完成总体销售目标。

在实际工作中，通常根据计划的持续时间和目的对计划进行分类：

1. 长期计划。一般由高层管理者制定，有效期可达1～5年。

2. 短期计划。一般由基层营销主管制定，有效期最长是1年。在部门业务中，短期计划可能是1天、1星期、1个月、1季度。

3. 固定计划。是指那些常年没有多少变化的活动。它一般包括员工行为、健康和安全事宜、工作程序、日常纪律以及类似的事情。

4. 专项计划。一般只使用一次，然后就要根据情况进行修改。比如部门的预算方案和推广计划，这些计划一般只维持1周或1个月，接着就要制定新的计划。

一般来说，基层营销主管要按照短期计划和专项计划的要求进行日常经营活动，但是基层营销主管也要相应贯彻许多固定计划以完成日常相对不变的目标和政策。

营销主管所制定的公司政策

公司政策是所有活动的总体准则。这些准则是公司目标和基本经营原则的反映，在很大程度上，它们代表着公司对员工、供应商、顾客以及社团的公开承诺。然而，在实际经营中，它们又是管理者完成工作任务的准则。许多有关具体操作的政策为基层营销主管尽可能发挥自己的判断力提供了机会，其他政策由限制管理自由的固定规则和程序加以稳固。

政策通常是由公司的高层管理者制定的。但是，如果基层营销主管不把这些政策变成第一线的行动，那么政策就仅仅是高层管理者意见的汇总而已。

下面以一项关于纪律的政策为例。这里列举的是从高层决策人员到最前线的基层营销主管如何理解纪律政策的：

公司总经理说："我们的政策是为了履行公平的、正常的控制，以便规范员工的行为。"

负责业务的副总经理说："公司关于出勤的政策是，习惯性旷工将受到惩罚。"

销售部经理说："这是监督旷工的规则。主管要密切注视没有缘由的

旷工，并且终止那些在 3 个月里已连续 3 次缺勤或迟到的现象。"

基层营销主管说："非常抱歉，我不得不暂时解雇你，你知道规则的要求。你未经允许就不来上班，使我很被动。"

除书面形式的政策外，在公司里还存在着许多从未形成文字的政策，有些固定政策也从未听最高管理者讲过。但是员工们和业务主管都承认，一切受这些政策影响的事情都应按常规进行处理。

这么多非书面政策的存在，使许多权威人士认为，所有的政策最好写下来以便进行解释、讨论和理解。然而也有许多公司不赞成这种观点，他们认为他们的政策都是不言而喻的。

在大部分条件下，一个基层营销主管试图改变政策的努力通常是很危险的。政策是用来指导行为的，基层营销主管的职责就是在政策许可的范围内行动。

但是，基层营销主管可以通过让上司、人事部门和最高管理层了解他们的想法和意见来影响政策的修改。摸清员工对政策的反映——赞成还是反对能够使基层营销主管处于有利的地位。把员工的反映准确地向你的上司和公司汇报，也是你对公司的贡献，并且这正好给你提供了一个建议改进或补充政策的机会。

在贯彻公司政策方面，基层营销主管必须体现出原则性。如果你使员工们确信你完全代表公司的管理部，那么在员工的眼里，你的行为和公司政策就是一回事。当然，有时你不得不执行一些你并不完全同意的政策，尽管你和你的员工也许都不欢迎这些政策，但也不要为你的行动向员工道歉或是指责这些政策，否则你将削弱自己的地位。

当你不得不批评一位员工时，不要说“我很同情你，但公司政策不允许啊”。当你想采取什么行动时，也不要说“经理希望这样”。要积极主动地处理这些事情，要用你的语言和态度来解释这些政策，不要欺骗上司和下属。

维护政策的严肃性是基层营销主管最基本的职责之一，这也是建立个人威信，赢得下属员工尊重的有效途径。许多新主管，包括为数不少的老主管，并不明白这些道理，他们错误地认为攻击公司政策更能够赢得尊重。一个不敢于坚持原则，或者不知道什么是原则的主管，怎么可能具有权威并树立威信呢？

在具体管理过程中，基层营销主管还必须防止自己对政策的解释产生适得其反的结果。在运用或者解释政策前，通过提问自己下列一些问题努力用政策来保护你的行为：

1. 有关于这方面的政策吗？步骤是什么？规则是什么？

2. 我对这些事实确实了解吗？我是否知道所有的相关情况？

3. 以前我是如何处理类似事情的？

4. 关于这个问题谁可以给我提供建议？我是否应该寻找建议？

5. 我的上司是否想最先与我讨论这个问题？

销售业务管理方法

适当的职责分离

适当的职责分离有助于防止各种有意的或无意的错误。例如，主营业务收入账如果系由记录应收账款账之外的职员独立登记，并由另一位不负责账簿记录的职员定期调节总账和明细账，就构成了一项交互牵制；规定负责主营业务收入和应收账款记账的职员不得经手货币资金，这也是防止舞弊的一项重要控制。另外，销售人员通常有一种乐观地对待销货数量的自然倾向，而不问它是否将以巨额坏账损失为代价，赊销的审批在一定程度上可以抑制这种倾向。因此，赊销批准职能与销货职能的分离，也是一种理想的控制。

正确的授权审批

对于授权审批问题，应当关注以下三个关键审批程序：其一，在销货发生之前，赊销业经正确审批；其二，非经正当审批，不得发出货物；其三，销售价格、销售条件、运费、折扣等必须经过审批。前两项控制的目的在于防止企业财产因向虚构的或者无力支付货款的顾客发货而蒙受损失，价格审批控制的目的则在于保证销货业务按照企业定价政策规定的价格开票收款。

充分的凭证和记录

每个企业交易的产生、处理和记录等制度都有其特点，因此，也许很难评价其各项控制是否足以发挥最大的作用。然而，只有具备充分的记录手续，才有可能实现其他各项控制目标。例如，有的企业在收到顾客订货单后，就立即编制一份预先编号的一式多联的销售单，分别用于批准赊销、审批发货、记录发货数量以及向顾客开具账单等。在这种制度下，只要定期清点销售发票，漏开账单的情形几乎就不太会发生。相反的情况是，有的企业只在发货以后才开具账单，如果没有其他控制措施，这种制度下漏开账单的情况就很可能会发生。

凭证的预先编号

对凭证预先进行编号，旨在防止销货以后忘记向顾客开具账单或登记人账，也可防止重复开具账单或重复记账。当然，如果对凭证的编号不作清点，预先编号就会失去其控制意义。由收款员对每笔销货开具账单后，将发运凭证按顺序归档，而由另一位职员定期检查全部凭证的编号，并调查凭证缺号的原因，就是实施这项控制的一种方法。

按月寄出对账单

由不负责现金出纳和销货及应收账款记账的人员按月向顾客寄发对账单，能促使顾客在发现应付账款余额不正确后及时做出说明，因而这是一项有用的控制。为了使这项控制更加有效，最好将账户余额中出现的所有核对不符的账项，指定一位不掌管货币资金也不记载主营业务收入和应收账款账目的主管人员处理。

内部核查程序

由内部审计人员或其他独立人员核查销货业务的处理和记录，是实现内部控制目标所不可缺少的一项控制措施。

营销主管的授权职能

存放在部门中的专用卷宗授权给卷宗办事员，办事员不仅从员工那里收会放手让下属去做应该由他们去做的工作，否则，越来越多具有挑战性的工作就可能无法完成。不必过于担心上司会因为你把他交给你的工作交给下属而指责你。一般来说，管理人员只对如何工作、如何按计划完成感兴趣，而对让谁来做并不感兴趣。

但是，授权程度不能过分，有些事必须由自己来做。如果某项工作所涉及的知识和技能只有你才有，而你却授权让不具备这种能力的人去做，这绝对是错误之举。把保密的信息透露给他人同样也是错误的。

在授权时，应该明确告诉他们该做些什么，他们的自主权有多大，以及怎么检查他们的工作。让员工了解工作的重要程度，使他们能够给予该项工作足够的重视。如果仅仅把该项工作看成是一件日常性任务，就没必要让员工觉得做这件工作会获得提升。

同时，还要告诉员工为什么你要授权。如果向他们表明你对他们有信心，他们会干得更加卖力。但是如果他们认为你只是把一些不怎么样的工作推给他们，他们就可能故意犯错误。

不要在权力方面误导员工。你并不希望他们挣脱控制，但是你一定要明确任务并保证本部门其他成员对此有了解，要让员工了解你已经对此事授权并希望获取其他人的合作。

员工在自身工作以外接受授权工作，实际上是把这项工作看成是机遇。他们有权了解这样做对于他们来说有什么好处：

1. 对于接受额外任务的员工来说，他们获得了一个学习机会。

2. 授权工作提供了工作的满足感。员工因接受不同的工作任务而感到兴奋。因此授权工作就提供了这样一种机会：通过让员工做一些常规之外的工作，以培养他们的工作兴趣。

3. 授权有时是对出色完成工作的一种报偿。如果在某些授权事项中你对员工说，之所以授权是因为他工作突出，这样会有助于员工树立荣誉感和自豪感。

另外，也可以试试“员工全面工作”这种概念。你指给他们下列要求判断和服从的问题，他们会根据这些情况给你一个完整的答案：

1. 和那些有影响力或有助于解决问题的人商量问题。

2. 对下一步如何去做提供可靠的建议。

3. 尽可能全面地收集资料。

4. 避免作过长或过于复杂的解释。

5. 用书面形式写一份简单的、互助的行动计划。

基层营销主管必须注意，如果涉及下面的这些情况，对个人授权可能会招来麻烦：

1. 从个人发展来看，授权做肮脏的、别人不屑去做的或使人生厌的工作是不公平的。

2. 对下属来说，这项授权受时间和能力所限。

3. 授权不足，不能圆满完成该项任务。

4. 对下属过于严厉或过于放任。

如果需要的话，你应该密切注意下属的进步并适当给予帮助。否则，就应该让你的下属独立去完成授权的事务。

营销主管的组织行为准则

“控制链”是一个军事术语，是指责任和权力的授权与组织的命令和报告都应来自上级，然后逐级贯彻到底层，但不能越级或客串到别的控制链。情报和申请也应遵循这一路线。你的上司有权掌握你的工作及其进展的第一手材料。在公司内办事最好遵循这个规则。

“渠道”在这里指的是沿着控制链传递情报、指令或所要求的正常途径。顾客的要求沿着下列渠道进行：

业务员—基层营销主管—销售部经理—营销副总经理—总经理

如果业务员将这种要求直接反映给总经理，这就是不遵循控制链的行为。对基层营销主管来说，提拔的渠道可能是：

基层营销主管—大区经理—销售部经理—营销副总经理

如果基层营销主管直接被提拔为副总经理，在其他人看来，这就是不遵循控制链的行为。既然权力和责任是通过控制链渠道进行的，你要处理事情，尤其是作决定，最好遵循这一渠道。这样可以避免作了改变而没能让上司知道，也可以防止让其他经理感觉又一个经理越过上司了。

当然，控制链渠道也有例外情况存在。在紧急情况下或时间不允许的时候，如果直接上司不能迅速给你帮助，你从更高一级负责人那里得到决定或建议，这也是合理的。

常规渠道有时难以使员工了解情况和交换信息。只要你不泄露机密，与其他部门员工或其他层次的员工讨论问题，事实上也并没有错误。如果你确实超越常规渠道，正确的做法是告诉上司，你已经这样做了和为什么这样做。这样做，就不会感到是在背着上司行事。实际上，你也永远不应该背着上司行事。

在现实生活中，虽然并不常见，但确实存在组织的禁区：

1. 不要把指令线拉得太长。对责任层次的数目要尽量地少。否则，某些信息就难以传达到最底层。

2. 永远不要让一个员工向第二个上司汇报情况。任何陷于这种困境的人都会陷入两难的境地：把哪一个上司的工作放在前面呢？

3. 交代任务时不要含糊，否则就会产生双倍的麻烦。

4. 不要过分僵硬。对紧急情况要尽力保持灵活性，这些紧急情况常常不可避免地发生，并且需要采取非常规措施。

基层营销主管还应该运用组织发展的技巧帮助下属组织适应不断变化的情况。

组织发展是一种参与性而非纯粹指导性的组织方法。它认为组织的成员可能比你的上司更清楚因组织的局限而产生的冲突和不足。为了制定一项非正规的组织发展计划，基层营销主管可以邀请其员工(开始是单个的，而后是把他们聚在一块儿)来讨论他们的工作角色和关系。特别是要求员工评价他们所承担的任务和责任的适用性、权力的范围以及他们的工作与其他工作混合或摩擦的情况。不可避免地，上述情况会导致问题的产生，这些问题归咎于分工以及组织结构。遇到这些情况，主管和员工就应该力图有效地解决这些问题，而不仅仅是批评或谴责他人。例如：

1. 组织发展有利于明确每个人在组织中的角色。小组讨论涉及此问题：张三的决策是什么？我的问题是什么？”“李四在完成那项紧急任务时拥有哪些权力？”“我们能期望从记录里获得些什么？而我们自己又能做些什么？”

2. 组织发展有助于设立优先权。它回答了此类的问题，如“当我们在处理某些特殊的销售定单时，我们收到六个请求，哪一个需要优先完成？谁决定这样做？”“面对质量标准和装运最后期限的矛盾，谁来确定优先解决？”“要确立事先完成自己的工作还是帮助他人，哪一个需要优先考虑？”

3. 组织发展立足于解决员工问题。它鼓励员工回答下列问题：“在我们中谁能获得暂时性服务？”“如果在繁忙的圣诞节期间我的负担过重，可以期望哪些帮助？”“如果夏季产量降低，他还会继续和我一起工作吗？是不是该把他调到另一条生产线上？”

基层营销主管所必须履行的五项管理职能

这五项管理职能由基层营销主管、中层管理者和高层管理者共同运行着。从基层营销主管的角度看，每项职能都有特殊意义：

计划

它的职能是确定目标和对象并把它们转化为具体规则。对于一个业务主管，要制定的计划包括经营计划、质量标准、支出预算、日程表及截止时间。计划过程还要确立具体政策、标准的经营程序、规则及条例。

组织

要完成这一职能需要业务主管把所有资源整合起来。正是在这一阶段，一个部门的组织结构被设定，并且给部门员工分配各种任务。

配备员工

基层营销主管凭借这一职能为组织结构注入新人。主管首先要计算出一个部门要完成工作任务需要多少员工，然后是召见、挑选，并对那些适合该项工作的人员进行培训。

激励

它的职能是让组织内的血液(员工)流动起来。基层营销主管通过激发、传递信息和领导，使本部门的人力资源充满活力。

控制

一旦部门计划付诸实施，基层营销主管就要定期察看计划执行情况是否良好。为此，基层营销主管要测算结果与预期目标采取必要的措施。控制与计划紧密相联，因为控制行为是以计划阶段确定的目标为指导的。

从理论上讲，基层营销主管要按以上所列顺序依次履行这五种管理职能。然而，在实践中，基层营销主管可能发现自己中断了这五种管理职能的连续性或是又回到某一种职能上，这是因为各种问题都是不一样的，并且需要不同的解决方法。

管理过程必须有一个明确的目标。因为只有管理过程的目标才能使基层营销主管将部门的各种资源转化为有价值的成果。换言之，一个业务主管要负责在部门内把投入转换成产出。这个最终成果或产出就是销售业绩。

不论最终成果是什么，管理过程最终都要确保成果至少能够补偿各种成本费用(包括原始资源和经营过程中的各项费用)的支出。在一个商业企业，当商品能以高于成本的价格卖出时，就可以获取利润；如果售价低于成本价，企业就会亏损。

营销主管如何处理员工异议

人的行为一直是最重要的因素。基层营销主管既要关注控制系统，也要注意员工的工作情况，确保他们的工作符合要求。尤其需要留意的是员工的出勤情况、工作的有效性以及工作进度等。

如前所述，在组织越来越注意吸收员工参与决策的情况下，基层营销主管通过观察判断出哪些员工不需要控制和哪些员工仍需要控制就变得很重要。这就决定了基层营销主管在不同情形下需要对每个员工实施不同程度的控制。事实上，多数员工都不愿接受主管的控制，自我约束观念也较淡薄。这种情况既要求必须注意控制方法，同时也证明了控制的必要性。

大多数人都不喜欢被控制。他们不喜欢别人告诉他们应该如何做，当面临特殊的要求时他们会感到难受。很少有人喜欢受到批评或被纠正，然而批评或纠正都是控制中经常发生的事情。当纠正意味着惩罚或解雇时，控制措施就显得非常苛刻。因此，基层营销主管对控制的看法应该现实一些，有些控制措施对员工会产生消极的影响。

不过，控制的消极面可以降到最低程度。基层营销主管应该多考虑下述积极的途径：

强调对员工实施控制的价值。留有余地的标准能够告知员工，他们的工作做得好还是不好。标准可以把主管的干涉降到最低程度，并且允许员工对工作方法进行选择(只要符合标准)。

避免武断的或惩罚性的标准。员工们喜欢那些根据以往记录确定的标准:“我们的记录显示一天完成 150 个是多数人都能实现的标准。”建立在分析尤其是时间研究基础上的标准更受欢迎。

确保具体,尽可能用数字表示。要避免类似的解释,如“提高质量”、“增加出勤率”。相反,要把具体目标数字化。例如,在以后的 6 个月中,缺勤“不得超过 2 天”或者“把销售费用的比例从 7%降低到 4%”。

目的是改进而不是惩罚。利用未达标准的事例来帮助员工搞清如何改进工作。例如,“上个月你的业绩又低于标准,我们应该从头开始寻找一下影响你达标的原因,也许是我没有把具体的操作方法向你讲清楚。”

对不符合目标要求的惩罚要明确。主管要奖罚分明。多数员工接受积极的鼓励,但也有许多员工并非如此。然而,所有的员工都想知道如果他们不按要求工作会怎样。原则是要尽量减少惩罚,但必须让所有人都清楚,标准必须达到,事先把不达标将要受到何种惩罚向员工解释清楚。

避免威胁员工。如果一个员工因未达到标准将要受到解聘,要把解聘的原因和时间解释清楚:“如果 4 月 1 日前不能把业绩提高到年度目标要求的水平,你将被解雇。”不能说:“如果你不能尽快符合标准,将自讨苦吃。”如果要提出具体的警告,事先要搞清楚公司是否会支持你。

在控制措施的运用中要坚持一致性。如果已制定了适用于几个员工的工作标准,就应严格按标准行事,而不能说你将使人人满意。如果觉得确有个别例外情况,就一定要把例外情况解释清楚。对做同样工作的员工,标准也应一视同仁;同样,对达到或没有达到标准的员工,奖励或惩罚也应一视同仁。

与相对带有强制性的控制措施相比,自我约束对于那些能利用它的人来说是极好的。麦克格里科坚持认为,许多员工只需要被告知工作目标(或标准)是什么,他们是愿意努力将工作做好的。他们希望能够独立工作，并且根据工作成绩来评判他们。麦克格里科说，多数员工愿意自己管理自己，而不需要基层营销主管逼迫、哄骗他们完成工作。

比较完善的控制原则是：给那些能自我控制的员工以自由，而对那些不久就显示需要或希望主管控制的员工要加以控制。

在业务管理方面，许多公司能运用目标管理制度把组织目标转换为控制标准和措施。目标管理制度 (MBO) 是一个计划和控制过程，它为每个管理层的管理者提供了一系列的目标或标准。这个过程通常 6 ~ 12 个月重复一次。假定所有基层营销主管都实现了他们的目标，那么整个组织就实现了它的目标。在运用 MBO 的公司中，基层营销主管的目标在文字说明上变成必须做到的行为标准，假设基层营销主管有能力控制自己努力实现目标。MBO 系统还假设基层营销主管在利用配给的资源完成目标时享有充分的行动自由。实际上，MBO 是自我管理原则的形式化。一般情况下，MBO 系统的目标是由主管和下属共同制定的，充分发挥了下属的主动性。

人员招聘测试流程

人员招聘作业程序

人事部收集人员增补申请单至一定时期，即行拟订招聘计划，内容包括下列项目：

1. 招聘职位名称及名额；

2. 资格条件限制；

3. 职位预算薪金；

4. 预定任用日期；

5. 通报稿或登报稿 (诉求方式) 拟具；

6. 资料审核方式及办理日期 (截止日期);

7. 甄试方式及日程安排 (含面谈主管安排);

8. 场地安排;

9. 工作能力安排;

10. 准备事项 (通知单、海报、公司宣传资料等)。

诉求

即将招聘信息告诉大众及求职人，如下:

1. 登报征求。先拟广告稿，估计刊登费，决定何时刊登何报，然后联系报社。

2. 同仁推荐。以海报或公告方式进行。

应征信处理

1. 诉求信息发出后，会收到应征资料，经审核后，对合格应征者发出“初试通知单”及“甄选报名单”，通知前来公司接受甄试。

2. 不合格应征资料，归档一个月后销毁，但有要求退件者，应给予退件。为了给社会大众一个好的印象，对所有未录取者发出“谢函”也是应有的礼貌。

甄试

新进销售人员甄选考试分笔试及面谈。

1. 笔试包括下列内容:

(1) 专业测验 (由申请单位拟订试题);

(2) 定向测验;

(3) 领导能力测验 (适合管理级);

(4) 智力测验。

2. 面谈。由申请单位主管、人事主管、核定权限主管分别或共同面谈。面谈时应注意:

(1) 要尽量使应征人员感到亲切、自然、轻松;

(2) 要了解自己所要获知的答案及问题点；

(3) 要了解自己要告诉对方的问题；

(4) 要尊重对方的人格；

(5) 将口试结果随时记录于“面谈记录表”。

3. 如初次面谈不够周详，无法做有效参考，可再发出“复谈通知单”，再次安排约谈。

背景调查

经甄试合格，初步决定的人选，视情况应做有效的背景调查。

结果评定

经评定未录取人员，先发出谢函通知，将其资料归人储备人才档案中，以备不时之需，经评定录取人员，南人事主管及用人主管会商录用日期后发给“报到通知单”，并安排职前训练有关准备工作。

销售人员招聘注意事项

1. 请记住招募工作也是销售工作。不仅要把工作机会告诉别人，而且要把观念、目标、成果、未来发展机会也推销给别人，把所有推销技巧都运用到招募工作上来。

2. 表现出你是一位成功的销售主管。拥有十足的信心，并以自己的工作为荣耀。把自己的外表、交通工具收拾得整齐有致，事务处理得有条不紊。让应征者觉得与你一起工作会很愉快。要关心他人，显得开朗、体贴、亲切。

3. 做好准备。定好能达成并切合实际的招募目标和标准。不断练习自己的招募技巧。反复多次地演练招募面谈的内容与技巧，有时不妨把面谈内容录下来，再放一遍，纠正自己的缺欠，不断反复练习，直到完全熟练满意为止。

4. 要有平等、达观的观念和态度。招募人职是公司和求职者双方利益的契合，不是赐予别人良好的工作机会，也不是求别人替你做什么。

5. 坚持“宁缺勿滥”的原则。兵在精不在多，精兵多多益善。

6. 建立和健全招募新人的做法及制度。让你的团队也参与招聘过程。公司前台人员对应聘者的第一印象在很大程度上即可昭示此应聘者接触潜在顾客的情形。如果这个应聘者不够精明，无法给人留下很好的印象来获此职位，那么他拜访客户时就不会表现得更出色。

7. 要求应征者填写履历表并予以查证，问明转职原因。那些在其他公司有违纪行为的人，难免不会在你的公司故伎重演或旧病复发。

8. 招募时多问少说。最好把工作性质及公司状况作基本介绍后，即试探对方的感觉及反应如何，以确知应征者的意向及选择的态度。

9. 避免过多地承诺。有些主管在招募时常不自觉地承诺，如应征后会要以何种新职位或被指派去开发某个新的地区。但当公司认为他表现不佳，不满意他时，必然会产生矛盾。

10. 人不可貌相。有些主管太相信自己的眼光及判断能力，事实上，销售人员的素质主要在其韧性、情商与学习能力，与外表、性别、年纪、身材、打扮等因素没有太大的关联；

11. 随时招聘。随时随地留意理想的销售人才。某家公司的销售俊杰即是在等待餐位时被主管慧眼发现的。

12. 遵守面试“三字经”。面试人数至少三人，面试次数至少三次，面试场合至少三种。面试三个人令你有了比较的余地，面试三次能从差别中找出哪些是该求职者固有的特质，在不同场合面试(例如招聘会场、办公室、午餐时)令你对候选人能有一个全方位地了解。

13. 向推荐人全面了解应聘人的相关情况。应聘人只会将那些会给予他们好评的人作为推荐人。即使这样，仍可以打电话给这些推荐人以了解情况，并向他们询问还有谁对应聘人员的专业或是人品有所了解。然后，再给这些人把电话询问以期更深入地了解应聘人的情况。

14. 避免“经验主义”误区。销售人员遴选一定要走出经验主义的误区，找出具有良好销售潜质的人选，而不一定是销售经验丰富的人。所以，销售人员遴选的重点应在于建立科学的遴选标准，而难点则在于建立遴选的选评、测试方法。

第 9 章 紧跟时代潮流的微博营销

微博是对企业进行宣传的一个重要砝码，如今企业没有自己的微博可能就会失去一定的核心竞争力，因为微博将是未来宣传自身品牌和产品的一个重要媒介。尤其是对于中小企业，可以利用微博成本底、传播广、渗透能力强等特点来增加自身的品牌价值和影响力。

微博营销是这样的

如果仅仅依靠 QQ / MSN 等即时沟通工具，人们处理人际关系数量仅仅只能维护数百人的级别，而微博则不同：在微博中要拥有成千上万，甚至上百万的粉丝，并不是一件很困难的事情。这一人际关系网络处理起来也并非难事，只要搜索、输入就能实现关系的互动与维护。

如何精确地定义微博营销？这的确是个好问题。如果你学过传统营销，肯定了解 4P 的营销理念：营销无非是开发出一个产品 (product)，确定价格 (price)，然后投放到市场，进行推广 (promote)。

不过现在微博营销的模式更依赖于 4C 的营销理念。四者的组合构成了微博营销的定义。微博营销就是指在一个特定语境中发布大量相关的、知识性的内容，用户通过内容来与自己喜欢的事物 (人或者品牌) 建立深度联系并形成相应的共同社区。

微博营销的特点与微博这一平台密切相关，微博是手机短信、社交网站、博客和 IM 等四大产品优点的集大成者。不管是内容展现，还是信息发布；是传播速度，还是影响深度，微博营销都体现出无可比拟的优越性。

微博用户的好奇心很大，关注新鲜、新奇的事物。因此对于企业而言，具备创新性、新闻感的品牌话题，更具有传播的受众基础。

有研究发现，“70 后”和“80 后”在微博上的表现大不相同。“70 后”好为人师，喜欢说教，剖析深刻的社会问题；“80 后”对微博话题的参与程度和活跃程度较高。“70 后”微博用户视家人尤其珍贵，同事、朋友已成为“我”生命成就的组成部分，客户亦是不时联络、加以维护的职业伴侣。对于“80 后”而言，同事、朋友是拥趸者，家人和陌生人亦是微博的主力成员，时刻还得关注他人，结交新朋友。

微博用户更关注科技数码、家电产品、食品、服装、汽车等产品。这些行业的品牌可以大胆使用微博营销，让人们在微博空间中引发对品牌的讨论，从而实现品牌信息的散播。有调查显示，在微博中，超过 6 成的人曾在微博上追随过品牌，当这些人看到这个品牌有新的信息时，会转发和关注，另外他们会将品牌纳入自己的日常关注内容，会参与这个品牌的活动。

微博还能作为企业的销售渠道，通过微博这种基于信任的平台，企业大张旗鼓地进行各种花样翻新的网络促销活动。微博的即时性让其沟通属性发挥了巨大的作用，微博客服成为很多企业纷纷招聘的职位。微博盼功能还有很多，当我们利用其中的一个特性发散其功能应用的时候，你会发现，微博营销有着巨大的想象力。

未来几年，将有越来越多的企业加入到微博营销的大营中来，微博营销以自媒体为传播原点，能帮助企业在品牌曝光到互动体验，甚至消费购买等企业营销的全过程中发挥至关重要的作用。微博对于品牌曝光的巨大作用，体现在企业通过聚合大量微博粉丝，并通过不断地转发、评论等功能，实现几何级的品牌曝光。

微博营销的本质

在社会化媒体营销阶段以前，尽管我们发布信息的技术越来越先进，内容的编辑越来越有可读性，视频比一般的信息发布更加华丽诱人，但它们呈现的形式都是单向的，信息的传播是灌输式的方法，受众是不能参与讨论的。

对于企业而言，通过这种互动企业和用户之间多了一个阶层，这个阶层在网络上有不同的叫法，有的叫粉丝，有的叫粘性客户，有的叫传播大使，有的叫意见领袖。他们的称呼也许以后会统一，但是这个阶层的人有一种特殊的使命，即他们是企业和客户之间的桥梁和枢纽，他们向广大的客户传递企业和品牌的文化，同时也向企业传递客户的意见和需求，这个特殊的阶层是在互动的过程中培养起来的。

许多企业都懂得，一个企业的生命是与其客户的交流密切相关的，因为企业必须了解客户在想什么、需要什么。在互联网时代以前，有的企业会用赠送小样的办法来增强与客户的联系，有的企业用发展 VIP 用户并以积分的方法增加和客户的密切度，有的企业靠有奖问答的方法在马路上拦住路人填写表格。但是有了微博，对话的互动要比以前任何一种联系客户的方法都直接和方便。

如果对话的内容足以吸引客户，客户就会以个人的情感参与对话，在双方互动的对话中体验愉悦。这种愉悦的情感不仅仅是身心愉悦，而且会有被尊重的感觉。如果参与这种对话的企业方是有名有姓的员工，客户一方就会增加私密的感觉，以自己对企业和产品比别人有更多的了解而自豪。这种自豪感会让他们帮助企业去做口碑传播的事情，这就是粉丝的力量，也是为什么在微博这个平台上会出现如此多粉丝的原因。

在微博上，已经有一批企业在做有程序的工作，他们通过对话培养粉丝，这是第一步。接下来，他们在粉丝中发现意见领袖，创造条件帮助粉丝组建粉丝团队。有的企业还有意识地让粉丝中的活跃者参观工厂或公司，让他们长期关注企业，或者让他们成为首批新产品的免费体验者。还有的企业鼓励粉丝说出自己的资源，企业和粉丝之间开展资源的互补合作。这一切，都表现了一些企业在洞察微博本质上的先知先觉。

但是，更多的企业对微博上因为互动引发的一系列成果还不甚了解。他们认为，在微博上做营销依然是发发消息或者发发广告，这类想法其实仍没有脱离在社区上或者在博客上发文章的模式，他们还没有真正体验到微博营销的微妙和愉快。微博以互动和即时成为自身的主要特点；同时，到目前为止社会化营销的其他特点也都在这个平台上共舞了。

在微博上组织营销，对中小企业来讲是一个绝好的机会。在互联网时代，企业的品牌行为已经有了变化，品牌和受众之间已经不再是俯视和仰视的关系，企业依靠资金来争取话语权的门槛已经降低，小企业通过网络推广获得精确受众的例子比比皆是，证明了企业完全可以通过互联网的快速、低成本、口碑传播，特别是互动的特点，来扩大自己的影响和受关注度。

企业究竟在微博上适合发布什么内容？大家都在做试验，现在的内容包括有奖活动、促销信息、新产品通知、公司活动、特色服务、企业文化、知识问答、话题讨论、媒体报道等。这里的难度是如何避免对非目标受众的骚扰，让目标受众适得所需。企业在开始微博营销以后，在内容上需要遵循的原则是：不做赤裸裸的产品广告；增加信息的可读性；为精准受众开辟专门信息发布通道。

微博是社会化营销的第一工具、第一平台，它的目标是扩大和客户互动的范围，主要途径就是在海量受众中通过话题、活动、对话等形式争取粉丝，利用群组或者 QQ 群培养活跃粉丝，通过粉丝群体在营销过程中发挥再度传播作用。

微博营销必须坚持原则

人际传播的过程就是叫朋友的过程，你的朋友越多，你作为信息源发出的信息传播的就越广，越有效。任何在现实中多交朋友，交好朋友的“秘诀”：真诚守信，开朗，具有幽默感，多分享快乐少诉苦等等都可以用在微博上。下面谈谈几个基本原则在微博上的应用。

微博不能太枯燥了，太官方了。如果没有趣味，你的微博，也就是你的个人广播电台的听众，就不愿意转发你的微博，也就无法完成你的初衷。如果没有粉丝转发你的微博，那微博就没有效果了。所以第一条原则，一定要有趣。

在传统的媒体，比如报纸做营销是无法互动的通过微博，如果有人对你产品感兴趣，发送了评论，可以跟他互动，帮助他解决问题，一般帮助他解决了问题，他也可能把这些转发出去，帮助有相同问题的朋友，互动建立跟粉丝关系，长期关系的一个重要方面。

奥巴马在大选时候，关注他的粉丝，而希拉里则没有关注他的粉丝。所以，互动是与粉丝建立关系的重要方面。

真诚不仅是微博营销的基本原则，其实也是做任何事，做任何互动交流的基本原则。一提到营销，人人往往想到夸张、虚饰、忽悠、不择手段。但是，虚假可能获得一时的小利，却不能获得人们长期信任，你可以忽悠一个月，两个月，但是你不能忽悠一年，两年，五年。微博营销绝对是一个以年计算的长期行为。微博上的交朋友和现实中交朋友一样，好的声誉就是财富。而积累良好的声誉需要时间，而没有真诚的互动就不可能有良好的声誉。

与电视、门户网站的传统广告相比，受众的负面情绪在微博上更容易得到表达和传播。你可以通过搞定电视台、门户网站的主编而阻断负面情绪的传播，但你不能封住所有微博受众的口，所以真诚原则在微博营销上比其他传统营销更为迫切。微博营销的从业人员首先要消灭传统营销中普遍存在的侥幸忽悠的职业习性，以真诚的态度对待你的听众——你的潜在朋友。

在现实中，我们可以发现，人们更愿意和乐观开朗的人交朋友。微博上的互动交往也不例外。除了“嫉妒”你的乐观开朗外，没有人会讨厌你的幽默感，没有人会讨厌你与他分享快乐。乐观开朗原则要求微博营销从业人员本身的性格是乐观开朗的，他(她)应该有足够的热情与“陌生人”交往，与“陌生人”分享自己的快乐和生活体验，他(她)不会成天抱怨这抱怨那，变成一个诉苦型的话痨。

实际上，我们发现，无论是在国外的 twitter 上，还是在国内的新浪微博、腾讯微博上，幽默的段子，恶搞的图片，滑稽的视频总是获得大众的青睐 ——男女老少皆宜。适度的与你的朋友分享这些好玩的东西有百利而无一害。

宽容意味着大气和绅士风度，而苛刻意味着小气和“独裁”，没有多少人会喜欢苛刻性格的人。当然宽容不意味着没有价值观，不意味着凡是做“和事佬”“和稀泥”，相反的，你应该有鲜明的价值观，并且持这种价值观，不随波逐流，左右摇摆。一个好的例子是：谷歌在“不作恶”价值观上的坚持为其赢得了大的声誉。摇摆、随波逐流与真诚原则相抵触，势必对品牌形象带来严重的损害。

但是，我们要记住微博营销的目的，如果你做的是纯粹商业上的营销，你就要尽量避免涉及与商业无关的价值观争论。当然，微博营销同样可以涉及政治营销，如奥巴马总统选举的微博动员，又如许多媒体的微博价值观营销，另说。原则要求微博营销从业人员在微博上广交朋友，无论朋友的政治取向，道德观，性格特征。在话题选上，尽量避免涉及政治上的“左”和“右”、同性恋、族群关系、女权主义等敏感话题。

微博营销充满挑战

随着智能手机的高速普及，微型博客更大的爆发点应该在2011年之后。因为随着世界工厂对于智能手机的量产化不断推进，普通的一款山寨HTC的智能手机价格区间已经降到了680左右，性能还不输于1500以上的品牌行货。根据市场研究机构IDC预计，中国行货智能手机的销量将在2010年达到2600万部。那么以此判断，中国智能手机用户将于2011年年内突破1亿。那么，作为微型博客的重要载体，智能手机用户随时随地的应用，各种信息最快速度的即时传播，将极大推进微博的热度和覆盖人群的广度。

那么，看似会爆红的微博市场，如何与企业推广营销、品牌建设更有利的联系？企业如何利用好微博营销直接拉动销售？这些问题都是品牌广告营销界人关注的重点。

微型博客与时下流行的SNS开心网类似，都是以各种关系建立起的粉丝圈，每个主题帐号通过发布言论影响自己的粉丝圈，如果足够有吸引力，那么都有可能因为是强有影响力的意见领袖让粉丝圈扩大。但既然是圈子，就存在着信息覆盖的有限性。即使是粉丝数十万的超级红人，其覆盖率也只能是“粉丝数 × 活跃率百分比”。而如果想覆盖更多的人群，那么就必须有数量众多的意见领袖，通过有计划的传播信息，在他们的圈子内传播企业/产品/品牌消息及信息。

就目前而言，业内对于社交新媒体的覆盖率提升的最好办法是让更多的“红人”帐号发布和传播推广/品牌信息。因为相比较与新浪/腾讯官方百万至千万级的合作，这种方式更经济，千人广告成本更低。但即使是新社交媒体方面（目前主攻微博）做得最强的第一团队，他们的红人覆盖面也仅仅为100多万，这与6500万的巨大人群相距甚远。所以，企业要想在微博营销策划中获得较好收益，就必须寻找比较好的执行团队，达到更为广泛的覆盖率。

另一方面，企业 / 产品 / 品牌想要在无数个圈子中传达必要的信息或者举行某个活动。他们传播的内容及载体，直接决定了信息在圈子里的到达率。这种到达率的影响因素很多，除了前文提过的粉丝活跃率百分比外，发布时间、发布内容及表现形式都是重要方面。例如发布时间如果集中在人群黄金时段，相关白领人群可能就会到达率更高。表现形式方面，图片显然是在众多信息中获得有效大大的利器，但是区区一百多字再配合图片，表现形式也有限。所以多媒体形式的视频也会成为微博营销中提高到达率的重要手段。

总知，圈子虽然小，但是由于意见主体的多样性和话题的复杂性，会营销到推广信息的到达率。企业必须考虑到执行细节中的传播载体，而不是像电视广告时代只专著强制信息的到达和影响因素。毕竟现在已经进入 2010 年代，众多新媒体的崛起使传播渠道和受众倾听习惯发生了巨大的改变，老脑筋是要改改了。

在前面两个难点之后，关乎到微博推广营销成败的关键因素是信息的内容对于目标受众的直接影响力，即话题能否引起目标的关注，回复、讨论 / 争论及形成共识。微博由于字数限制，内容上要求经简，类似与手机短信营销，话题的契合性非常重要。另外图片是否吸引人眼球，视频的展示画面是否让人想点击观看等等都是在执行中的特别注意的要点。

另外，话题的是否可复制性是决定微博营销的关键。即好的内容能最大限度的激发转贴功能的对于覆盖率的贡献。简单说来就是企业通过一个粉丝群发布了泛相关群体非常感兴趣的话题，这些粉丝会自发形成口碑意见，并通过转贴影响到更多圈子。这与互联网炒作类似。我们制造公众和舆论感兴趣的话题 / 事件或者人物。而公众会因为觉得有趣、相关性或者支持反对而自发形成传播，专业定义为“病毒式营销”。

微博营销当然有禁忌

很多企业在做微博营销的过程中，发现并没有几大微博平台所宣传的那么美好，微博对营销的贡献几乎微所其微，所以，我们必须对微博有一个比较正确的认识，微博在企业的营销过程中能做到什么？企业在做微博营销的过程中要注意那些问题，也就是说忌点在那里？

在过去，大家相互之间留下手机或者 QQ，MSN 之类的，现在流行微博互粉的方式。微博由于本身符合传播和自传播的特性被越来越多的商家看到其中巨大的商业价值和宣传机会，许多企业纷纷开通自已的企业微博，利用微博平台来宣传企业或者产品。

天下没有免费的午餐，如果个个都能利用营销进行企业品牌的营销和宣传，那么，几大门户的广告卖给谁？那可是他们生存之本。所以不要太过度相信运营商的数据，他们目前还处于争取用户阶段，需要树立典型而已。所以，典型做得到的，你不一定做得到，这就是区别。背后有一只手在帮他，这是先天的优势。因此，不要对微博寄于太高的期望，可以做为一种长期宣传的手段就可以了，就像跟博客一样，有人进来你的微博，就知道你一样。切忌心急气燥，品牌宣传从来都是一个长期的过程，不是一个微博就能改变整个生态环境的。

许多企业为了短时间内获得大量的粉丝，采取活动送礼品的形式，如送机票，送 iphone，送 ipad，有的还送钻石，能想到都想到了。确实在短时间内积累了大量的粉丝。但是这些粉丝都是冲着奖品来的，如果不做活动呢？这个粉丝还会接听你吗？活动做完以后，粉丝又减少了多少呢？而且这些粉丝本身对你的微博并没有所谓忠诚度，所以这个微博账号基本上算是废掉了。活动是可以做，但切忌过度频繁，过度依赖，可以一个星期做一次小活动，一个星期与粉丝有一次互动就 OK 了。而粉丝对你的微博有兴趣才去关注你而不是通过奖励的方式。

微博本身是一个弱关系链的信息流工具，也是用户一个情感表达的工具。就决定了微博本身具备有新闻和生活两个属性。如果你的微博没有太多关于新闻或者生活的信息，而是一味的广告的话，我相信你的微博没有太多的粉丝，如果有也是通过其它手法获取而来的。一旦少了外部的因素，你的博友也会纷纷离你而去。所以特别对于企业来说，如何控制宣传和情感生活交流两不误，就必须对广告和内容做一个比较好比例控制，使广告融合到内容当中。

有些企业，特别是那些在做活动的企业，经常使用 @ 这个功能。这样他的粉丝的“提到我”就有系统的提示，可以增加被查看的机率。但是，如果经常使用这个 @ 的功能，让用户增加查看他不喜欢的广告信息，最后的结果就是“黑名单”。白白损失了许多粉丝。还有，一些企业的微博特别喜欢用刷屏的方式来引起别人的注意，增加曝光的机率，但是，有没有考虑你的粉丝的用户体验，如果他的内容全部是你的内容而看不到其它人的内容时，他也会弃你而去。所以，一个要把握好内容的频率，一般一天不要超过 10 条。

国外许多成功的企业把微博当成一个客服的工具，细心和耐心在微博上解答用户每一个问题，而我们的许多企业根本上就不理用户的留言，发发内容就完事了，没有与网友进行进一步深入的互动。这样很难获取忠实的粉丝，最终也没有办法变成你的客户。因此，要注意与用户之间的互动，而且这些互动应该是双方的，并且是良好的。

企业微博营销入门

据泰安 SEO 统计，现在的网络上可行的主流推广方法得有十几种，其中社会化营销是普遍被人看好和重视的，微博营销就是其中的佼佼者。微博营销也逐渐成为了一门学问。企业也逐步看上了这个新的平台，本文的重点就是帮助企业享受微博的魅力。

企业没有充足的资金，用广告或大型活动的方法告诉大家我是谁，对于小企业来说，互动是最省钱，最有效的方法。

注册的名字。最好用品牌，企业或自己的真实名字。

注册用的照片。企业建议用 logo，经理及员工建议有自己的真实照片信息。让朋友直接从照片看出你的性别和年龄，树立公众形象。

个人资料填写足够的内容。让别人更方便的了解你。对提升公司有帮助的信息都可以在微博上展示。荣誉，演讲，媒体的相关报道。打消客户的怀疑，赢取信任。

介绍企业文化。企业微博最好的方法就是用平实，自然的语言来向大家讲企业的各种各样的故事。

介绍自己的团队，介绍自己的产品。对于产品不要僵硬的说明，要学会用你轻松的，幽默的语言展现品牌的个性，特征，来历，优势等。

如今在新浪已经超过 3 万家微博注册的企业，腾讯已超过 2 万家。“每天都有 40 家以上的企业注册或申请加 V。”这是腾讯微博商业运营中心总监艾芳提供的数据。就在一年前，利用微博营销的方式还不被企业认可，如今企业却纷纷加大在微博营销上的投入力度。

对于企业来说，微博首先可以帮助它们在网民中进行辅助宣传。科比来中国之前，耐克便通过官方微博把消息披露出去，科比在中国期间，发布会等活动耐克都会邀请科比在微博上的粉丝参加，很快便提升了微博用户对耐克的关注度，成功地实现了品牌宣传。

企业和个人一样，可以通过微博去塑造自身形象，在关注者间形成更好的口碑。例如，以往人们对东风雪铁龙的品牌印象大多是偏时尚、定位于白领男性。在其公司微博上，除了与车有关的信息，还会谈论和车有关的生活、旅行等话题。吸引了超过 60 万的粉丝，其中有三分之一是女性。这些关注者来自各地，有不同的教育和职业背景，形成了一个鲜活的群体，完全打破人们对东风雪铁龙的传统印象。“你会经常看到员工和粉丝的互动，用户能切实感觉到他们的员工年轻有活力，且思路活跃，爱生活，讲究品位。”艾芳介绍，用户因此逐渐对企业有了立体的感知，增加了对品牌的好感，软化了企业形象。

作为营销渠道，社交媒体比传统媒介更加廉价和灵活。尤其对中小企业，微博可以说是量身定做的平台，公众通过对话、参加活动关注和了解企业和产品，从而有效地拉动实际销售。一个典型的例子是好乐买。一款新款女士凉鞋，配上图片和互动，就能引来很高的关注度，每天通过微博实现的销售常常超过上千订单。“企业相当于在微博上开了一个店铺，客人永远都在那里，只要产品质量好，配送方便且价格公道，用户就会愿意购买。”艾芳认为。

知名品牌客户则更多地将微博作为一个广告平台。国航在今年春节时，适时地抓住用户回家团圆的心理诉求，利用微博进行品牌推广加促销。活动期间，国航跟腾讯的财付通合作，用户即通过财付通买机票，将返还成交价的 20%。活动前后，国航通过财付通的销售额增长了 3.3 倍。活动结束后，销售继续稳步上升。用户正式通过微博了解到，通过财付通也可以买机票，不仅方便，还能享受折扣。

主动把握微博营销的机会

在中国，微博平台也正在凸显潜力。诸如恒信钻石、东航凌燕等，是第一批被媒体树立为企业运用微博实现精彩营销的典范。如今，小到餐厅、美发店，大到国航、电信、保险等行业，微博的“威慑力”已充分显现。这些成功的案例证明，网络沟通和其信息分享模式已可以直接影响到企业的业务与声望。

但微博这挺更善于“扫射”消费者的“机枪”用在营销中，并非每个企业都能将被“关注”的价值最大化。博雅公关亚太区 CEO 鲍伯·皮卡德表示，企业必须学会去讲一个数字化的故事，从各个方面参与到社交媒体平台上，以保证所提供的内容在不同平台都可以被利用和传播。

鲍伯·皮卡德认为，企业通过社交媒体与客户建立直接联系，是一种蜘蛛网式的传播方式，是爆炸式、传染式的沟通。面对这样一个没有边界的传播平台，如何准确抓住用户需求，将想要传达的信息有效传播出去来实现商业目的，便显得格外重要。

人们常常花心思思考在 Facebook、Twitter、微博上的内容应有什么不同，实际上，更重要的是回到沟通的根本——即企业希望与受众分享什么，企业想要建立一个什么形象，将企业人格化，找到特点和个性，这是最关键和基础的问题。

企业要更好地利用微博平台，从线上到线下，就应该更主动地做数据库的营销。鲍伯·皮卡德认为应该找到志同道合的朋友，主动邀请目标用户加入自己的社交团体和不同的线下活动，运用主动、细分且精准的内容来达到目标。

在腾讯微博上，中国电信除了企业账户，旗下的主要品牌都开通了微博，如天翼、爱音乐等。省级电信、地市级电信也都纷纷入驻，形成了一个规模化的团队。集团微博统一管理这些信息，使其符合公司整个运营政策；另外也会发布一些官方内容，组织品牌活动等；爱音乐微博因用户群针对年轻消费者，其内容主要跟音乐、年轻有活力的生活方式有关；而天翼微博则相对更商务，内容包括旅行中秘籍、保健、职场话题、人生感悟等，也会有诸如智能手机等产品的促销活动；各地的运营商的微博，则更注重在本地的销售，通常以发布套餐、活动以及业务指南等内容为主。微博还利用客服人员和用户互动，针对用户的使用、操作、资费等问题，第一时间作出回答。

一家亚洲知名汽车制造商为利用社交媒体，专门启动了一个全球社交媒体内容制造项目，负责设计图片和内容，制作一系列完整的故事素材，提供给社交媒体上的用户。

“社交媒体给了企业自己成为媒体的机会，可以制作内容，和消费者沟通。”鲍伯·皮卡德说道。传统媒体拥有最大化的媒体公信力，但是随着社交媒体的出现，很多公司已经不需要通过媒介与受众沟通了，它们可以直接达到自己的目标受众。

鲍伯·皮卡德还强调，与社交媒体打交道其实与传统媒体类似。在微博的平台上，企业同样需要主动找目标受众，并建立有效的交流和沟通，尽管技巧不同，但核心的战略是相同的。

眼下，互联网上什么最火，大部分人会认为是微博，微博因为及时和快速传播被越来越多的企业重视，在这拨热潮之下，很多企业也开始推出自己的企业微博，微博的营销力量有多大？伴随着社交媒体的快速发展，微博已经不仅是个人的及时信息发布系统，更演化成一项有效的营销工具。Dell 、Vancl 等企业都建立了自己的微博平台开展新形势下的互联网营销。

企业网络营销新渠道

似乎在一瞬间，中国的大企业和名人都将目光从传统媒介转向了微博。越来越多的企业发现了微博的价值，越来越多的名人和企业家在微博安营扎寨。

微博纵然有巨大的影响力，然而，并不是每个企业和名人都将被“关注”的价值发挥到了最大化。

2010 年 12 月的一天，SOHO 中国 CEO 张欣发了一条微博：我们刚把明年的推广预算给砍了，全力转向网络，再见纸媒！再见广告！

易凯资本首席执行官王冉则用《快公司》杂志一篇讲美国市场营销和广告行业面临 Twitter 等新媒体冲击的文章中的一句话来回应：在未来，市场营销，只有没本事的才需要花钱去获得。

2010 年 5 月，潘石屹和夫人张欣在长城脚下公社发起第一届微博大会，商界精英汇聚一堂，除了吃喝，每人都在低头发微博。

说到微博给自己带来的改变，SOHO 中国董事长潘石屹更愿意说他把任志强带到了微博圈子里的典故：新浪微博在内测时，潘石屹在他的微博上写了他的一段故事，有很多网友转发和评论。潘石屹忐忑不安，于是给任志强发了一条短信：“任总：介绍给你一个好东西——微博，外国人叫 Twitter，网友称为‘围脖’。比我几年前介绍给你的博客更好用。用手机就行，更适合您。”

于是，任志强开始一发不可收，减少了与媒体见面的环节，因为“什么都写在微博上了”。

商界另一大佬——王石的微博则时时彰显低碳、环保的概念，同时不忘代言“登山运动”，让人提到万科就会想到“绿色、健康”。

前不久，柳传志在联想投资的会上，强调“一定要好好利用微博这些新渠道做好联想投资的品牌。”

姬十三，科学松鼠会负责人，他运营的科学松鼠会需要即时、广泛的营销渠道，微博无疑满足了这一需求。“随便一个消息都能被转发上千次，这种速度和广度太强大了，还零成本。”

新东方董事长兼总裁俞敏洪在微博上的转发，教百万粉丝如何谈恋爱，如何找工作和创业，或者发表对人生的感慨。

有好事者说，看他一些字句整齐的对仗，肯定是有人在专门打理。

同样是有专人打理微博之嫌疑的站长老大蔡文胜，粉丝已过百万。一站长说，“他是站长老大，跟着他肯定没错。”

一直关注年轻人、关注创业的优米网创始人王利芬的微博偶尔会对电影进行评价：《非诚勿扰 2》比 1 差了很多。“微博是一个让人真实表达的地方，喜不喜欢什么是个人的事，我只代表我啊。”她对记者说。

网友指盛大要退出电子书市场。盛大文学 CEO 侯小强解释称，这是他们在采用新的营销模式，产品不仅通过公司卖，也要让全体员工卖，还要让数以千万计的微博博主为其营销，并让博主“坐等收钱”。

侯小强表示，每个参与推广的微博有着特定的编号，盛大的后台可统计出每个编号推广出去的产品数量，网民很轻松就能拿到销售提成。

对于这种新的营销模式，业内专家予以肯定，但其公平性却广受网民质疑。

微博有着媒体的特性，广大用户在享受使用快感时，也不可避免地成为潜在营销对象。在很多广告营销商眼里，这已经成为一门新生意。

企业的担心与害怕

网络营销的方法多种多样，但时下各企业最想尝试的一定是微博营销。随着微博的逐渐升温，微博营销已经成为当前网络推广的一个新的制高点，其即时性、高传播率、低花费都让现有的营销形式受到一定的冲击。我国微博用户数早已接近2亿，如此大的受众群反映了众多企业为何想通过微博营销的关键所在。

微博营销简单来说就是企业自己的产品及服务，通过140个字的描述让拥有巨额粉丝的用户帮你转发，从而达到一个让所有粉丝都能看到的效果就是利用微博账号帮企业转发或直发一条微博广告内容。

通常文字与广告不会有直接关系，只起到铺垫作用，最后的网址和图片才是广告正题。一般想做微博营销的企业都想尽可能的扩大宣传范围，大部分企业会选择超过几十万粉丝的账号进行辅助营销。微博营销受众那么多，但真正下手的企业却并不见多，这是为什么？

有些博主为了迎合企业需求高粉丝的要求，花钱买粉丝，这些买卖的粉丝，无疑绝大部分是僵尸粉，这些买来的粉丝只是一个数量，除了满足自己虚荣外，而对于企业广告的传播一点作用也没有。这种通过用户花少量的钱直接购买而来的“僵尸粉”、“活粉”，已经呈病毒式开始扩散。已经成为微博营销中一个最大的毒瘤。

广告投放成功很重要的一个因素就是针对目标客户群进行精准营销，但目前我们由于网络的虚拟性，我们无法了解每个帐号的粉丝构成水平，收入水平，购买力如何？所以目前微博营销无法做到精准。相比网盟的精准定位投放人群，反馈信息明确，微博营销目前无法做到这些。

微博营销并不是只通过一个粉丝过万或几十万的账号进行营销，因为只用一个账号营销的回报率与点击率可以说是微乎其微。但同时通过几个这样的大账号营销，效果就会好很多。那么找多少人合适？成本需要多少？转发几天？

微博营销通过账号粉丝的转发，来实现广告的传播。微博营销中即使找名人转发，最后转发的效果如何？多少次转发，多少人看了微博会去关注产品，又有多少人购买了产品，无法衡量统计，效果完全无法评估。有些第一次营销后效果还过得去，但第二次利用同批账号营销发现后续力明显下降。因为微博人群心理目前还很难精准定位，只能根据其粉的微博类型大致分析。所以，微博营销稳定性还有待商榷及提升。

一般情况下，微博的粉丝数越多那么微博使用的时间也就越长。所以我们可以从他第一条微博发布的时间，跟当前微博粉丝数的关系就可以粗略判断是否是”僵尸粉“微博。一些通过刷来的虚假微博粉丝，大致有几个特点：①没有头像。②粉丝发布微博数很少。③活跃度非常低。④粉丝微博无简介。⑤连续多页粉丝属性相同。⑥粉丝当中几乎没有带认证的用户关注。另外，一个苦心经营的微博，博主都希望自己的微博勋章越多越好。往往一些“僵尸粉”微博的勋章通常就只有 2 ~ 3 个最基础的勋章，这样的微博也需要谨慎观察。

其实仔细研究，微波营销要实现精准营销也不太难。因为微博主题分类很细也很明确。所以企业在选择营销的博客帐号时，可以根据博主的博客类型来选择广告的投入类型。例如影视类微博投放影视广告，音乐类微博投入音乐广告，美容养生类微博投入美容产品的广告。这样一来，基本上可以针对目标客户群实现精准营销。

微博广告费用是按照发布条数来计算的，比如说 100 万的粉丝，直接发一条 500 元，转发一条 400 元等。企业可以根据微博营销的目标来确定所选账号的级别，确定单条价格，再根据企业需要多少账号，转播多少天转来计算所需要的营销费用。

微博影响企业的形象

别看微博信息只有短短的百十来个字，但是它对我们的生活和工作的影响是巨大的。微博的兴起，具有划时代的意义。老一辈的人，都习惯从电台、广播、传单上面获取新闻信息，父辈的一代，主要是从电视、报纸上获取新闻信息，而像我们新一代，则主要从互联网上获取信息。而微博现在正成为每个网民获取生活、政治信息的重要来源。

微博是新时代的产物，微博的出现，是对传统媒体的一种彻底颠覆，经过微博，你可以关注您想关心的人和事，取得对你最有用的信息，经过微博，你可以与任何人会话，不论这个人在什么角落、在什么地方，只要对方愿意和你沟通，这一切都可以施行。微博不是单向的传交信息，而是多向的，你的粉丝可以取得你正在跟某私人就某个话题施行商议沟通，假如他愿意，他任何时间可以参加你们的商议。

正因为微博对我们生活的影响很大，所以，企业微博的网络营销就显得尤为重要，这里总结一下微博营销的功能。微博营销大致有：品牌传播、公司动态、新产品信息发布、顾客服务、建立顾客关系、网络公关、行业动态跟踪等作用，有些成功的企业微博甚至可以直接作为在线销售工具，通过微博实现网上销售。

目前大部分的企业或名人均已经率先建立自己的官方微博，并且获得很多用户的关注，企业微博也非常活跃。企业微博的目标，需要结合企业的网络营销环境并根据实际应用进程进行不断的调整和完善，可注重网络品牌，也可以注重客服服务，有些可能仅仅作为企业动态或公告信息的发布平台。

随着 3G 的普及，微博跨平台交互的功能将更加彰显，微博可以通过文字、图片、视频等展现形式对产品进行描述，以最快的速度在微博平台上得以传播，从而使潜在的消费者更形象直接地接受信息。

微博流行没有理由，本身就是最大的理由，因为它适应了用户互动交流的需求，顺应了信息传播方式大变革的趋势。存在就是合理，适者生存，作为互联网的一种最新应用模式，微博在中国已成燎原之势。它的高度开放性，微博介于互联网与移动网之间，无论在何时何地，用户都能及时发布消息。

上网看视频，发照片，上开心、人人网，玩休闲游戏，写博客，发微博，已经成为了时尚现代人生活不可分割的一部分。随着手机互联网的发展，微博客将拥有广阔的发展空间。此时，正是企业实施微博营销的最好契机。

微博客已成为一个天然的口碑传播平台，客户关系维护的营销工具。企业充分利用微博客来促进口碑传播，吸引更多的用户关注官方微博并成为官方微博的“粉丝”。谁更尊重用户，谁将赢得市场。

许多企业开始试水微博营销，借助微博快速宣传企业新闻、产品、文化等，对外提供一定的客户服务和技术支持反馈，形成企业对外信息发布的一个重要途径。通过微博客的平台，获得足够多的跟随者，企业得以与消费者形成良好的互动交流，逐步打造具有一定知名度的网络品牌效益。

微博客的内容多数是个人琐碎的生活细节，或新闻、事态的滚动进展，每一条单独的内容，都只能表达有限的信息，呈现出“碎片化“的特征，甚至出现“口水化”的趋势。

企业实施微博营销过程中要适当控制发布频率，让企业微博每天能有十条左右的更新，不要使用自动更新的方式，而是人为选择一些让消费者感兴趣的话题进行更新。为了增加个性特色，可以选择一个个性的头像。

企业要最大限度的从微博中获益，应该有自己的观点并鼓励讨论，不断与新客户建立关系并寻找新的支持者。

通过微博营销打造品牌

DCCI数据显示，在2010年的6月，中国互联网完成了历史性的一跃，用户产生的内容的流量超过网站专业制作内容流量，前者页面浏览量占互联网总流量的比例达到50.7%，后者为47.32%。博客、论坛、SNS、问答等应用的流量份额超过了新闻、搜索、电子商务等关键领域的总和，用户创造网络，2.0正式超越1.0。而微博，则是目前最能代表2.0的媒体。

这个趋势显然要继续下去，对不少人而言，现在最快能了解到的新闻已经不再是电视和报纸，甚至也不是网站的编辑内容，而是微博。

触角敏锐的企业关注到了这些变化，设置官方微博的企业也与日俱增，但坦率地说，现在真正能做好微博营销的企业凤毛麟角。在这方面，大多数公关公司也是手段乏力，如果说在1.0时代，它们还能发些网络软文，做些置顶、跟帖之类的活的话，那么在自媒体时代，包括4A在内的这些公司就是彻底失语了。究其原因，是自媒体是“我”的媒体，而不是一个可以任意强加意见给人的媒体。

微博这种媒体的特性和以往所有媒体都有着很大的不同，“我”即是媒体的编辑者，又是媒体的生产者，还是内容的评论者和传播者。“我”所选择的“关注”，产生了媒体的内容，同时，“我”又被粉丝所选择，成为别人自媒体的生产者。最关键的是，“我”的评论与转发，与其他人形成了强大的信息洪流。自媒体的特性，是以“我”为中心形成的碎片化传播，但这些碎片，有时候也能形成强大的传播导向。这种自媒体同时又具有维基的特性：群体能力超越个人能力。庞大的业余爱好者所产生的维基内容，超越大英百科全书，同样的，上千万微博产生的内容，也远胜1.0时代的任何媒体。

对于营销人而言，这样的时代是一次重大的挑战，也是重大的机会。

人类正在从大众市场跨越到个性市场，在大众市场中，工厂是生产和就业的中心，工人们按照工作流程和组织规范被安排在一起，这种市场方式需要的是集体合作、统一性和服从。

长尾经济最大的受益者当属信息产品和数字产品。实际上，新闻媒体也在呈现这种长尾的变化。2.0 媒体时代的新闻，是典型的长尾化新闻，虽然，新浪微博只允许关注 2000 个人，但如果把 2000 个人理解成 2000 个媒体的话，事实上这已经是一个很庞大的数量级。但与传统媒体不同的是，你可以随时关注，随时取消，主动权都在“你”的手上。

营销人在 2.0 时代最容易犯的错误是用 1.0 的思维去运营 2.0 的营销。时代已经改变了，2.0 时代，一个官方微博的声音是渺小的，你必须融入一群人之中，你的声音必须获得“粉丝”们的共鸣。许多官方微博现在都只是一个布告牌，发些公司消息，实际上，这是错误的，微博所代表的是“你”的时代，它必然是以个人的模式出现的。官方微博实际上是一个假面具，而粉丝并不喜欢这样的假面具，我相信，揭开假面具看背后的人，对官方微博的推广会更有利。除非，这个微博有一个非常明确的有益于粉丝的诉求。

与传统营销不同的是，在这样的模式中，营销者本身所发的消息是不容易被控制的，因为在微博的使用中，除了转发功能，还有评论功能。评论功能能让微博的内容生成为一个新的内容，尤其是重要人物的转发，完全可能让微博内容出现一次甚至多次的重大改变。事实上，这正是 2.0 营销的奇特之处：由消费者决定。同时，营销者需要面对的是，这种情形是不可能被改变的。

所以，从本质上说，2.0 时代最重要的核心又重新回归到了营销的原点：产品和服务，任何王婆卖瓜式的自吹自擂都是没有用的，策划大师也可以退休了。

微博营销的出路

微博，这两年互联网最新兴的产物，如今也是互联网上最受宠的弄潮儿，其炙热程度简直让许多人都不敢想象。微博为何如此受宠？一是其自身有着天然的优势，具有及时性、双向互动性、快速裂变传播性、简单快捷的随时随地多设备发布信息，这些其他网介平台不具备的优点；二是其出现的时机比较合适，满足了广大网民及时互动、社交化的迫切需求；三是智能手机的普及，为其随时随地发布简单的内容提供了良好的机遇和条件。

随着微博的火热盛行，微博营销已成为企业树立知名度品牌和产品销售必备的网络营销手段之一。可是，企业微博营销究竟该怎么做？企业微博营销，路在何方？却困扰着不少企业。许多公司和企业都看到了微博这一媒介的好处，相信微博肯定能给自己企业带来巨大的价值，也纷纷效仿别的企业涉入了微博营销这个行业，甚至专设了微博营销岗位。

但绝大多数的企业的微博都还在处于萌芽状态，或者说只是摆设，只是表明自己也不甘落后，符合时代潮流而已，微博几乎没怎么维护，没得微博内容，没得多少粉丝，更没有多少互动，有的甚至可以说就是一个僵尸微博。

也有不少的企业在努力去做微博，每天大量的发公司产品信息与广告、每天不停地去为增加粉丝互粉等，可收效甚微，产品销售没一点增加，粉丝不但不增加反而有所减少，让不少企业和微博人员泄了气，不知道微博营销究竟该怎么弄，陷入了一片迷茫之中，很让人头疼。由于工作的原因，笔者最近与多家企业老总们都在探讨，企业微博营销之路，究竟在何方？

为什么有很多公司都很卖力去弄微博营销了，却绝大部分都没弄好呢？其中有很多原因，一是现在微博的确没有那么好做了，新浪和腾讯微博都管得非常严格限制较多了；二是微博是一个长期的过程，而且是一个非常耗时的过程，需要有强大的耐心、恒心和毅力才行；三是微博内容的策划和撰写、发布需一定的技巧、方法、经验、技能才行，一味无端去发广告反而起到相反的效果；四是负责微博运营的人要对微博热爱，有兴趣才行。

由于以上诸多原因，很多公司都不会具备，所以弄不好了。要弄好微博，就得解决上述一系列的问题才行，如何解决呢？当然需安排合适的人做合适的事，需要有对微博非常感兴趣而且又有恒心和耐力、毅力的弄营销手法的人去做才行，但并不是每个公司都有这样合适的人，为此，可以将这一微博营销业务进行托管外包出去，正因为有如此的需求，产催生了现在一些专业从事微博托管维护的团体和公司，他们有专业的团队，有丰富的微博运营经验，比自己公司做起来效果好多了，而且成本也低多了。

企业微博营销的最佳方法，其实就是找专业的微博托管维护机构进行，毕竟微博营销不同于其他网络营销方式，微博营销是一个长期的、耗时的、又需技能和方法的事情。就是笔者所带领的专业从事微博托管的团队人员都觉得微博太累人、太耗时了、而且不容易出效果，更不用说普通的做微博营销的企业。

事实上，对于微博营销来说，抓住真实的投资者需求才是关键。目前，如果仅从粉丝人数上看，基金公司官方微博和传媒等其他行业还有很大差距。所以，微博营销尚处于摸索阶段，与投资者直接产生互动还有距离，发展之路依然漫长。

企业与消费者的新关系

你在菜市场上买菜，人们讲究的是一分钱一分货，讲究的是钱货两清，这是理所应当的，不存在情感因素在里面，也就是，你不会在买完菜后感激对方，更不会临走为了那五个茄子两根黄瓜给对方一个热情洋溢的拥抱。因为，这里是市场规范，是严格的市场契约关系。可是反过来，你的一个多年好友帮了你个忙，事后，你骄傲地拿出一叠钱给他，你说：“咱们两清了”。

结果会如何？再比如，你和你的女友去看了场午夜电影，你们沉浸在那个感人的爱情故事里，分手时，你深情地吻了她，然后，你掏出十块钱来塞到她手里，温柔地说：这个吻十块可以吗？我们下次什么时候见？你认为，还有下次吗？毋庸置疑，当你用社会规范去处理本应由市场规范处理的问题时，你很可能被送进精神病院，而当你用市场规范去处理本应由社会规范处理的问题时，你的下场很可能是被打得头破血流。这也就是，很多人都知道，有相当多的东西，不是可以用金钱手段（或其他商业手段）来实现的，比如上面提到的友情、爱情以及没有提到的亲情。

推广开来，企业和消费者间在本质上到底是什么关系？答：市场规范下的商业关系、买卖关系。这个回答可能让很多企业开始怀疑它们能否在微博上与消费者建立更进一步的情感交融，而那些更聪明的企业家或营销者可能已经在想，花点钱，有没有可能买到社会规范下的那种友情关系呢？

微博究竟是什么？微博是一种社会化媒体，在很大程度上，它必然是一个社会规范下的公共环境，要不，它怎么就叫社会化媒体？如果我没有过分想当然的话，微博在中国，甚至起了一个在美国都没有起到的作用，它在用大众的力量重塑社会规范。

当然我们不是没有担心，有些微博平台，出于急功近利的目的，对微博进行过于市场化的操作，比如，只拼命地拉企业进来，而没有告诉企业，在这里，应该怎么做才能符合一个社会规范下的公共环境的生态平衡的需要。如果这种急功近利不能得以适当的控制，那微博平台在不远的将来也将被那些无度无序的市场规范所吞没，神奇也许将再现。又是题外话，打住。

现在我们知道企业与消费者间，是买卖关系。而微博是社会规范下的公共环境。企业还有没有可能在微博上与消费者建立更融洽的，区别于买卖关系的社会关系呢？实际上，这里还有个时间与情商的问题。还是那个菜市场，你买菜，你第一次买，你们是买卖关系，你越来越多次的来买，你开始跟卖菜的人熟悉起来，当然，买卖时，你们还是市场契约关系，但人与人之间，已经可能有友谊存在了，尤其一个高情商的人，可能比较快的，就在买卖关系以外，又发展出了社会关系了，你相信吗？

也就是，你们可能在买卖以外，开始谈论几句其他的事情，然后，你们熟悉起来，双方有了互相帮助的可能，而这种帮助，将是基于社会规范的，你们将不再计较利益得失。这与前面说的，并不矛盾，你还是不能白拿人家的菜，市场规范，还是市场规范，但人际间，我们有了人情味。这就是我们人类，我们生活在两个世界，一个要符合社会规范，一个要符合市场规范。我们自然而然地，分清期间的界限。

在微博营销当中，如果想与消费者建立一种新的，更融洽的类似朋友的关系，我们首先，需要了解微博的本质，这里是建立社会关系的场所，这个场所，可以为企业提供一个机会，让企业第一次地、真正地与消费者们进行面对面的沟通，以往，找到这样一个场所，是很困难的；其次，沟通可以让你和消费者间熟悉起来，记住，社会规范下的信赖，是逐步建立的，粉丝可能还不是朋友，沟通并熟悉后，才可能是朋友。尤其要注意的是，沟通内容不能仅限于交易，交易时，你们还是买卖关系，你最好能找到更多的消费者们喜欢的话题；

第三，要想跟消费者沟通得好，你要有意识地不断地去提高企业的企业情商，人的情商也许是一种天分，企业的情商却应该可以培养，情商是一个人的魅力，也是一个企业的魅力所在。情商是人情味，是互相帮助的能力，是不计利益得失的友谊，这个要把握好；最后，有了前面的一切，那么，跟你的粉丝们打成一片吧，你可以放心，没有粉丝会白拿你的东西，当他们成为朋友时，他们在这方面的水平，远比你所了解的要高。然后，口碑和忠诚度，才会自然而然地到来。

瀚文锦绣 HWJX BOOK

版权声明